“十三五”职业教育国家规划教材

“十二五”职业教育国家规划教材

经全国职业教育教材审定委员会审定

“十三五”江苏省高等学校重点教材

人身保险

第3版

主　编　张晓华

参　编　孙晓芳　张淑华

机械工业出版社

本书内容分为人身保险认知、人身保险产品和人身保险业务三大部分，具体包括保险从业准备、人身保险合同业务处理、人寿保险产品、人身意外伤害保险产品、健康保险产品、团体人身保险产品、人身保险营销、人身保险承保与理赔、个人人身保险规划。为了便于教学，创造条件引导学生积极思考、主动参与，本书在编写过程中采用了情境演练模式，同时还有针对性地在正文中插入案例和拓展阅读，每个情境演练的前面有学习目标，后面有丰富的复习思考题、实践训练和技能大比武，以强化学生对知识的理解和把握，增强学生的实际业务能力。

本书可作为高职高专金融专业、保险专业的教材，也可作为保险公司、保险代理公司、保险经纪公司等相关企业从业人员的培训用书，还可以作为人身保险的保户和利益相关人士了解人身保险知识的参考书。

为方便教学，本书配备电子课件等教学资源。凡选用本书作为教材的教师均可登录机械工业出版社教育服务网 www.cmpedu.com 下载。咨询电话：010-88379375；服务 QQ：945379158。

图书在版编目（CIP）数据

人身保险/张晓华主编．—3版．—北京：机械工业出版社，2019.9（2021.5重印）
“十二五”职业教育国家规划教材　经全国职业教育教材审定委员会审定
ISBN 978-7-111-63818-6

Ⅰ．①人…　Ⅱ．①张…　Ⅲ．①人身保险—高等职业教育—教材
Ⅳ．①F840.62

中国版本图书馆 CIP 数据核字（2019）第211443号

机械工业出版社（北京市百万庄大街22号　邮政编码100037）
策划编辑：孔文梅　　责任编辑：孔文梅　乔　晨
责任校对：李　玮　刘志文　　封面设计：鞠　杨
责任印制：常天培
北京中科印刷有限公司印刷

2021年5月第3版第2次印刷
184mm×260mm・16.75印张・393千字
1 901—3 900册
标准书号：ISBN 978-7-111-63818-6
定价：49.00元

电话服务　　网络服务
客服电话：010-88361066　　机　工　官　网：www.cmpbook.com
010-88379833　　机　工　官　博：weibo.com/cmp1952
010-68326294　　金　书　网：www.golden-book.com
封底无防伪标均为盗版　　机工教育服务网：www.cmpedu.com

前　　言

改革开放以来，我国人身保险业发展迅猛，持续推进改革创新，加快业务结构调整，不断扩大覆盖面，呈现出业务规模较快增长、内涵价值逐步提升、经营风险有效控制、保险监管不断改善的良好发展局面，为充分发挥保险业的保险保障功能，提升保险业在整个经济社会发展中的影响和地位，建设社会主义和谐社会做出了积极贡献。

为满足我国人身保险业的快速发展对保险人才的迫切需求，我们从实用的角度出发，理论联系实际，组织教学经验丰富的教师编写了本书。

本书的主要特点有：

（1）以职业能力培养为重点，以情境教学为主线。本书在编写过程中以履行岗位职责所需要的专业能力、知识能力和素质能力为基本原则，强调学生在学习过程中的主导地位，核心目标是使学生具备从事对应职业所必需的职业能力与素养。在体例结构上进行了重大改革，以情境演练为教学切入点，之后引发情境思考，激发学生渴求了解知识内容的欲望，在子情境知识解读中有针对性地插入案例或资料，便于学生深刻理解和灵活掌握，提高学生学习的自主性和积极性。

（2）体现工学结合、理实一体。为了适应培养高端技能型人才的高职教学特点，在每个学习情境设定的学习目标中，都分解成了能力目标、知识目标和素质目标三大类。以人身保险业务在实际工作中的应用方向和具体要求为出发点，以专业岗位的任职要求为指导，通过职业分析确定综合能力作为学习的目标，根据一定的能力分析确定能力与素质标准，将能力与素质标准转换为知识内容，每个学习情境最后都以框图的形式总结了知识内容，使能力的开发、知识的掌握和素质的养成有机地结合起来。为配合理实一体化教学，课后附有复习思考题和实践训练，以及技能大比武环节，强化学生职业能力的训练，充分体现职业性、实践性和开放性。

（3）内容新颖，紧贴实际。本书的编写及时补充行业新动态、监管新举措，内容选择上突出一个“新”字，对人身保险理论与实务进行了全面系统的介绍。

本书由江苏财经职业技术学院张晓华教授主编，辽宁省交通高等专科学校孙晓芳、张淑华参加编写。编写分工如下：张晓华负责编写情境 1、情境 2、情境 3、情境 4、情境 5、情境 8；张淑华负责编写情境 6；孙晓芳负责编写情境 7、情境 9。

为方便教学，本书配备电子课件等教学资源。凡选用本书作为教材的教师均可索取。

在编写过程中我们借鉴了国内外有关的文献资料、论著和教材，引用了相关研究成果，并得到人身保险业内资深人士的指点和帮助，在此，我们表示最诚挚的感谢。

由于时间仓促，加之编者水平有限，本书难免存在不足和不当之处，恳请专家、读者批评指正。

编　者

目　录

前　言

模块 1　宜未雨而绸缪，毋临渴而掘井—— 人身保险认知

情境 1　人身保险值得你热爱—— 保险从业准备 2

子情境 1　人身保险基本认知 3
子情境 2　人身保险功能、种类认知 15
子情境 3　人身保险发展历史认知 21
小结 28
复习思考题 28
挑战自我—— 实践训练 29
技能大比武 30

情境 2　生活前进的助推器—— 人身保险合同业务处理 31

子情境 1　人身保险合同基本认知 32
子情境 2　人身保险合同要素认知 37
子情境 3　人身保险合同条款认知 42
子情境 4　人身保险合同的订立、生效与变更 50
子情境 5　人身保险合同的履行与终止 54
子情境 6　人身保险合同的解释与争议处理 57
小结 61
复习思考题 61
挑战自我—— 实践训练 62
技能大比武 67

模块 2　让您高枕无忧，与您共渡难关—— 人身保险产品

情境 3　愿您一生平安—— 人寿保险产品 70

子情境 1　人寿保险基本认知 71
子情境 2　普通人寿保险 75
子情境 3　年金保险 81
子情境 4　特种人寿保险 88
子情境 5　创新型人寿保险 92
小结 101
复习思考题 101
挑战自我—— 实践训练 102
技能大比武 103

情境 4　苦难之后的真情慰藉—— 人身意外伤害保险产品 104

子情境 1　人身意外伤害保险基本认知 105

子情境 2　人身意外伤害保险操作实务 116
小结 125
复习思考题 126
挑战自我—— 实践训练 126
技能大比武 127

情境 5　为冬天准备足够的粮食—— 健康保险产品 128

子情境 1　健康保险基本认知 129
子情境 2　医疗保险 141
子情境 3　失能收入损失保险 147
子情境 4　其他健康保险 151
小结 164
复习思考题 164
挑战自我—— 实践训练 165
技能大比武 165

情境 6　播撒爱的种子—— 团体人身保险产品 166

子情境 1　团体人身保险基本认知 167
子情境 2　团体人身保险险种介绍 174
小结 181
复习思考题 181
挑战自我—— 实践训练 182
技能大比武 182

模块 3　特别的爱给特别的你—— 人身保险业务

情境 7　好东西要大家一起分享—— 人身保险营销 184

子情境 1　人身保险营销认知 185
子情境 2　人身保险营销技巧 197
子情境 3　人身保险客户服务 210
小结 216
复习思考题 216
挑战自我—— 实践训练 217
技能大比武 218

情境 8　相信我，不会错—— 人身保险承保与理赔 219

子情境 1　人身保险承保 220
子情境 2　人身保险核保 222
子情境 3　人身保险理赔 232
小结 245
复习思考题 246
挑战自我—— 实践训练 246
技能大比武 247

情境 9 保障、避税、养老、理财全接触—— 个人人身保险规划 248

子情境 1 人身保险规划基本认知 249

子情境 2 人身保险购买实例 253

小结 260

复习思考题 260

挑战自我—— 实践训练 261

技能大比武 261

参考文献 262

模块 1

宜未雨而绸缪，毋临渴而掘井
—— 人身保险认知

现代风险管理理论一般认为，风险是某一时间发生的结果的不确定性。而在保险中，风险是指损失发生的不确定性，即损失发生的时间、地点及后果在主观认识上难以确定和预料。在日常生活及经济活动中，死亡、残疾、疾病、生育、退休、衰老等人身风险的存在，给个人、家庭和社会生活带来了巨大成本。天有不测风云，人有旦夕祸福，保险是灾难后生成的智慧，是人们以健康、财产和生命为代价换取的与风险抗争的智慧结晶。它体现了人类互相合作的精神，帮助人们有效进行风险管理与风险转移，是对家人的一种责任，也是对自己的一种爱护，是未雨绸缪。无论风险何时来临，无论我们的生命存在与否，我们用保险做好了准备。

情境1　人身保险值得你热爱—— 保险从业准备

学习目标

能力目标

- ☑ 能够解释人身保险的基本含义。
- ☑ 能够明确阐述人身保险的功能和作用。
- ☑ 能够利用人身保险原则处理实际业务。

知识目标

- ☑ 掌握人身保险的含义与特点。
- ☑ 理解人身保险的适用原则和分类。
- ☑ 了解人身保险的发展历程。

素质目标

- ☑ 充分认识人身保险的意义和功能。
- ☑ 热爱人身保险事业。

情境演练

危难时刻彰显保险温情

投保人王女士的儿子吴某作为留守儿童一直留在湖北农村老家由年迈的父母照看，家境贫寒，仅靠王女士每月不固定的微薄收入艰难支撑。2018年6月，吴某开始出现不爱动的症状，因王女士不在身边，耽误了最佳治疗时间，后来情况越来越严重，当王女士接到消息把孩子接到合肥来检查时，孩子被最终诊断为“假肥大型肌营养不良症”，后期庞大的医疗费用和康复费用压垮了本就贫寒的一家人，村委会和学校也积极为其家庭募集捐款。长城人寿安徽分公司在收到王女士的理赔报案后，第一时间进行了探视与慰问，在了解到其家庭情况后，一方面，协助客户进行司法伤残鉴定，另一方面，向总公司进行了汇报，启动异地快速调查程序，快速结案，短短几日将25万元理赔款打入客户的账户中，为孩子的后续治疗提供了强有力的经济保障。本次重疾理赔后，保险合同继续有效。

2018年3月，中国人寿某地市公司与当地政府合作，为当地扶贫干部定制扶贫干部保险组合，保费为300元/人，保险期间一年，其中意外身故保额100万元，意外医疗保额10万元。2018 年 8 月 8 日，该地市扶贫干部在工作期间因交通事故意外不幸身故。2018 年 8 月 15 日，受益人申请理赔，中国人寿第一时间安排专人开展理赔服务，协助客户收集相关资料。8 月 20 日，给付身故保险金 100 万元。

2018 年，长期在缅甸做生意的 42 岁的 M 先生投保了“泰康卓越财富终身寿险”。2018 年 9 月 26 日，M 先生在缅甸住所洗手间门口摔倒昏迷，送到当地医院抢救无效身亡。收到 M 先生家属报案信息后，泰康人寿分公司高度重视。因该案件属于境外出险，在总公司的指导下，联动代理人积极协助申请理赔。2018 年 11 月 5 日，泰康人寿云南分公司将 760 万的理赔款支付到指定账户。

情境思考：假如你遇到了困难、意外与不幸，应如何处理的？别人遇到同样的问题怎么办？最好的办法是什么？

子情境 1　人身保险基本认知

知识解读

我们无时无刻不生活、工作在一个充满风险的世界里。面对各种风险，我们应该给自己提供怎样的经济安全保障，才能没有后顾之忧，才能安心地生活和工作？从历史发展的角度看，为了避免和补偿风险造成的损失，人类逐渐探索出处理风险的各种办法及对策，保险就是其中最为有效，也是最为经济的一种风险处理办法。保险学是研究风险集中与分散及其规律的一门科学，而人身保险学作为保险学的重要组成部分，主要是以社会主体——人，所面对的风险及其转移为研究对象的一门科学。

一、人身保险的含义

（一）人身保险的定义

人身保险是指以人的生命或身体作为保险标的的保险。当被保险人在保险期限内发生死亡、伤残或疾病等保险事故，或生存至规定时点时，由保险人给付被保险人或其受益人保险金。

（二）人身保险的保险标的

1. 人的生命

人的生命以生存或死亡两种状态存在，生存或死亡是人们在日常生活中所面临的不确定性，谁也无法预测。因此，在未来的某一时点的生死状况便是一种偶然事件，或者说是一种不确定性情况，针对这种不确定性，保险公司设计出各种险种来满足人们应对风险的需求。因此，针对人们的死亡，人寿保险公司设计出了定期死亡保险、终身死亡保险等险种；针对人们的生存，人寿保险公司设计出了定期生存保险和年金险等险种；同时针对人们的购买心理与实际需求，将生存险与死亡险相结合，设计出了生死两全险。

2．人的身体

当以人的身体为保险标的时，主要是以人身的健康、生理机能、劳动能力等状态作为保险对象。只有当人们身体健康、生理机能正常和具备一定的劳动能力时，人们才能创造财富，因此，当人们遭遇疾病、意外、伤残等偶然事故时，就会丧失正常的工作能力。针对这些情况，人寿保险公司设计出了疾病保险、意外伤害保险等险种，为人们的生活提供经济保障。

（三）人身保险的保险责任

保险责任主要是针对人们在保险事故中所遭受的生、老、病、死、伤、残等各个方面，包括相应的医疗费用支出与收入损失等，经过协商，还可为手指、咽喉等人体特定部分提供高额保障。因此，人身保险产品涵盖的范围全面，对于各类偶然性或纯粹性风险能够提供较为全面的保障，为人们的经济生活提供一定的经济保障。

（四）人身保险的给付条件

在人身保险合同有效期内，当被保险人遭受人身保险合同范围内的保险事件，从而导致人身保险合同规定的保险责任发生时，由人寿保险公司按合同约定进行相应的经济给付。给付方式多样，可以一次性给付，也可以分期给付；可以领取现金，也可以积累生息或在购买其他保险时抵交保费。

二、人身保险的特点

1．人身风险的特殊性

在人身保险中，风险事故是与人的生命和身体有关的“生、老、病、死、伤残”。相对于财产保险中各种自然灾害和意外事故而言，这些风险事故发生的概率较为稳定。尤其是以生命风险作为保险事故的人寿保险，其主要风险因素是死亡率。死亡率受很多因素的影响，如年龄、性别、职业等。就年龄因素而言，尽管随着被保险人年龄的增长，死亡事故发生的概率会增加，但同时死亡率也随着经济的发展、医疗卫生水平与生活水平的提高而不断降低，因此，可以说死亡率是变动的。然而，根据许多专业机构对死亡率的经验研究，死亡率较其他风险事故发生概率的波动而言又是相对稳定的。所以，在寿险经营中面临巨灾风险较少，寿险经营的稳定性也较好。因此，在寿险经营中对于再保险手段的运用也相对较少。

2．保险标的的特殊性

人身保险的保险标的是人的生命或身体。首先，就保险价值而言，人身保险的保险标的没有客观的价值标准，因为无论是人的生命还是身体，是很难用货币衡量其价值的，人的生命是无价的；其次，就保险事故发生概率的高低而言，人身保险的保险标的有标准体和非标准体的区分。标准体（也称“健体”）是对死亡危险程度属于正常范围的被保险人的总称，其实际死亡率与预定死亡率大致相符。非标准体是对死亡危险程度较高，即死亡率高于标准死亡率的被保险人的总称。对于标准体，保险人按照标准保险费率承保；对于非标准体，保险人不能按照标准保险费率承保，但可以使用特别附加条件承保，如增收特别保费、降低保险金额、限制保险金给付等。

3．保险利益的特殊性

首先，就保险利益的产生而言，人身保险的保险利益产生于人与人，即投保人与被保险人、受益人之间的关系。其次，就保险利益的量的限定而言，在人身保险中，投保人对被保险人所拥有的保险利益不能用货币来衡量，因而人身保险的保险利益也就没有量的规定性，即保险利益一般是无限的。在投保时只考虑投保人对被保险人有无保险利益即可。然而，在某些特殊情况下，人寿保险的保险利益有量的规定性。例如，经债务人同意，债权人以债务人为被保险人投保死亡保险时，保险利益以债权金额为限。最后，就保险利益的时效而言，在人身保险中，保险利益只是订立保险合同的前提条件，并不是维持保险合同效力、保险人给付保险金的条件。只要投保人在投保时对被保险人具有保险利益，此后即使投保人与被保险人的关系发生了变化，投保人对被保险人已丧失保险利益，也不影响保险合同的效力，若发生了保险事故，保险人仍然给付保险金。

4．保险金额确定的特殊性

由于人的生命是无价的，因此人身保险金额的确定就无法以人的生命价值作为客观依据。在实务中，人身保险的保险金额是由投保人和保险人双方约定后确定的。此约定金额既不能过高，也不宜过低，一般从两个方面来考虑：一是被保险人对人身保险需要的程度，二是投保人交纳保费的能力。

5．保险合同性质的特殊性

人身保险合同是定额给付性合同。当人身保险的被保险人发生保险合同约定范围内的保险事故时，保险人只能按照保险合同规定的保险金额支付保险金，不能有所增减。因此，大多数人身保险不适用补偿原则，也不存在比例分摊和代位追偿的问题。同时，在人身保险中一般也没有重复投保、超额投保和不足额投保问题。

6．保险合同的储蓄性

人身保险在为被保险人面临的风险提供保障的同时，兼有储蓄性的特点。由于人身保险费率采用的不是自然费率（即反映被保险人当年死亡率的费率），而是均衡费率（即每年收取等额的保费），这样，投保人早期交纳的保费高于其当年的死亡成本，对于多余的部分，保险公司则按预定利率进行积累。一般而言，人身保险的纯保费分为危险保费和储蓄保费两部分。某些险种的储蓄性极强，如终身死亡保险和两全保险。

小资料

均 衡 费 率

人寿保险采取均衡费率来收取保费。根据生命表我们可以看出，由于人的死亡风险随着人的年龄逐年增加，在人寿保险中如果以每一年的死亡率为计算保费的依据，就会出现年轻的投保人交费负担较轻，年老的投保人交费负担过重的情况。当被保险人年老时，一方面由于劳动能力减弱而减少劳动收入，另一方面却要交纳较高的保费，而老年时期是最需要保险保障的时期，但由于费用负担过重，投保人可能会放弃投保，这将不利于保险业务的开展，也使被保险人得不到充分的保障。

为了克服短期保险中的不平衡性，人寿保险一般采用长期性业务。保险期限少则几年，多则十几年或几十年以至终身。同时采取按分期均衡费率计算保费，即在投保人交费的早期，把被保险人应该在若干年内所交纳的保费总额平均分摊至每一年收取，使保险人每年收取的保费不随被保险人死亡率的变化而逐年变化，而是每年收取相同的保费。这样使得被保险人每年交保费负担比较均衡，不致因费用负担过重而使被保险人在晚年得不到保险保障。均衡费率不反映被保险人当年的死亡率，与反映被保险人当年死亡率的自然费率是不一致的。保险早期的均衡费率高于自然费率，保险后期的均衡费率低于自然费率。保险人用保险前期多收的保费弥补保险后期不足的保费，这样既可以使投保人经济负担均衡，又能保证被保险人晚年也能享受到保险保障。

7．保险期限的特殊性

人身保险合同特别是人寿保险合同往往是长期合同，保险期限短则数年，长则数十年甚至一个人的一生。保险期限的长期性使得人身保险的经营极易受到外界因素，如利率、通货膨胀及保险公司对未来预测的偏差等的影响。

三、人身保险的基本原则

保险业务在长期发展中所形成的保险利益原则、最大诚信原则、损失补偿原则和近因原则等规定，目前已经成为世界各国保险法律的重要组成部分，它们是规范保险市场行为的重要依据。认真贯彻落实保险合同这四项基本原则的规定，对于维护保险合同的持续有效性，保证保险民事法律关系当事人和关系人的合法权益，充分发挥保险的职能作用，具有非常重要的现实意义。

人身保险业务中，由于人身保险的保险标的是人的生命或身体，不能够用货币衡量，人身保险合同一般属于定额给付性合同，不适用保险的损失补偿原则。但健康保险业务的医疗保险合同，如果属于补偿性合同，则适用这一原则。

因此，以下主要介绍保险利益原则、最大诚信原则和近因原则。

（一）保险利益原则

1．保险利益的概念

保险利益也称可保利益，是指投保人对保险标的具有法律上承认的利益。衡量投保人或被保险人对保险标的是否具有保险利益的标志，是看投保人或被保险人是否因保险标的的损害或灭失而遭受经济上的损失，即当保险标的安全时，投保人或被保险人可以从中获益；而当保险标的受损时，投保人或被保险人必然会遭受经济损失，则投保人或被保险人对该保险标的具有保险利益。

2．保险利益的构成条件

（1）保险利益必须是合法利益。投保人对保险标的所具有的利益必须被法律认可，符合法律的规定，受到法律的保护，与社会公共利益相一致。它产生于国家制定的相关法律或法规，以及法律所承认的有效合同，而不是违反法律规定，通过不正当手段获得的利益，非法的利益不受法律保护，当然不能作为保险利益，如以非法手段所获得的财产均不存在保险利益，对于走私物品、违禁品等也无保险利益。

（2）保险利益必须是经济利益。经济利益是指投保人或被保险人对保险标的的利益必须是可以通过货币计量的利益。因为保险保障是通过货币形式的经济补偿或给付来实现的，因此，投保人对保险标的的保险利益必须要能用货币来计量；否则，保险人的承保和补偿就难以进行。因为保险合同的目的是补偿损失，若其损失不能以货币计量，则无法计算损失的额度，也就无法理赔，保险补偿也就无从实现。

（3）保险利益必须是确定利益。确定利益是指投保人对保险标的所具有的现有利益和期待利益，即客观上是已经确定，或将来可以确定的利益。现有利益是指在客观上或事实上已经存在的利益，如投保人或被保险人对已取得所有权、经营权、抵押权的标的所具有的利益。期待利益是指在客观上或事实上尚不存在，但据有关法律或有效合同的约定可以确定在今后一段时间内将会产生的经济利益，如预期的营业利润和租金等。在投保时，现有利益或期待利益都可作为确定保险金额的依据，但在发生保险事故进行受损索赔时，期待利益已成为现实利益才能赔付，保险人的赔偿以实际损失的保险利益为限。

3．保险利益原则的概念

保险利益原则是指投保人必须以其所具有保险利益的标的投保，否则保险合同无效。当保险人发现投保人对保险标的不具有保险利益时，可单方面宣布合同无效；当保险合同生效后，投保人或被保险人失去了对保险标的的保险利益，则保险合同也随之失效；当发生保险责任事故后，被保险人不得因保险而获得保险利益金额之外的利益。《中华人民共和国保险法》（以下简称《保险法》）第十二条第一款明确规定：“人身保险的投保人在保险合同订立时，对被保险人应当具有保险利益。”因此，无论何种保险合同，必须以保险利益的存在为前提。

4．保险利益原则的意义

（1）避免赌博行为。保险和赌博都有不确定性，都会因偶然事件的发生获得货币收入或遭受货币损失。如果保险关系的确立不是建立在投保人对保险标的所具有的保险利益的基础上，投保人就可以对任意保险标的投保，由于保险费与保险金额的巨大差额，则可能使该投保人以较小的保费支出获得几倍甚至几十倍的保险金额赔偿。此种保险行为无异于赌博，与“互助共济”的保险思想相违背，也不利于社会公共利益。保险利益原则要求投保人必须对保险标的具有保险利益，是为了使保险与赌博相区别，实现保险补偿损失的目的。在保险业发展初期的英国，出现过保险赌博，在保险标的损毁的情况下，没有经济损失的被保险人却获得了赔偿，使保险标的充当了赌博的对象，严重影响了社会安定，诱发并助长了不良行为的产生。对此，英国议会立法禁止了该种行为，维护了正常的社会秩序，保证了保险业的健康发展。

（2）防范道德风险。道德风险是指被保险人或受益人为获取保险人的赔付而故意违反道德规范，甚至故意犯罪，促使保险事故的发生或在保险事故发生时故意放任损失扩大。如果不以投保人对保险标的具有保险利益为前提条件，容易诱发道德危险、犯罪动机和犯罪行为的发生。在财产保险中，投保人故意毁坏他人财物或唆使他人毁坏保险财产；在人身保险中，投保人甚至会不惜采用暗杀方式促使被保险人死亡。这些都给社会增加了不稳定因素，给人们的生命和财产安全造成严重影响。规定保险利益原则将投保人利益与保险标的的安全紧密相连，保险事故发生后，给投保人的保险赔偿仅为原有的保险利益，使投保人促使保险事故的发生变得无利可图，最大限度地控制了道德风险。

（3）限制赔付金额。保险利益原则规定了保险保障的最高限度，并限制了赔付的最高额度。保险的宗旨是补偿被保险人在保险标的发生保险事故时遭受的经济损失，但不允许有额外的利益获得。以保险利益作为保险保障的最高限度就能保证被保险人能够获得足够的、充分的补偿，又能满足被保险人不会因保险而获得额外利益的要求。投保人依据保险利益投保，保险人依据保险利益确定是否承保，并在其额度内支付保险赔付。因此，保险利益原则为投保人确定了保险保障的最高限度，同时为保险人进行保险赔付提供了科学依据。

5. 人身保险的保险利益

在人身保险中，同样要坚持保险利益原则。任何人在投保人身保险时，保险人必须审查其对被保险人是否具有保险利益。人身保险的保险利益在于投保人与被保险人之间的利益关系。人身保险以人的生命或身体为保险标的，只有当投保人对被保险人的生命或身体具有某种利益关系时，投保人才能对被保险人具有保险利益。

（1）保险利益的来源。各国关于人身保险的保险利益来源有不同规定，如我国《保险法》第三十一条规定："投保人对下列人员具有保险利益：①本人；②配偶、子女、父母；③前项以外与投保人有抚养、赡养或者扶养关系的家庭其他成员、近亲属；④与投保人有劳动关系的劳动者。除前款规定外，被保险人同意投保人为其订立合同的，视为投保人对被保险人具有保险利益。订立合同时，投保人对被保险人不具有保险利益的，合同无效。"

1）对本人的保险利益。对任何人来说，自己的生命和身体都具有无限的价值，生命的丧失意味着其本体的不复存在，身体上的伤害或疾病意味着部分机体功能的丧失或者痛苦，所以任何人都对自己的生命和身体具有无限的保险利益。反映在保险实践中，就是任何人在理论上都可以以自己为被保险人购买任何金额的人身保险（当然在实际中还要受制于其保费支付能力和保险公司的核保要求）。

2）对配偶、父母、子女的保险利益。配偶、父母、子女是核心家庭成员，投保人与其有亲属血缘关系，并形成最直接的经济利害关系。因此，投保人对配偶、父母和子女有保险利益。

3）对与投保人有抚养、赡养或者扶养关系的家庭其他成员、近亲属的保险利益。对兄弟姐妹、祖父母、孙子女等家庭其他成员是否有保险利益，各国规定并不相同，关键要看相互之间有没有经济利害关系。只要生活在同一家庭里，一般认为相互有保险利益。而存在抚养、赡养或者扶养关系的，不论是否存在血缘关系，应该存在经济利害关系，一般也认为相互存在保险利益。

4）因劳动关系而产生保险利益。原保险法中未规定用人单位对劳动者具有保险利益，所以，用人单位为劳动者投保时必须经过劳动者同意，保险合同才有效。有的用人单位由于没有征得劳动者的同意而导致保险合同无效的情况经常发生，很大程度上阻碍了用人单位的投保意愿，不利于保护劳动者的合法权益。2009 年以前的《保险法》中未规定用人单位对劳动者具有保险利益，所以，用人单位为劳动者投保时必须经过劳动者同意，保险合同才有效。有的用人单位由于没有征得劳动者的同意而导致保险合同无效的情况经常发生，很大程度上阻碍了用人单位的投保意愿，不利于保护劳动者的合法权益。2009 年 2 月 28 日修订通过、同年 10 月 1 日起施行的《保险法》扩大了人身保险利益的法定范围，明确了用人单位对与其有劳动关系的劳动者具有保险利益，这对于团体人身保险的发展是非常有利的。同时《保险法》第三十九条第二款规定：“投保人指定受益人时须经被保险人同意。投保人为与其有劳动关系的劳动者投保人身保险，不得指定被保险人及其近亲属以外的人为受益人。”

5）因被保险人的同意而产生保险利益。无论投保人与被保险人之间有无上述几种经济利害关系，只要被保险人同意，则视作投保人对其具有保险利益。目前我国《保险法》就是这样规定的。但仅以同意来确定保险利益，订立保险合同，存在一定的道德风险，所以保险人在核保时一定要谨慎。

身边的保险

外祖父是投保人

案情：2019 年，3 岁的小茵因其母亲去世、父亲工作繁忙而随外祖父母在 A 城生活，并在当地幼儿园学习，日常所需费用由其父亲承担。上学期间，其外祖父为她购买了一份少儿平安保险。不久之后，小茵在一次游玩中不幸溺水死亡，事发后，其外祖父及时向保险公司报案，并要求保险公司给付保险金，但保险公司却认为小茵的外祖父对小茵不具有保险利益，双方遂发生纠纷。

分析：通过案情介绍可知，小茵的母亲虽已去世，但其父亲健在，且具有抚养能力，承担着小茵上幼儿园的日常费用；而小茵的外祖父仅以委托监护人的身份对小茵履行身心抚养、教育和财产管理的职责，并非其实质的抚养人，他与小茵之间不存在抚养与被抚养的关系，也就是说，他对小茵无保险利益。

拓展阅读

抚养与扶养

抚养，简单地说，就是“保护并教养”。抚养关系是长辈和晚辈之间的，并且是长辈对无行为能力人（主要是未成年人）的保护并教养，强调的是教育和保护。抚养的目的是要让子女健康成长。

扶养，有广义和狭义之分，广义上的扶养泛指特定亲属之间根据法律的明确规定而存在的经济上相互供养、生活上相互辅助照顾的权利义务关系，囊括了长辈亲属对晚辈亲属的“抚养”，平辈亲属之间的“扶养”和晚辈亲属对长辈亲属的“赡养”三种具体形态。狭义的扶养则专指平辈亲属之间尤其是夫妻之间依法发生的经济供养和生活扶助的权利义务关系。

拓展阅读

祖孙之间的抚养

《中华人民共和国婚姻法》第二十八条规定："有负担能力的祖父母、外祖父母，对于父母已经死亡或父母无力抚养的未成年的孙子女、外孙子女，有抚养的义务。有负担能力的孙子女、外孙子女，对于子女已经死亡或子女无力赡养的祖父母、外祖父母，有赡养的义务。"

祖孙之间的抚养的条件有：①祖父母、外祖父母必须有抚养的负担能力；②孙子女、外孙子女的父母已经死亡或者无力抚养；③孙子女、外孙子女尚未成年。

（2）保险利益的变动及其对保单效力的影响。人身保险往往为长期性合同，在合同的有效期内，投保人对被保险人的保险利益也常常会发生变化。在订立合同时，投保人对被保险人是存在保险利益的，但是后来由于种种原因丧失了这种保险利益。例如，被保险人死于除外责任范围内的事故、夫妻离婚、雇员辞职或者被辞退等。那么在这种情况下，原保单的效力是否会受到影响？

人身保险的保险利益强调在保险合同订立时，投保人必须对被保险人具有保险利益，而当保险事故发生进行索赔时，投保人是否对被保险人仍然具有保险利益则并不要求。这主要是因为人身保险的保险标的是人的生命和身体，人身保险合同生效后，被保险人的生命或身体受到伤害，获得保险金给付利益的是被保险人或受益人，投保人不会因被保险人发生保险事故而享有领取保险金的权利，因此，在发生保险事故时，投保人是否对被保险人具有保险利益并不重要。即使投保人为受益人，对投保人同样有约束，依据有关规定，受益人需被保险人同意或指定，当被保险人因受益人的故意行为而受到伤害时，受益人将丧失获得保险金的权利，由此保障了被保险人的生命安全和利益。因此，只要在投保时具有保险利益，即使后来投保人对被保险人因离异、雇用合同解除或其他原因而丧失保险利益，也不会影响保险合同的效力，保险人仍负有保险金给付责任。

（二）最大诚信原则

1．最大诚信原则的含义

在民事活动中，各方面当事人都应当遵循诚实信用原则。我国《民法总则》第七条规定："民事主体从事民事活动，应当遵循诚信原则，秉持诚实，恪守承诺。"我国《保险法》第五条也规定："保险活动当事人行使权利、履行义务应当遵循诚实信用原则。"所谓诚实信用，是指任何一方当事人对他方不得隐瞒，都须善意地、全面地履行自己的义务，不得滥用权力及规避法律或合同规定的义务。但是，在保险活动中对保险合同当事人的诚信要求，比一般民事活动更为严格，即要求当事人具有"最大诚信"。

最大诚信原则的基本含义是：保险合同当事人双方在签订和履行保险合同时，必须以最大的诚意，履行自己应尽的义务，互不欺骗和隐瞒，恪守合同的承诺和义务，否则保险合同无效。

2．最大诚信原则的内容

（1）保险人的说明义务。保险人的说明义务是指订立保险合同时，保险人应当履行向投保人解释合同条款的内容，特别是免责条款的义务。保险合同因投保人和保险人的意思表示一致而成立，但保险合同通常都以标准合同的形式订立，而不经过真正的协商过程，投保人之所以向保险人支付保险费，相当程度上是由于信赖保险人就其保险条款的内容所做的解释或者说明。在保险人违反说明义务的主观要件上，并不要求存在过错，只要保险人未尽说明义务，就构成说明义务的违反。可以说，我国《保险法》对保险人的说明义务采取的是严格责任原则。保险人的说明义务具有法定性、先合同性和主动性的特点，保险人说明义务的重心，是保险合同中的免责条款。所谓免责条款，是指保险合同中载明的保险人不负赔偿或给付保险金责任的范围的条款，即除了保险责任外，保险人所不负责的自然灾害和意外事故所造成的损失。保险人有义务向投保人对责任免除条款做完整、客观、真实的说明。保险人做说明时，不能仅仅提醒投保人阅读有关保险人的免责条款，而应当对该条款的内容、术语、目的以及适用等做出多方面的解释。

（2）投保人的如实告知义务。告知又称申报、披露，是指投保人在订立合同时，对保险人的询问所做的说明或者陈述，包括对事实的陈述、对将来事件或行为的陈述以及对他人陈述的转述。

如实告知是指投保人的陈述应当全面、真实、客观，不得隐瞒或故意不回答，也不得编造虚假情况来欺骗保险人。投保人不仅应当告知保险人其现实已知的情况，而且对于其尚未知悉，但却应当知道的情况，也负告知的义务。如果投保人因过失而未告知，也构成对如实告知义务的违反。广义的如实告知义务不仅包括保险合同订立时投保人的如实告知义务，还包括保险期间保险标的危险增加时被保险人的通知义务以及保险事故发生时被保险人的通知义务。

对于告知范围的界定，各国立法采取不同的原则，一般可分为两种：①询问告知主义，要求投保人只需如实回答保险人对保险标的风险状况提出的询问即可，对保险人没有询问的事项，投保人无需主动告知。目前，多数国家都采用这种告知方式。②无限告知主义，即法律对告知的内容没有明确的规定，事实上与保险标的的危险状况有关的任何重要事实，投保人都有义务告知保险人。目前，英、美、法等国家采用这种方式。我国《保险法》确定了询问告知原则。投保人告知的范围，以保险人询问的事项为限，且保险人询问的只能是与保险合同有关的事项。实践中，通常的做法是由保险人提出一定格式的询问表（被称为告知表，常与投保单合一），将投保人应如实告知的事项列于表中，让投保人一一填写，投保人依表上所问如实告知，但对保险人没有询问的事项，不负有告知义务。投保人履行如实告知义务，不以书面告知为限，对于口头告知，保险人不得以投保人没有履行告知义务为由，主张解除合同。投保人和被保险人可以自己亲自履行如实告知义务，也可以通过其授权的代理人履行如实告知义务。

身边的保险

不实告知拒赔案

案情：2018 年 3 月，45 岁的老龚患胃癌并住院治疗，为了不让老龚情绪波动太大，老龚的家属没告诉他真相。老龚手术出院后，继续正常工作。8 月，老龚在某保险业务员的劝说下投了一份人身保险，但填写保单时并没有申报自己患有癌症的事实。2019年5月，老龚旧病复发，医治无效身亡。老龚家属要求保险公司赔付，而保险公司审查事实后却拒绝给付，这是为什么呢？

分析：在上面的案例中，尽管老龚不知道自己得了癌症，但他知道自己动过手术，隐瞒了这些重要事实，就没有尽到最大诚信的义务。试想，如果保险公司知道他得了癌症并动过手术，可能就不会承保了。所以，保险公司拒赔也就不难理解了。

（3）投保人或被保险人的保证义务。保证，是最大诚信原则的一项重要内容。保证又称担保，是指人们对某种事情的作为和不作为的允诺。保险合同中的保证，是指投保人和被保险人对保险人做出的一种关于为或不为某种行为，或某种状态存在或不存在的担保。

保证是保险合同的基础，投保人或被保险人违反保证，就使保险合同失去了存在的基础，保险人有权解除合同。保证的目的和作用在于控制危险。

保证通常包括明示保证和默示保证。

1）明示保证。明示保证是指保险合同中记载的保证事项，需要投保人明确做出承诺。明示保证又有确认保证和承诺保证之分：确认保证是指投保人对过去或现在某种特定事项存在或不存在的保证，如某人保证过去或现在未得过某种疾病；承诺保证是指投保人对将来某种事项的作为或不作为的保证，如投保家庭财产保险时，投保人保证不在家中放置危险品。

2）默示保证。默示保证是指保证内容虽没有记载于保险合同之上，但由于法律规定或惯例要求投保人、被保险人必须保证的事项。默示保证一般存在于海上保险中，通常包括：保证船舶具有适航能力和适货能力、保证非因避难不绕航或改变航程、保证运输业务合法，这些都不在保险单中载明，而是被社会公认的默示保证。默示保证与明示保证具有同等的法律效力。

我国《保险法》对于保证未做明文规定。在保险实务中有保证的做法，但无确认与承诺之分，一般都是承诺保证。

（4）弃权和禁止反言。弃权是指保险人放弃因投保人或被保险人违反告知或保证义务而产生的保险合同解除权。禁止反言又称禁止抗辩，是指保险人既然放弃自己的权利，将来不得反悔再向对方主张已经放弃的权利。例如，投保人在投保时，声明其投保的财产旁边存放有特别危险品，但保险人或其代理人既不拒保，也不提高保险费，以后保险财产因其旁边的特别危险品而造成损失的，保险人既不能解除合同，也不能拒赔。又如，某被保险人投保人身意外伤害保险时，向保险代理人声明（告知），在某一时间内将从事一些危险性较高的工作，而保险代理人为了招揽业务，认为合同的有效性和保险费的确定可不受其影响，如果在保险期间被保险人发生意外事故，正是由于从事危险性较高工作而引起的，根据弃权与禁止反言的规则，保险人不能行使保险合同的解除权，也不能拒绝给付保险金。

（5）违反最大诚信原则的法律后果。我国《保险法》第十六条规定："订立保险合同，保险人就保险标的或者被保险人的有关情况提出询问的，投保人应当如实告知。投保人故意或者因重大过失未履行前款规定的如实告知义务，足以影响保险人决定是否同意承保或者提高保险费率的，保险人有权解除合同。"上述规定的合同解除权，自保险人知道有解除事由之日起，超过30日不行使而消灭。自合同成立之日起超过2年的，保险人不得解除合同；发生保险事故的，保险人应当承担赔偿或者给付保险金的责任。投保人故意不履行如实告知义务的，保险人对于合同解除前发生的保险事故，不承担赔偿或者给付保险金的责任，并不退还保险费。投保人因重大过失未履行如实告知义务，对保险事故的发生有严重影响的，保险人对于合同解除前发生的保险事故，不承担赔偿或者给付保险金的责任，但应当退还保险费。保险人在合同订立时已经知道投保人未如实告知情况的，保险人不得解除合同；发生保险事故的，保险人应当承担赔偿或者给付保险金的责任。

我国《保险法》第十七条规定："订立保险合同，采用保险人提供的格式条款的，保险人向投保人提供的投保单应当附格式条款，保险人应当向投保人说明合同的内容。对保险合同中免除保险人责任的条款，保险人在订立合同时应当在投保单、保险单或者其他保险凭证上做出足以引起投保人注意的提示，并对该条款的内容以书面或者口头形式向投保人做出明确说明；未做提示或者明确说明的，该条款不产生效力。"

保证是保险的基础，因而各国立法对投保人或被保险人遵守保证事项的要求十分严格，投保人或者被保险人违反保证义务，无论故意或者过失，保险人均有权解除合同，不承担赔偿责任。

（三）近因原则

1. 近因的含义

近因是指引起保险标的损失的最直接的、最有效的、起决定作用的原因，而并非是时间上、空间上最近的原因。1907 年英国法庭对近因所下的定义是："近因是指引起一连串事件，并由此导致案件结果的能动的、起决定作用的原因。"1924 年英国法庭又进一步说明："近因是指处于支配地位或者起决定作用的原因，即使在时间上它并不是最近的。"

2. 近因原则的含义

近因原则的含义是：凡引起保险事故发生，造成保险标的损失的近因属于保险责任，保险人承担赔偿责任；若近因属于除外责任，保险人不负赔偿责任。英国《1906 年海上保险法》规定："依照本法规定，除保险单另有约定外，保险人对于由所承保的危险近因造成的损失，负赔偿责任，但对于不是由所承保的危险近因造成的损失，概不负责。"

小资料

除 外 责 任

除外责任是指保单列明的不负赔偿责任的范围，又称责任免除。除外责任可以列举方式在保单中列举除外事项，也可以不列举方式明确除外责任，即凡未列入承保范围的灾害事故均为除外责任。

任何保险商品都不是万能的，总有一些不能赔付的责任内容。这是因为，保险公司都是经营性的，以营利为目的，要考虑承担的风险的问题。保险公司要对风险认真考察，避免承保风险过大，造成保险公司的亏损。对应的，保险公司对风险进行筛选，把一些发生的可能性较大，损失较多的风险列为除外责任。

3．近因原则的应用

近因原则在理论上讲简单明了，但在实际中的运用却存在一定的困难，即如何从众多复杂的原因中判断出引起损失的近因。对近因的分析和判断，成为掌握和运用近因原则的关键。

（1）认定近因的基本方法。认定近因的关键是确定危险因素与损失之间的因果关系。对此，有两种基本方法：①从原因推断结果，即从最初的事件出发，按逻辑推理直至最终损失的发生，最初事件就是最后事件的近因。如大树遭雷击而折断，并压坏了房屋，屋中的电器因房屋的倒塌而毁坏，那么，电器损失的近因是雷击，而不是房屋倒塌。②从结果推断原因，即从损失开始，从后往前推，追溯到最初事件，没有中断，则最初事件就是近因。如上例中，电器毁坏是损失，它由房屋倒塌被压坏，房屋倒塌是由于大树折断，大树折断是因为雷击，因此，在此系列事件中，因果相连，则雷击为近因。

（2）近因的认定和保险责任的确定。在保险理赔中，对于引起保险标的损失的原因，我们可以从以下几种情况来认定近因，确定保险责任。

1）单一原因发生的情形。如果事故发生所导致损失的原因只有一个，则该原因为损失近因。当该近因属于承保危险，保险人应对损失负赔偿责任；如果该近因是除外责任，保险人则不予赔偿。

2）多种原因同时发生的情形。如果损失的发生有同时存在的多种原因，首先看多种原因中是否存在除外责任，造成的结果是否可以分解。如果同时存在导致损失的多种原因均为保险责任，则保险人应承担全部损失赔偿责任；反之，若同时发生的导致损失的多种原因均为除外责任，则保险人不承担任何损失赔偿。若同时发生导致损失的多种原因中既有保险责任又有除外责任，则应分析损失结果是否易于分解。如果在多种原因中有保险责任和除外责任，而损失结果可以分解，则保险人只对保险责任所导致的损失承担赔偿责任。如果损失的结果不能分解，则除外责任就认定为近因，保险人可不负赔偿责任。

3）多种原因连续发生的情形。如果多种原因连续发生导致损失，并且前因和后因之间存在未中断的因果关系，则最先发生并造成一连串事故的原因就是近因。在此情形下，保险人的责任依情况确定：若连续发生导致损失的多种原因均为保险责任，则保险人承担全部保险责任；若连续发生导致损失的多种原因均属于除外责任，则保险人不承担赔偿责任；若连续发生导致损失的多种原因不全属于保险责任，最先发生的原因即近因属于保险责任，而其后发生的原因中，既有除外责任又有不属于保险责任的，当后因是前因的必然结果时，保险人也负赔偿责任。

4）一连串原因间断发生的情形。当发生并导致损失的原因有多个，并且在一连串发生的原因中有间断情形，即有新的独立的原因插入，使原有的因果关系断裂，并导致损失，则新插入的独立原因是近因。若近因属于保险责任范围内的事故，则保险人应负赔偿责任；若近因不属于保险责任范围，则保险人不负赔偿责任。如果有除外责任的规定，若新原因为除外责任，在新原因发生之前发生的承保危险导致的损失，保险人应予以赔偿。

身边的保险

同难兄弟为何不同获赔

案情：某日，某公司为了丰富员工生活，专门安排了一辆大巴，组织员工旅游。车在高速公路上行驶时，突然从后面飞驶而来一部大货车（后经交警裁定：大货车为违章快速超车）。公司大巴来不及避让，两车同向侧面严重碰撞。公司员工 A 和 B 受了重伤，立即被送入附近医院急救。A 因颅脑受到重度损伤，且失血过多，抢救无效，于两小时后身亡。B 在车祸中丧失了一条大腿，在急救中因急性心肌梗死，于第二天死亡。而在事发前不久，公司为全体员工购买了人身意外伤害保险，每人的保险金额为人民币 10 万元。事故发生后，该公司立即就此事向保险公司报案。保险公司接到报案后立即着手调查，了解到：A 一向身体健康，而 B 则患心脏病多年。最后，根据《人身意外伤害保险条款》及《人身意外伤害保险伤残给付标准》，保险公司做出如下核定及给付：

首先，核定车祸属意外事故；其次，核定 A 死亡的近因是车祸，属保险责任，给付 A 死亡保险金人民币 10 万元；另外，核定 B 丧失了一条大腿的近因是车祸，属保险责任，给付 B 人民币 5 万元意外伤残保险金；最后，核定 B 死亡的近因是急性心肌梗死，不属保险责任，不予给付死亡保险金。

分析：首先，A 的死亡原因是车祸，属单一原因的近因，属于被保险危险，保险公司应负赔偿责任。其次，B 死亡的近因是急性心肌梗死，因意外伤害（车祸）与心肌梗死（疾病）没有内在联系，心肌梗死并非由意外伤害所造成的，故属于新介入的独立原因。这个新的独立的原因为保险合同的除外责任，即发生在被保危险之后，由除外责任所致的损失，保险公司无赔偿责任。

子情境 2　人身保险功能、种类认知

知识解读

一、人身保险的功能

保险功能是由保险的本质所决定的，是保险经济补偿制度在其运行过程中本质的、内在的客观要求。保险的基本功能是通过分散风险、分摊损失，组织保险赔偿或保险金给付，向企业、家庭、个人或社会提供经济保障，以保证社会持续稳定发展。人身保险业务作为保险业务十分重要的组成部分，同样也具有保险的一般功能和作用。

1．分散人身风险，分摊经济损失功能

人的一生可能面临的人身风险从总体上讲包括生命危险和健康危险两类：当一个人生存时间太长，其生活费、医疗费及护理费等庞大的开支将成为个人、家庭或企事业单位的

沉重负担；当被保险人因疾病或意外事故的发生，导致其身体伤害产生医疗费、护理费，或者收入减少或丧失，或者导致残疾，甚至英年早逝，则将使依赖其生存的他人面临极大困难，对于其所在单位也存在较大的支付压力。通过参加人身保险，能够以固定的、低成本开支使少数个人、家庭或企事业单位可能发生的、大额的人身方面风险或资金困难转嫁给保险人，保险人通过商业性人身保险这种商业化、社会化的运作方式，以数理统计为依据计算保险费，就可以在较大范围内对各类人身风险进行广泛的分散。在组织保险赔偿或者保险金给付过程中，解除企事业单位及其家庭的后顾之忧，有利于经济持续稳步增长，社会和谐发展。

2. 组织保险金给付，提供经济保障功能

在现实经济生活中，企事业单位的经营活动，人们的正常工作、学习和生活常常会因某些偶然发生的意外事故而受到冲击，使正常的经济活动、工作和生活计划遭到破坏。例如，因意外事故或疾病的发生使企业的重要决策人或合伙人、家庭的主要劳动力致残或者死亡，在一段时间内将使企业经营或家庭生活陷入困境。参加人身保险的被保险人可以领取养老金、伤残金、医疗金等获得生存方面的利益，或者受益人及其家属通过领取身故金获得被保险人身故利益的保障，从资金方面缓解遭受不幸的家庭或企事业单位的资金困难，有利于维持劳动力的再生产，安定人们生活，维持企业的经营活动，有助于经济的可持续发展。

身边的保险

法航空难

案情：据中国人保寿险、太平洋保险、中华联合财险等公司透露，法航2009年6月1日失事客机上的9名中国乘客中，有5人获得了国内保险公司赔付。来自人保寿险的消息称，一名在此次事故中失踪的人保寿险客户，于2008年购买了该公司“畅享人生”年金保险产品，保险金额为24万元人民币。根据条款规定，如客户发生航空意外，将可以获得40倍保险金额的赔付，即960万元人民币。根据以往赔付标准，若事故责任在法航，该乘客的受益人估计可再获得法航300万美元赔付。另据报道，法航失事飞机涉及1亿美元的机身保险和高达10亿美元之巨的责任保险赔偿。

分析：空难的发生虽然猝不及防，但是保险对罹难乘客的保险金给付以及对失事飞机财产损失的赔付，体现了保险的经济保障功能。

身边的保险

勇担社会责任全面做好雅安地震理赔服务

案情：2013年4月20日，四川省雅安市芦山县发生7.0级地震，造成震中及周边地区重大人员伤亡。地震当天，中国人寿总部立即启动重大突发事件应急预案，成立4.20理赔服务工作组并于当天抵达灾区，现场指挥抗震救灾工作，及时开展抗震救灾和理赔服务工作，成为中国保险业在灾区第一个成立理赔服务点、第一个现场给付赔款的公司。同时，四川省分公司受中国人寿总裁室委托，对外公布向灾区捐赠 1 000 万元等承诺。地震次日，中国人寿向全社会公开发布《中国人寿 4.20 雅安地震“简化手续快速理赔”二十条服务指引》。为有效贯彻二十条服务指引，中国人寿迅速开通绿色理赔通道，在灾区设立 21 个理赔服务点，派出救灾和理赔服务人员 1 048 人，主动联系客户，协助办理报案和理赔手续。经过中国人寿各级公司的协同奋战，截至 2013 年 5 月底，公司共计排查客户 85.51 万人，接到报案 419 件，确认遇难客户 48 人、伤残 3 人、医疗给付 126 人。公司赔付 216 件，保险金合计 249 万元。

分析：地震灾害无情，保险勇担社会责任。中国人寿保险公司在此次救灾理赔服务中的表现，充分体现了保险的风险管理和经济保障职能，为遭受风险的家庭及时提供了资金上的帮助。

3. 资金融通功能

保险资金的融通是指保险资金的聚集、运用与分配等经营活动。保险的经济保障功能是在保险基金的筹集、分配活动过程中得以实现的。保险人通过接受客户投保、收取保险费、建立保险基金，完成了保险基金的筹集工作。但是，从保险费的聚集到形成保险基金，直至保险赔偿或保险金的给付，还存在一段时间间隔，使保险人有可能运用这笔暂时闲置的资金进行各项投资活动。人寿保险的保险基金在其运行过程中这一特性更为突出，其所掌握的资金规模更大、持有的时间更长，这将有利于保险人通过各类投资活动实现保险基金的保值和增值，提高保险公司的偿付能力，提高保险公司的经济效益。同时，能够为资本市场提供长期、稳定的资金来源，更好地发挥保险基金在资本市场的重要作用。

4. 调节收入分配功能

保险是调节收入分配的手段之一。它通过投保人交纳保险费，使分散的短期资金集中起来，建立人身保险长期的保险基金，而保险人根据保险合同履行保险金给付义务，积极运用保险资金从事投资，增加投保人的储金价值。这相当于对国民收入的再次分配，即把各个投保人的保险费收入的一部分转移到那些发生了保险事故的投保人名下。

保险调节收入分配的重要意义表现在：遭受了危险事故的投保人能够通过人身保险机构及时得到经济补偿，不致丧失收入来源或其他经济利益。这不仅保证了社会安定，而且促进了社会公平，并在一定程度上调节了社会成员财产和收入的高低差异。

5. 社会管理功能

人身保险的社会管理功能主要体现在以下五个方面：

（1）通过大力发展商业养老保险，积极参与企业年金市场，丰富企业年金的产品种类，逐步提高人身保险的覆盖面。

（2）通过大力发展商业健康保险，把目前仅提供费用补偿的医疗保险转变为提供全面健康管理和服务的商业健康保险，满足多元化的健康保障需求。

（3）通过建立人口和人群健康档案库为社会公共管理提供科学依据及信息服务，逐步提高全社会的风险与保险意识。

（4）保险企业通过加强对各类人身风险防范工作，在一系列预防疾病和意外事故活动中，维护人们的健康、安全，促进国民经济各部门协调稳定发展，保持社会的安定。

（5）充分发挥保险公司作为商业性机构在技术、管理、成本控制、服务等方面的专业优势，在一些领域参与政府管理，如目前我国保险公司广泛参与了新型农村合作医疗事业，使其在精算技术、网络服务、风险管理等方面的优势得到有效发挥，不仅降低了成本，控制了风险，而且减轻了政府压力，还可以提高政府的管理效率。

二、人身保险的作用

1. 经济保障

人身保险的主要目的在于安定人们生活。人们的经济生活常常会由于某种偶然事件的发生而受到冲击，致使经济生活失去平衡，原定的经济生活计划遭到破坏。例如，某家庭的主要经济来源者因伤残、死亡或丧失经济收入而使家庭陷入困难境地，或者由于年老而丧失劳动能力不能为自己提供良好的养老保证。因此，人身保险可以通过保险行为使每个家庭免除或缓解人身风险可能带来的生活困难，即投保人只需交纳合同规定的保费，则可在被保险人发生死亡、伤残、疾病、衰老等保险事故时，从保险公司领取一笔保险金以保障家庭生活的稳定。同时，人身保险有助于家庭和个人经济计划的安排，投保人只需交纳适量的保费，即可对养老、医疗、子女教育、婚嫁费用等做出周密的安排，以保证生活的幸福。

2. 投资手段

长期寿险的储蓄性使得人身保险可以成为一种良好的投资手段，特别是储蓄性较强的险种和利率敏感型险种，不仅可以为保户提供经济保障，同时可以为保户提供投资收益，分享保险公司的经营成果。随着保险业的不断发展，人身保险的投资功能日益扩大，逐步成为人身保险的重要组成部分，甚至成为人身保险业务的主流，如投资连结保险。

3. 稳定社会

人身保险可以保持社会的安定，这主要是由于人身保险的保障作用可以使人们解除后顾之忧，并具有一定的安全感，从而使社会秩序得以稳定，起到“社会稳定器”的作用。否则，人心不稳，则社会不安宁。

三、人身保险的分类

在保险演化发展的几百年中，其经营方式和保险品种也在日益丰富和发展，形成了包括财产保险、人身保险、责任保险、信用保险在内的，涵盖各种风险责任的系统学科。人身保险在此过程中，随着经济的发展和人们需求的不断变化，其种类也日益丰富，提供的风险保障涵盖了人们生活的诸多方面。目前，国际上对保险的分类没有一个固定的原则和严格的标准，各国根据不同需要，采取不同的方法。人身保险中常见的分类有以下几种：

（一）按实施方式来划分

1. 法定保险

法定保险又称为强制保险。顾名思义，它是通过法律规定强制实施的保险。社会保险属于法定保险，但法定保险并不局限于社会保险。

2. 自愿保险

自愿保险是在自愿的原则下，投保人与保险人双方在平等的基础上，通过订立保险合同而建立的保险关系。其特点是单位和个人都可以决定是否投保、购买什么险种，以及自由选择保险金额和保险期限，投保人也可以在中途终止保险合同，同时，保险人可根据具体情况决定是否承保。在我国，人身保险多数都是采取自愿保险的方式。

（二）按保险保障的范围划分

1. 人寿保险

人寿保险是以被保险人生存或死亡为保险事故（即给付保险金的条件）的一种人身保险业务。人寿，即人的生命。人寿保险所承保的风险可以是生存，可以是死亡，也可以同时承保生存和死亡。在全部人身保险业务中，人寿保险一般占全部人身保险业务的绝大部分。可见，人寿保险是人身保险主要的和基本的险种。

由于人寿保险是以人的生存或死亡为给付条件的，所以市场上各种寿险品种可分为生存保险、死亡保险和两全保险三大类。

（1）生存保险。被保险人在一定的保险期限届满时，若还生存于世，即由保险人给付保险金；若被保险人在保险合同期限内死亡，保险人不负给付保险金之责。

（2）死亡保险。它是以被保险人的死亡为给付保险金条件的人身保险。当死亡保险的被保险人在合同期间死亡时，由保险人对保险受益人给付合同规定的死亡保险金。死亡保险是人身保险中出现最早的品种，是人身保险的重要组成部分。

（3）两全保险，又称“生死合险”。它是以被保险人在保险期间死亡或期满生存为保险金给付条件的人身保险。它是生存保险与死亡保险的混合保险。两全保险的保险金额或保险费都可以分为生存责任和死亡责任两部分，进行单独核算。因此，不论被保险人在保险期内是生存还是死亡，保险人都有给付保险金的义务和责任。

2. 人身意外伤害保险

人身意外伤害保险简称意外伤害保险，是指被保险人因遭受意外伤害事故造成死亡或残疾等保险事故的人身保险。意外伤害保险在全部人身保险业务中所占的比重虽然不大，但由于保费低廉，投保人只需付出少量保费便可获得高额保障，投保手续简便，无需检查身体，所以受到投保人尤其是在风险较高的行业或从事风险较高的活动的投保人的普遍欢迎，是承保人次很多的一个险种。例如，在外出旅行乘坐飞机时，人们只需支付很少的费用，就可投保一个航次的飞机旅客意外伤害保险。

3. 健康保险

健康保险是以被保险人因疾病、生育等所致的医疗费用支出和工作能力丧失、收入减少为保险事故的人身保险业务。习惯上，通常将不属于人寿保险和意外伤害保险的人身保险都归为健康保险一类。美国还将人身意外伤害保险纳入健康保险的范畴，在健康保险业务中承保被保险人因意外伤害或疾病所产生的医疗费用以及由此造成的收入损失。

（三）按承保方式划分

1. 团体保险

团体保险是使用一份总合同向一个团体的多个成员提供人身风险保障。一般情况下团体保单的平均费率要低于相同保障程度的个人寿险保单费率。这是由于：一方面，在一定程度上，团体保险避免了逆选择；另一方面，在团体保险中，保险人在营销、承保、记账及保费收取等方面的管理成本要比将保单卖给同等数量的个人低。团体人身保险通常不要求被保险人体检。团体人身保险的种类很多，如团体人寿保险、团体健康保险和团体年金保险等。近十几年来，由于团体寿险逐渐成为雇员福利计划中的重要组成部分，团体保险的市场占有率提高很快。

2. 个人保险

个人保险是指以一个人或几个人同时作为一份人身保险合同的被保险人的保险。在寿险公司的日常经营中最常见的就是个人保险。

（四）按保险期限划分

1. 长期业务

长期业务是指保险期限超过 1 年的人身保险业务。人寿保险一般属于长期业务，保险期限多为 5 年、10 年、20 年，有的甚至是终身。健康保险也可以是长期业务，如终身重大疾病保险。

2. 一年期业务

一年期业务是指保险期限为 1 年的人身保险业务。一年期业务中以人身意外伤害保险和健康保险居多。

3. 短期业务

短期业务是指保险期限不足 1 年的人身保险业务。短期业务一般是那些只对某一特定的时间段提供风险保障的业务，如游客的旅游意外伤害保险和航空意外伤害保险等。

（五）按回报的不确定性划分

1. 人身保险传统产品

人身保险传统产品是只有一个固定的预定利率的保险，其风险保障基本是固定不变的，投保人不参与保险公司利润的分配，其费率相对较低，不受保险公司业务经营的影响，因此比较稳定。

2. 人身保险新型产品

人身保险新型产品是指投资连结保险、万能保险、分红保险，以及中国银行保险监督管理委员会（以下简称“银保监会”）认定的其他产品，具有保障和投资双重功能。人身保险新型产品保单的持有人，除拥有基本保障外，还有权以一定的方式和比例参加寿险公司的利润分配。

同人身保险传统产品一样，人身保险新型产品有一定的储蓄性；但与人身保险传统产品不同的是投保人获得的回报具有不确定性。其中，投资连结保险回报的不确定性最大，保险公司收取保费，扣除风险成本和管理费用后，余额按投保人的意愿投资，投保人承担投资收益波动的风险，但可能得到较高的回报。万能保险和分红保险的回报率有保证的成分，例如万能保险明确告知投保人最低保证的结算利率，分红保险通过确定的保险利益方式保证最低回报，两者共同点是如果保险公司的经营成果高于最低保证，投保人分享盈余，从而获得更多的回报。需要注意的是，人身保险新型产品用于投资增值的资金不是全部的保费。保险公司在销售投资连结保险和万能保险时，通常明确告知消费者扣除的保险保障和公司经营管理费用，而分红保险一般无需明确公告。

子情境 3 人身保险发展历史认知

知识解读

一、古代人身保险思想

人类最早的自我保护形式应该是群居。在原始社会时期，生产力水平低下，人类抵御自然灾害和野兽侵袭的能力极为有限，只有选择群居的方式，共同劳动、彼此扶持、一起抵御外来的危险，才有可能克服生存的困难。群居成为当时人类生存和发展的唯一保障，是人类最早的互助行为。

约在公元前 3100 年，古埃及就有了类似当今人们所说的人身保险的互助保险形式。那时在大规模的金字塔建造工程中，人身伤亡事故频频发生，造成大批工匠死亡事故。为了得到适当的补偿和保障，工匠之间就出现了应付人身伤亡事故的原始互助团体。参加者订立契约、交付一定数额的费用以抚恤伤亡者或其家属。古罗马也曾出现过士兵会的互助团体，其成员交纳定额会费后，如果调职，将领到旅费；若服役期满，可返还本金；成员死亡时，会支付其继承人一定的抚恤金。这些形式与中国古代的一些互助团体的做法比较接近。

二、近代人身保险的形成

出现了原始的互助组织之后，人身保险在很长一段时期内并没有显著的发展。近代保险是由海上保险发展而来的。新大陆和新航道的发现，促进了当时海上贸易的空前发展，海上保险也随之出现。海上保险主要的对象是船舶和货物。15 世纪欧洲盛行奴隶买卖，奴隶被视为商品而作为货物投保了“人身保险”，后来发展到对船长、船员也投保了人身保险，这些都附属于海上保险。到 16 世纪，出现了旅客的人身保险。

英国伦敦公民及市参议员理查德·马丁（Richard Martin）最早提出了人寿保险的想法。1583 年 6 月 18 日出现了最早的人寿保险单，这是由伦敦皇家交易所保险行会的 16 名商人共同签发的。

年金制度是一个对人身保险的形成产生了重要影响的事物。年金买卖在中世纪已开始流行，尤其在16、17世纪的英国和荷兰最为盛行。而最著名的人身年金保险则是由意大利的银行家洛伦佐·佟蒂（L. Tortine）提出的“佟蒂法”。

17世纪初，伦敦曾流行疫病，各教区每周都公布死亡人数的记录。英国数学家约翰·格兰特（John Graunt）对这些记录进行了研究，于1661年发表了关于生命表构想的论文。在生命表的编制上，贡献最大的是英国著名的数学家和天文学家爱德华·哈雷（Edward Hally），他于1693年根据德国布勒斯劳市1687～1691年居民死亡统计资料为依据，通过实地考察，较精确地计算了各年龄人口的死亡概率，并在此基础上取得了突破性进展，为现代人寿保险的发展奠定了数理基础。

人身保险制度是在资本主义经济的发展过程产生、发展和趋于成熟的。近代人身保险就起源于当时资本主义经济最发达的英国。1699年，世界上第一家人寿保险组织——孤寡保险社在英国出现。

在近代人身保险制度的发展初期，费用的分摊导致了参加者的“逆向选择”。为了解决这个问题，詹姆斯·道德逊（James Dodson）提出了“平准保险费”理论，将定期死亡保险的期限由一年改为二三十年甚至更长，投保人在此期间内每年交纳的保险费数额不变，既不会增加老年参加者的保费负担，又避免了每年调整费率的烦琐。以这种方式，在付费的前期，平准保险费高于自然保费，高出的部分由保险人代为生息、增值，在保险期限的后一阶段，平准保险费低于自然保费，不足的部分由前期超出部分及其所生利息弥补。詹姆斯·道德逊的“平准保险费”理论对于人寿保险费计算技术的提高以及人寿保险经营的完善做出了重大贡献。

1762年在英国成立的公平人寿及遗属公平保险社，又称“老公平”，集合了前人保险理论研究和实践探索的成果，使人身保险业务与经营建立在科学的数理基础之上，实现了保险当事人权利业务的对等，推动了保险业向科学、正规的方向发展。

三、现代人身保险在发达国家的发展

（一）现代人身保险在英国的发展

现代人身保险的发源地是英国。1762年，英国公平人寿及遗属公平保险社的创办，标志着现代人寿保险的开端。1774年通过的《英国人寿保险法》，成为英国人寿保险发展史上的第二个里程碑。这部法律中明确指出：“这是管理有关人寿保险的法令，除了投保人对被保险人的生存或死亡有利益关系外，其他人都不得办理这种保险。”从而有效地遏制了投保人为与自己无利益关系的人投保人寿保险后，谋杀被保险人的行为发生，保证了保险业的健康发展。

从18世纪开始，英国的人寿保险开始了更快的发展过程，一大批新的保险公司相继出现。如威斯敏斯特保险社（1792年）、鹈鹕人寿保险公司（1797年）、节俭人寿保险公司（1806年）和太阳人寿保险公司（1810年）。这些保险公司主要面向贵族、地主、富商、军官及自由职业者提供寿险服务。1845年，根据相互人寿保险协会会长的估计，当时英国2 500万人口中，只有不到10万人与人寿保险公司打过交道，绝大多数人对人寿保险没有认识。从19世纪中期开始，英国人寿保险公司通过保险代理处和设置分公司来扩大普通寿险业务，带来了英国保险公司的“洪水时代”。保险公司竞相设立引起了相互之间的激烈竞争，导致了大批保险公司倒闭。在1844～1867年，有230家人寿保险公司破产或被合并。

英国最早完成产业革命，有了最早的工人阶级，他们没有疾病、死亡和年老后的经济保障，也无购买普通寿险的能力。为此，1854年英国下议院经过社会调查，建议为低收入阶层解决保险问题。后来就由伦敦谨慎保险公司首先创办了简易人寿保险，这种保险由保险代理人每周上门收取一次保费；被保险人死亡后，由保险公司向被保险人或其家属给付一笔保险金。虽然数额不大，但可以支付丧葬费和维持家庭短期生活之需。19世纪后期，简易人身保险吸引了大批低收入者投保，并流传至其他国家。与此同时，英国还出现了承保雇员的团体人身保险计划，保险费从团体各成员的工资中扣除。团体人身保险的出现，有力地推动了寿险业务的发展。19世纪80年代，团体人身保险计划仅占所有签发保单的19%，到1900年，这一比例高达47%。20世纪30年代，英国推行了团体养老金保险计划，把英国的人身保险业进一步向前推进了。

19世纪中期，英国还推出了人身意外伤害保险。1848年，铁路旅客保险公司开始办理旅客人身意外伤害保险。1850年，意外死亡赔偿公司签发了一种保险单，是在收取1英镑保险费后，对不论何种原因造成的被保险人死亡，都给付1 000英镑保险金。1885年，设在爱丁堡的疾病和意外保险工会开始办理疾病保险，保险期限为1年。后来又推出了永久健康保险，被保险人经体检合格后方可签发保单，承保至规定年龄（一般是退休年龄）时为止。

英国政府很早就开始实施保险监管。1844年，英国政府制定了股份有限公司法，对保险公司进行监督，但效果不明显。于是在1870年又通过了人寿保险公司法对人寿保险经营进行规范和监督；要求保险公司实行账务公开，接受社会监督。人寿保险监督制度的建立，标志着英国人寿保险制度开始走向成熟。

（二）现代人身保险在美国的发展

人身保险制度是由英国先传到德国和法国，然后再传入美国的。人身保险虽然在美国起步较晚，但发展速度却很快，发展过程也很完整，具有代表性。

美国人身保险的发展，基本沿用了英国的模式。19世纪以前，美国的人寿保险是由个人或合伙经营的保险业者承保水险业务的附带险种。美国第一个提供死亡保障的是1759年在费城教会会议上成立的长老教会牧师基金。该基金为长老教会中的死亡牧师遗属给付终身年金，给付额是按交费期限的长短而不是按年龄区分的。美国真正经营人寿保险的第一家股份公司是于1794年4月14日注册成立的北美洲保险公司，其主要经营普通保险业务，包括人寿保险，但初期的状况并不好，头5年内签发的寿险保单一共只有6份，寿险业务于1804年中止。

在美国经济迅速发展和人口快速增加的背景下，人寿保险的需求不断扩大。相互保险公司的出现，推动了寿险业务的拓展。1840～1850年期间成立的保险公司，大部分都采用了相互保险公司的形式，其中比较著名的有纽约相互人寿保险公司（1842年）、新英格兰相互人寿保险公司（1843年）、新泽西相互福利人寿保险公司（1845年）。后来一些股份人寿保险也通过退股改制为相互保险公司。

此外，美国人寿保险迅速发展的另一重要原因是，团体人寿保险和年金保险的出现。1925年，大都会人寿保险公司签发了美国第一份团体养老金保险单。1911年，公平人寿保险公司承保了美国第一笔雇员团体人寿保险业务。此后，团体人寿保险在美国全部人身保险业务中的比例逐年递增。1928年，美国谨慎保险公司还首创了信用人寿保险业务。在19世纪60年代的美国，健康保险开始作为其他人身保险的附带保险责任而出现，直到1929年现代商业健康保险才开始作为独立的险种。第二次世界大战结束以后，健康保险开始迅速发展和普及，但当时对于保险费的计算却仍然根据营业经验。20世纪60～80年代，美国健康保险业开始了飞速的发展，商业保险公司开始为大众提供大额的综合医疗保险，并使用精算技术确定保费。虽然在20世纪70年代西方国家发生了严重的通货膨胀，利率曾高达两位数，但美国人寿保险公司创新了方法和险种，推出了可调整的人寿保险、变额人寿保险和万能人寿保险，保持了人寿保险的高增长率。直到现在，美国仍然是世界头号保险大国。从总体上看，美国寿险公司主要由股份公司和相互公司组成。

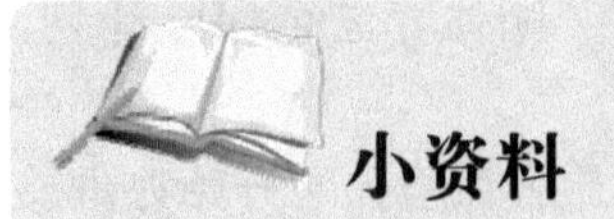

小资料

相互保险公司

相互保险公司是由所有参加保险的人自己设立的保险法人组织，其经营目的是为各保单持有人提供低成本的保险产品，而不是追逐利润。相互保险公司没有股东，保单持有人的地位与股份公司的股东地位相类似，公司为他们所拥有。相互保险公司没有资本金，也不能发行股票，其运营资金来源于保费，该公司设立前期所需的资金一般是通过借贷等方式由外部筹措；各成员也以其交纳的保费为依据，参与公司的盈余分配和承担公司发生亏空时的弥补额。

四、新中国人身保险的发展历程

在中国漫长的封建社会发展中，分散风险的思想和各种具体形式早就有所萌芽，但受制于落后的生产力状况和人们的封建思想意识，人身保险的思想和制度始终没有出现。直到19世纪后半期，保险制度才从国外传入。

新中国成立前夕，已解放的地区和大城市的人民政府就着手对旧的保险业进行接管和整顿。由于官僚资本的保险公司的总公司集中于上海，所以接管工作以上海为重点。1949年5月27日上海解放后，就由上海市军管会财政经济接管委员会金融处负责对24家官僚资本保险公司进行接管，并对私营保险公司进行整顿，经批准后复业的保险公司共有106家，其中华商资本64家，外商企业42家。原经营寿险业务的公司均未复业。

1949年9月25日至10月6日，第一次全国保险工作会议在北京召开，1949年10月20日，中国人民保险公司在北京成立，并开始在全国范围内经营财产保险和人身保险业务。从此，新中国保险业的发展迈出了新的一步。

（一）人身保险的开办

新中国成立以后，我国人身保险主要被作为职工的福利来发展。在1951年颁布了《中华人民共和国劳动保险条例》之后，人身保险就被作为对没有实施劳动保险的单位的职工提供的经济保障，对已实行劳动保险的单位，则作为职工福利的补充。在 20 世纪 50 年代初，中国人民保险公司开办的自愿人身保险业务主要有如下几类。

（1）职工团体人身保险。这种保险保险期为 1 年，由单位为职工投保，保险费较低，保险金额也不高。在保险期内，如果被保险人死亡或因意外事故遭受伤害，由保险公司给付保险金。如无保险事故发生，保险合同到期，也不返还保险金，另可附加意外伤害和疾病医疗津贴保险。当时实行劳动保险的单位少，所以这一险种很受私营工商企业的欢迎。1956 年，我国基本完成了对民族资本工商业的改造，企业单位普遍实行了劳动保险，职工团体人身保险被作为福利补充，到 1958 年承保人数约为 300 万人。

（2）简易人身保险。这是主要以城市个体劳动者及其家属为保险对象的小额两全保险，保险金额和保险费都按份数计算。至 1958 年底，全国仅承保 10 万人。1958 年，中国人民保险公司修订了简易人身保险的条款，根据新中国成立后一部分城市的人口死亡率编制生命表，并把业务管理费用率降至 10%，促进了简易人身保险的发展，承保人数迅速增至 180 万人。

（3）个人人身保险。它包括终身寿险和两全保险两种形式，被保险人须进行保前体检。限于当时人们认知的水平，人寿保险业务的业务量较少，且集中于大城市中的较高收入者。

此外，中国人民保险公司还开办了渔工团体人身保险，建筑工人意外伤害保险，汽车司机、乘客和电梯乘客意外伤害保险。

为了推行保险业务，这一时期很大程度上采取了强制性的保险。除按照 1951 年中央政府政务院财经委员会颁布的铁路、轮船、飞机旅客意外伤害强制保险条例的规定而由中国人民保险公司委托交通运输管理部门代办的三项意外伤害强制保险之外，简易人寿保险也以委托单位在职工工资中直接扣交保险费的方法办理。

（二）人身保险的停办

1958 年 10 月，在西安召开的全国财贸工作会议上，结合当时的形势提出：“人民公社化以后，保险工作的作用已经消失……国内保险业务应立即停办。”同年 12 月底在武汉召开的全国财政会议上正式决定立即停办保险业务。1959 年 1 月，中国人民保险公司召开国内保险停办工作会议，部署了保险善后清理工作。在人身保险清理上，由于铁道部、交通部、民航局不同意停办旅客意外伤害强制保险，改为由这些部门自行办理。简易人身保险期限较长，有些保户们不愿退保，所以清理工作延续了多年。

上海、哈尔滨两地，由于企业和群众的需要，经两地政府批准继续办理国内保险业务，主要办理企业财产保险、运输保险、公民财产保险和简易人身保险。1959 年，上海有简易人身保险的保单 46 万份，到 1965 年仅剩 24.6 万份。“文革”开始后，保险被迫终止。

（三）改革开放以来人身保险的恢复与发展

1979 年 4 月，国务院批准《中国人民银行行长会议纪要》，同年 11 月，全国保险工作会议在北京召开，“逐步恢复国内保险业务”的工作全面展开。1982 年 3 月，全国保险工作会议决定试办职工团体保险和人身意外伤害保险，人身保险在国内正式复业。随着改革开放的不断深入，行业的市场主体不断丰富，1988 年平安保险公司在深圳成立，1991 年交通银行保险部组建中国太平洋保险公司，中国人民保险公司独家垄断的市场格局逐渐被打破，行业逐步从停办的影响中恢复活力，行业发展步入复苏的春天。

1．改革开放促进行业专业化发展

在恢复国内保险业务后的 17 年间，保险业长期处于产寿险混业经营，甚至是银行和保险业混业经营的状态，行业间缺乏有效的防火墙。而且在复业后，人身保险业缺乏基于自身特点的思维和模式，发展较为缓慢，也为后来巨额利差损的产生埋下隐患。面对市场规范化和专业化发展的呼声，1995 年首次颁布的《保险法》明确了分业经营的改革思路。1996 年，中保人寿保险有限公司（中国人寿前身，以下简称中保寿险）从中国人民保险公司独立出来，开启了分业经营序幕。2001 年，太平洋保险产、寿险分业，标志着产寿险专业化经营体制的完全确立。行业基于国际发展趋势，对健康保险、养老保险发展前景持乐观的态度，从 2004 年起，先后成立中国人民健康保险股份有限公司、平安养老保险股份有限公司等 4 家专业健康险公司和 4 家专业养老险公司，摆脱了健康保险仅是市场“敲门砖”的尴尬地位，加速了保险业专业化发展。

1997 年人身保险保费首次超过财产保险保费，并且在之后保持强劲的增长潜力。从 1996 年开始，由于央行多次降息加上资本市场不成熟，人们开始把寿险作为一种投资方式，不少寿险公司趁机加大销售力度，加快开发新险种，极大程度上促进了保险业的发展。特别是进入 21 世纪，人身保险的增长迅猛，逐渐与财产保险拉开差距，彻底改变了产险和寿险的市场格局。根据银保监会发布的人身保险公司与财产保险公司经营情况统计信息计算，2019 年 1～6 月份人身保险保费收入约为财产保险的 2.8 倍。

2．改革开放健全行业销售服务体系

1992 年，友邦保险上海分公司把个人代理模式引入中国，彻底改变了以往仅通过团险和门店“等保费上门”的销售模式，有效激发了市场需求。从 1994 年起，平安保险公司、中保寿险先后在全国推行该模式。到 1999 年上半年，个人代理渠道在中国人寿、平安和太平洋保险的业务中占比平均达到 58.2%，成为行业第一大营销渠道。1996 年，平安保险与农行签订代理保险业务协议，开启了银保业务的探索，在借鉴欧洲银行保险发展经验的基础上，银保业务迅速发展。2000 年 8 月，平安人寿推出两全分红保险产品，拉开了银保业务大发展的序幕。短短两年之后，银行代理业务全面超越团险直销业务，并在此后与个人代理并列为行业两大发展引擎。除了传统营销模式以外，2007 年“电销”模式在我国保险市场出现，“网销”模式也随之发展起来。围绕各销售渠道，行业服务体系随之延伸，并建立起相应的销售服务体系。近年来，基于智能手机的各类运用如雨后春笋般涌现，推动行业服务体系从传统渠道走上智能化、互联网化的快车道。

3．改革开放促进了费率机制和产品体系的健全

20 世纪 90 年代初，行业缺乏对偿付能力的深刻理解，产品预定利率在当时一年期存款利率基础上进行简单加成，在央行自 1996 年起八次降息后，行业蒙受了巨额利差损。1999 年 6 月，保监会将人身保险产品预定利率的上限调整为 2.5%。定价的管制虽防止了利差损增量的产生，但也限制了产品的竞争力。为增强产品吸引力，保险公司积极借鉴国际产品开发经验寻求产品转型。1999 年 10 月，我国首个投连险产品——平安“世纪理财”面市。2000 年 4 月，部分寿险公司开始推出分红险产品，同年 8 月，第一个万能寿险产品问世。自此，我国普通型、分红型、万能型和投资连结型的人身保险产品型态分类体系确立。此后，新型人身保险产品迅速取代普通型人身保险产品成为市场主流，到 2012 年费率政策改革前，其业务占比达到 81.7%。随着市场化改革的深化，预定利率管制已经无法适应行业的发展要求。经国务院批准，保监会从 2013 年开始分三步实现了人身保险产品定价机制的市场化，让定价权回归市场主体，实现了行业发展和消费者权益保护的双赢。2013 年，普通型寿险保费收入历史上首次超过 1 000 亿元，同时，市场上一些主流产品价格降幅在 20%左右，老百姓得到了切实的实惠。

目前，我国人身保险业已成为世界第二大寿险市场，占全球市场份额 12%；人身保险保费收入从 1982 年的 160 万元增加到 2017 年的 3.2 万亿元，以年均 49%的增长速度发展，服务社会经济的能力明显增强。

4．改革开放推动现代企业制度建立

随着中国加入世界贸易组织，保险业作为金融业对外开放的排头兵，将外资持股比例上限提高到 50%，并在 2004 年 12 月开放外资寿险公司经营健康保险、团体保险和养老金与年金保险业务。在“狼来了”的压力下，各人身保险公司加快股份制改革步伐。2003 年底，中国人寿在纽约、香港成功上市，并按照美国萨班斯法案的要求重塑公司合规管理体系；此后，平安保险、太平洋保险相继上市，不仅缓解了利差损风险，也推动了自身管理体制体系的现代化。总部集中、后援集中及引入风险管理成为当时另一个新亮点，带动公司管理流程再造，提升协同效率，并将公司内部管理机制从内控管理持续升级到全面风险管理。近年来，保险业加大人工智能、大数据、云计算等技术运用，推动我国人身保险公司管理水平再上一个新台阶。目前，保险市场有人身险公司 96 家，2017 年底整个保险业的资金规模达到 16.75 万亿元，寿险公司资产占整个保险业资金规模的 80%以上，彰显了人身保险业在改革开放以来做出的不懈努力和取得的巨大成果。

5．探索具有中国特色的开放之路

一是开放自强之路。保险业作为金融业中最早对外开放的行业，始终坚持步伐不断、节奏不乱，积极稳妥、渐次推进的开放战略。1980 年允许外资公司在华设立代表处，1992 年友邦保险在上海成立分公司，1995 年开放试点城市扩大到广州、北京等大中城市，1996 年第一家中外合资公司中宏人寿成立。发展至今，外资人身保险公司已达 28 家，市场份额占到了 6.5%。在改革开放的进程中，我国人身保险业从无到有、从弱到强，目前成功跻身世界第二大市场。二是学习创新之路。改革开放 40 多年，是我国人身保险业学习创新的 40 多年。行业不断学习外资带来的营销模式、核保核赔等技术，同时大量引进新加坡等地的保险人才向其学习经营管理经验。不少本土保险公司做到了“青出于蓝而胜于蓝”，我国保险业也有了自己的生命表、重疾发生率表，逐步摆脱了外资定价的话语权。在信息技术和保险科技的运用方面，我国的人身保险公司在不少方面甚至走在世界前列。三是勇于突破之路。对外开放的进程中，行业面对挑战，敢于自我突破，实现了从对“狼来了”的恐惧到“与狼共舞”的转变。在 2018 年世界 500 强排名中，8 家中国保险公司位列其中，数量仅次于美国，中国平安和中国人寿更是进入了世界保险业前十强。其中，中国平安作为新兴市场的唯一代表进入全球 9 家系统重要性保险机构之列。

6. 构建起服务民生的中国模式

一是夯实国家风险保障基石。复办以来，行业始终坚持市场化原则，发挥了保险扶危救困的作用，为国家风险保障体系建设打下了较为良好的基础，增强了全社会的风险抵御能力。截至2019年8月，人身险保险公司总资产15.82万亿元。二是服务社会保障体系完善。发挥商业保险在养老保障、健康管理等方面的优势，以商业的力量积极助力社会保障第二和第三支柱的完善。参与企业年金发展，开展住房反向抵押保险，推出税优健康险、税延养老险等试点，满足人民群众多元化、多层次化的保障需求。截至2019年6月份，人身险保险公司原保险保费收入1.88万亿元，其中寿险1.5万亿元、意外险367亿元、健康险3 438亿元。三是助力政府公共服务转型。发挥行业精算技术和服务网络优势，稳妥参与各类医疗保障经办管理，涌现出江阴、新乡、洛阳、郑州、平谷等典型。2019年政府工作报告明确提出："继续提高城乡居民基本医保和大病保险保障水平，居民医保人均财政补助标准增加30元，一半用于大病保险。降低并统一大病保险起付线，报销比例由50%提高到60%，进一步减轻大病患者、困难群众医疗负担。"精准对接脱贫攻坚多元化保险需求，开展贫困人口补充医疗保险，参与社会救助，促进了基本医保、大病保险与医疗救助制度之间的有效衔接，为防止因病致贫、因病返困提供了有力保障。

小　　结

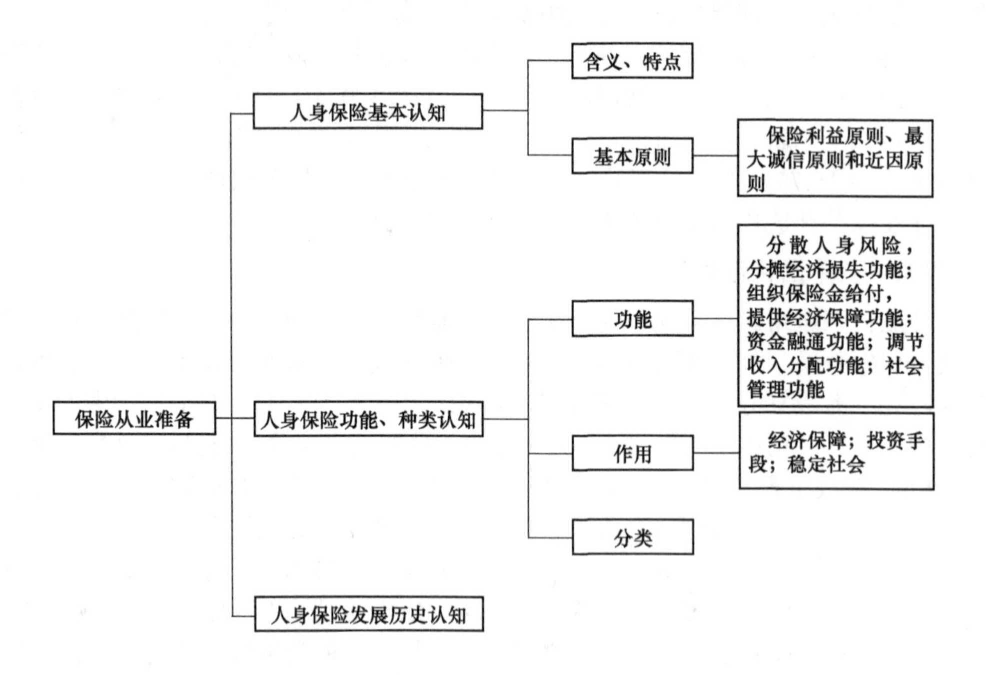

复习思考题

一、简述题

1. 什么是人身保险？人身保险有什么特点？

2. 为什么人身保险不再适用损失补偿原则？

3. 简述保险利益原则在人身保险中的应用。

4. 请举例说明人身保险的功能。

5. 人身保险有哪些分类方式？

6. 简要说明人身保险在我国的发展前景。

二、案例分析题

1. 2019 年 5 月，A 出版发行公司为促销旗下某本书籍，向购买该书的顾客，每本赠送一份由 A 公司投保、B 保险公司承保的保额为 10 万元的人身意外伤害保险。同年 12 月，某次重大意外事故造成多人死亡，其中有 10 位读者，其法定继承人认为死者为前述赠送保险的被保险人，遂以受益人的身份，向 B 保险公司请求给付保险金。B 保险公司认为：投保人 A 公司对被保险人并不具有可保利益，因而拒赔。

问题：请问 B 保险公司的做法是否正确？为什么？

2. 张某为其妻子邓某投保了一份人寿保险，保险金额为 15 万元，邓某指定张某为受益人。半年后张某与妻子离婚，离婚后 3 天邓某因意外死亡。邓某生前欠其好友刘某 4 万元的债务。对此，邓某的父母要求领取 15 万元保险金。邓某的父母提出，张某已与邓某离婚，则张某不应享有保险金请求权，其保险金应该作为遗产，4 万元用于清偿好友刘某的债务；其余 11 万元由他们以继承人的身份作为遗产领取。

问题：试分析邓某父母的要求是否正确？为什么？保险金按理应当给谁？

挑战自我—— 实践训练

实训目的

●对人身保险公司和人身保险市场有感性认知。

●了解人身保险公司的分布与概况，明确公司内部组织机构和职能要求。

●了解人身保险市场现状，明确产品需求、产品种类与特色。

实训要求

●借助互联网，并通过实地走访人身保险公司，了解人身保险公司形成体制、公司文化与发展史。具体了解人身保险公司内部的组织体系、管理体系，总公司、分公司、支公司、营销部之间管理与责权利的划分。

●了解人身保险公司在展业、承保、理赔等的业务流程，熟悉主要险种和相关单证。具体知道某一具体人身保险公司在人寿保险、健康保险、意外伤害保险业务营销中的主要环节、主要险种。

●进行市场调查，了解人们对保险的具体需求和认识，了解保险营销现状并交流心得。

实训步骤

●通过互联网上的搜索工具，查找人身保险公司名录。选择一个具体人身保险公司深入了解其内部组织机构设置、主要险种和业务流程。

●实地进入人身保险公司，调查了解其内部组织结构，学习其主要险种。

- 做市场调查，了解居民对保险的需求和认识。
- 模拟保险推介现场，利用 PPT 进行险种宣传。
- 认真整理调查资料，整理完成实训报告。

技能大比武

题目演讲——人身保险的意义与功用

你已踏入保险之门，你心中的人身保险是什么样子的？告诉大家你认识到的人身保险意义和功能吧！

情境 2　生活前进的助推器——人身保险合同业务处理

学习目标

能力目标

- 能够识别人身保险合同的类型。
- 能够办理人身保险合同的订立与变更业务。
- 能够分析判定人身保险合同争议案例。

知识目标

- 掌握人身保险合同的概念和特点，了解人身保险合同的种类。
- 掌握人身保险合同的主体，熟悉人身保险合同的客体及内容。
- 掌握人身保险合同的标准条款。
- 掌握人身保险合同的生效、变更，以及人身保险合同的履行。
- 明确人身保险合同的解释原则，了解争议处理方式。

素质目标

- 培养分析和解决人身保险合同相关实际问题的能力，塑造职业责任感。
- 学会合理有效地向客户解读合同条款，健全职业人格。

情境演练

险企未尽说明义务，投保人依法获赔

2009 年 6 月 1 日，沈某母亲吴某向蚌埠市某保险公司投保了一份保额为 2 万元的重大疾病险，被保险人为沈某，并一直按期交纳保费。2011 年 4 月 30 日，沈某因患焦虑型精神疾病住院接受治疗，同年 9 月 9 日痊愈出院。沈某以患重大疾病为由，要求该保险公司按合同规定，赔付其 2 万元保险金。但保险公司以沈某所患疾病不属合同约定的重大疾病范围为由拒绝赔付。2012 年 5 月 7 日，沈某为此提起民事诉讼。一审法院认为沈某所患疾病不属合同约定的重大疾病范围，原告沈某要求赔付的理由不足，判决驳回诉讼请求。沈某不服一审判决，提起上诉，但二审维持原判，沈某再次败诉。随后，原告沈某一方向检察机关申诉。原告方认为，保险公司从未向其说明条款内容，当时保险业务员仅向她收取了保险费。

检察机关据此向法院抗诉。法院对此案进行了再审。再审时，保险公司并没有提供出其他证据证明自己已向投保人吴某尽说明告知义务，仍据投保书强调已尽了告知义务。然而，这份投保书在沈某与保险公司之前的一场诉讼的判决书中已被确定为“不予采信”的证据。法院最终采纳了检察机关的意见，认定保险公司对保险合同条款内容未尽说明义务，应当承担相应的保险责任，判决保险公司支付2万元保险金。

《保险法》第十七条第二款规定:“对保险合同中免除保险人责任的条款，保险人在订立合同时应当在投保单、保险单或者其他保险凭证上做出足以引起投保人注意的提示，并对该条款的内容以书面或者口头形式向投保人作出明确说明；未做提示或者明确说明的，该条款不产生效力。”

情境思考：什么是人身保险合同？人身保险合同包含哪些内容？人身保险合同是如何订立的？应该如何履行？人身保险合同内容遇到争议时应该如何处理？

子情境1 人身保险合同基本认知

知识解读

合同是人身保险的基本表现形式，投保人、被保险人、受益人与保险人正是通过人身保险合同联系起来的，只有充分掌握人身保险合同，并诚实守信地按合同的规定办事，才能最终实现保险的保障功能。

一、人身保险合同的概念

人身保险合同是人身保险学的重要内容之一。保险所体现的经济保障关系是通过订立保险合同的方式实现的，因此，人身保险合同可以从法律的角度来体现人身保险的本质和特点。人身保险的投保人按照保险合同约定向保险人交纳保险费，当被保险人因意外事故、疾病、衰老等原因死亡或丧失劳动能力，或年老退休，或在保险期限届满生存，保险人应当按照合同约定向被保险人给付保险金。

二、人身保险合同的特点

人身保险合同是投保人与保险人约定人身保险权利义务关系的协议。人身保险合同适用于《保险法》《合同法》等有关法律的规定。人身保险合同作为保险合同中的一大类，与财产保险合同存在一定的区别，其主要特点如下：

1. 人身保险合同是定额给付性合同

在人身保险中，保险标的是人的生命或身体，其价值难以用货币衡量，因此，保险金额不以保险标的的价值来确定，而是依据被保险人对保险的需求程度、投保人的交费能力和保险人的承保能力来确定。作为定额给付的人身保险，当发生保险事故或约定的保险事件时，保险人按照合同约定的保险金额承担保险金给付责任，人身保险合同一般不适用损失补偿原则。

身边的保险

已经获得侵权人赔偿的被保险人能否再向保险公司申请赔偿

案情：2013 年 9 月 25 日，原告诸某的父亲在被告保险公司处购买了学生、幼儿意外伤害保险一份，同时附加了意外伤害医疗保险和意外伤害住院医疗保险，交纳了保险费 40 元。双方约定：被保险人为诸某，保险期限为 12 个月，自 2013 年 9 月 26 日零时起至 2014 年 9 月 25 日二十四时止。诸某于 2013 年 10 月 21 日晚 6 时 10 分左右骑自行车途经海安县海安镇宁海南路地段由南向北在非机动车道内行驶时，案外人徐某驾驶无号牌的二轮摩托车驮带其妻子经上述地段向南行驶，两车发生碰撞，诸某和徐某均受伤，车辆均遭受损坏。当日，诸某被送往海安县人民医院住院治疗，诊断为下颌首骨折、颅底骨折，需做切开复位内固定手术。11 月 3 日，诸某出院，共花去医疗费 12 000 余元。

11 月 5 日，海安县公安局做出认定，本起交通事故系因当事人徐某一方的过错而导致，徐某应当承担事故的全部责任，而诸某无责任。

2013 年 12 月 23 日，在公安部门的主持下，诸某与徐某就本起交通事故的损害赔偿达成了调解协议，由徐某一次性向诸某赔偿医疗费、护理费、住院伙食补助费等各项费用 20 000 元。当日，徐某给付了 9 750 元，约定余款 10 250 元于 2014 年 2 月 10 日前付清。在交通事故处理完毕后，诸某向保险公司提出了理赔申请，但保险公司认为，医疗费的赔偿属于财产损失范畴，因肇事者在本起事故中应当支付伤者医疗费，其不应当对财产损失部分予以赔偿。2013 年 12 月 27 日，保险公司出具了拒绝理赔医疗费的处理意见。在保险理赔未果的情况下，诸某于 2014 年 1 月 13 日向法院提起诉讼。

海安县法院经审理后认为，在我国《保险法》的规定中，医疗保险属于人身保险的范畴，在发生保险事故的情况下，权利人依法既可以向侵权人主张损害赔偿，还可以根据保险合同的约定向保险人主张权利，除非保险人与投保人在保险合同中约定在权利人获得赔偿的情况下保险人不再承担保险责任。本案中，保险公司在订立保险合同时未有上述约定，其对于责任范围内的保险事故应当依法承担责任。据此，经过法院多次主持调解，双方终于达成了调解协议。

分析：意外伤害保险是指以被保险人的身体利益为保险标的，以被保险人遭受意外伤害或因伤害而致残、致死为保险事故，当保险事故发生时，由保险人按照合同约定给付保险金的人身保险。我国《保险法》规定了意外伤害保险属于人身保险的业务范围，虽然还同时规定了“经营财产保险业务的保险公司经国务院保险监督管理机构批准，可以经营短期健康保险业务和意外伤害保险业务”，但此条规定仅仅是放开了财产保险公司的经营范围，并没有改变健康和意外伤害保险属于人身保险的性质。实际上，在原保监会成立之前，中国人民银行作为当时的保险监管机构就于 1998 年做出了《关于医疗费用重复给付问题的答复》(以下简称《答复》)。该《答复》规定，如果在意外伤害医疗规定保险条款中无关于“被保险人由于遭受第三者伤害，依法应由第三者负赔偿责任时，保险人不负给付医疗费责任”之约定，保险人应负给付医疗费的责任。

显然，本案中保险公司在合同中没有对此做出免责约定，也没有向投保人明确告知，其属于保险合同约定的责任范围内的保险事故，在没有法律依据或者合同依据的情况下，是不能依据所谓的保险补偿原则拒绝理赔的。因此，本案中原告诸某在从侵权人徐某处获得损害赔偿后，还有权再依保险合同向保险公司申请赔偿。本案虽然以调解结案，但承办法官的调解指导思想与上述规定是如出一辙的。

2. 人身保险合同具有长期性

人身保险合同，特别是人寿保险合同通常期限较长。保险期限可以是数年、数十年或一个人的一生。人身保险交费期和保险金的领取期也可以长达几十年，这与投保的保险险种和被保险人的投保年龄及寿命有关。

3. 人身保险的保险利益确定具有特殊性

人身保险的保险利益是以投保人与被保险人之间的关系来确定的。具体而言，投保人对自己的生命或身体具有保险利益；投保人对与其有血缘关系或婚姻关系的家庭成员具有保险利益；投保人对与其有经济利益关系的人，如债权人对债务人的生命、公司对其重要员工的生命具有保险利益；经被保险人同意作为投保人的人，该投保人与被保险人之间也具有保险利益。

4. 人身保险合同具有储蓄性和投资性

人身保险在为被保险人提供经济保障的同时，兼有储蓄和投资的功能。由于人寿保险采取均衡保险费制度，投保人早期交纳的保险费高于自然保险费，保险人要从高出的部分中提取责任准备金，这种准备金是保险人对被保险人的负债，可以用于储蓄或投资，取得收益。正是由于多数人寿保险单具有储蓄性，所以投保人或被保险人享有保单质押贷款、退保等保险金给付方式的选择权。投保人还可以选择带有分红性质或投资性质的险种，享受保险公司的红利分配，或者通过保险公司投资经营获取投资收益，这是人身保险合同所特有的属性。

三、人身保险合同的分类

1. 按保障范围分类

按保障范围分类，人身保险合同分为人寿保险合同、意外伤害保险合同和健康保险合同。

(1) 人寿保险合同又称生命保险合同、寿险合同，它是指以被保险人的身体或寿命为保险标的，以被保险人的生存或死亡为保险条件而订立的保险合同，一般分为死亡保险合同、定期生存保险合同、两全保险合同和年金保险合同四种。当被保险人死亡、伤残、患病或者达到合同规定的年龄、期限时，由保险人承担给付保险金的责任。寿险合同具有期限长、储蓄性的特点。

(2) 意外伤害保险合同是指以被保险人的身体利益为保险标的、以被保险人遭受意外伤害造成伤残或死亡为保险责任而与保险人订立的合同。该类保险合同既可作为独立的合同存在，如普通伤害保险合同、特种伤害保险合同等，也可以作为一种从合同附加于人寿保险合同中。该合同具有投资小、期限短的特点。

（3）健康保险合同是指以被保险人的身体为保险标的、以被保险人的分娩、疾病，或因分娩、疾病以致残疾、死亡为保险责任，而与保险人订立的合同。该合同既可作为独立的合同存在，如大病保险合同、住院保险合同等，也可以作为一种从合同附加于人寿保险合同中，如附加住院医疗保险合同、附加住院医疗生活津贴保险合同等，保险期限一般为一年。

2．按投保方式分类

按投保方式分类，人身保险合同分为个人人身保险合同与团体人身保险合同。

（1）个人人身保险合同是指投保人以个人名义与保险人订立的人身保险合同，它又可分为普通人身保险合同和简易人身保险合同。个人人身保险合同中的被保险人只能是一个人，一张保单只能为一个人提供保障。

（2）团体人身保险合同是指以单位名义与保险人订立的人身保险合同，以一张总保单为某一单位的全体或大多数成员提供保障，被保险人只能得到一张保险凭证（小保单）以证明自己的身份。团体人身保险合同可分为团体人寿保险合同、团体年金保险合同、团体人身意外伤害保险合同和团体健康保险合同四种。

3．按合同实施方式分类

按合同实施方式分类，人身保险合同分为自愿保险合同和强制保险合同。

（1）自愿保险合同是保险人与投保人双方自愿签订的合同，商业保险绝大多数是自愿保险。

（2）强制保险合同又称法定保险合同，是指投保人依照法律、行政法规的规定，必须与保险人签订的一种合同，是强制保险实施的一种手段。强制保险合同是国家为了给特定范围的人提供基本保险保障，或者为了实行经济政策的需要，以颁布法律、法令形式实施的保险合同。它强制法定范围内的人，按规定的条件办理保险事项，投保人依法承担参加某种保险的义务，否则不能从事某种行为或职业活动。

4．按照合同的主从关系分类

按照合同的主从关系分类，人身保险合同分为主险合同和附加险合同。

（1）主险合同又称基本险合同，是指不需附加在其他险种之下的、可以独立承保的保险合同，如人寿保险合同便属此类。

（2）附加险合同是相对于主险合同而言的，是指附加在主险合同下的附加合同，它不可以单独投保，要购买附加险必须先购买主险。一般来说，附加险所交的保险费比较少，但它的存在是以主险存在为前提的，不能脱离主险而单独存在。例如，一般个人人寿保险可以附加意外伤害保险和医疗保险。

主险合同和附加险合同之间的法律关系是一种主从合同关系，前者是主合同，后者是从合同。凡附加险合同未做规定的内容，主险合同条款适用于附加险；若主险合同条款与附加险合同条款不一致的，以附加险合同为准。主险合同无效，则附加险合同也无效。

5．按保险金给付方式分类

按保险金给付方式分类，人身保险合同分为一次性给付保险金合同和年金保险合同。

（1）一次性给付保险金合同是指保险人在向投保人收取保险费后，于被保险人因意外事故、疾病、衰老以致丧失工作能力、伤残、死亡或年老退休等情况出现时，一次性给付被保险人或其受益人约定的保险金的合同。

（2）年金保险合同是指在被保险人的生存期间，保险人承诺每年、每季或每月给付一定金额给年金受领人的保险合同。年金保险的性质是一种生存保险或生死两全保险，是为了预防被保险人因寿命过长而可能丧失收入来源或耗尽积蓄而进行的经济储备。投保年金保险可以使晚年生活得到经济保障。人们在年轻时节约闲散资金，交纳保费，年老之后，就可以按一定周期领取固定数额的保险金。年金保险合同一般分为个人养老金保险合同、定期年金保险合同和联合年金保险合同三种。

四、人身保险合同的形式

人身保险合同应当以书面形式订立，人身保险合同的书面形式通常分为以下几种：

1．投保单

投保单又称要保单，是投保人向保险人提出保险要求和订立人身保险合同的书面要约，是保险人出具保险单的依据。投保单是人身保险合同的重要组成部分。

投保单一般由保险人事先根据险种的需要设计，投保人投保时依投保单所列的内容逐一填写，保险人再据此核实情况，决定是否承保。

2．保险单

保险单又称保单，是保险人和投保人之间订立人身保险合同的正式书面文件。它是投保人与保险人履行权利义务的依据，是最重要的书面形式。

3．暂保单

暂保单又称临时保单，是正式保单签发之前，由保险公司或代理人签发的暂时代替保单的临时性保险证明，其法律效力与正式保险单的法律效力相同。但是，暂保单的效力一般为30天。待正式保险单签发后，暂保单自动失去效力。

4．保险凭证

保险凭证又称小保单，是一种简化了的保险单，它与保险单具有同样的效力，记载的事项都以保险单的条款为准，只是保险凭证的内容比较简单。

在人身保险实践中，有少数业务会使用这类凭证，如运输、旅游等部门在代办乘客、旅客意外伤害保险时，一般是将保险的简要内容印在票证上，如飞机票、车船票及门票的背面上，此时的飞机票、车船票或门票即具有保险凭证的作用。又如，团体人身保险业务中，团体人身保险合同一般由该团体的法人代表保管，而团体的成员则可由保险人另行出具保险凭证作为参加保险的证明文件。

5．保险批单

保险批单是保险合同双方当事人针对保险单的内容变更或修改原保险合同的证明文件。通常用于对已经印制好的保险单的内容做部分修改，或对已经生效的保险单的某些项目进行变更。保险批单一经签发，就自动成为人身保险合同的组成部分。保险批单的法律效力优于保险单。

子情境 2 人身保险合同要素认知

知识解读

保险关系属于民事法律关系的范畴，任何一项民事法律关系都包括主体、客体和内容三个要素，人身保险合同的民事法律关系也由这三个要素组成。

一、人身保险合同的主体

人身保险合同的主体是指参加保险这一民事法律关系，并享有权利和承担义务的人，包括当事人、关系人和中介人。

（一）人身保险合同的当事人

1．保险人

人身保险合同的保险人是指经营人身保险业务的保险公司。作为一方当事人，它与投保人签订人身保险合同，收取保险费，在人身保险事故发生时负责履行损害赔偿或人身伤亡给付保险金义务。

在我国，原《保险法》明文规定保险企业的组织形式只有两种：股份有限公司和国有独资公司。2009 年修订的《保险法》取消了这一规定，保险组织形式的范围得到了扩展，相互保险社、保险合作社、专业自保组织等各种组织形式都可以灵活运用到保险经营中。保险人可以根据实际情况选择最适宜的形式。

由于人身保险业务涉及大量社会群体利益，各国对经营人身保险业务的保险人有特殊的规定。我国《保险法》第八十九条规定："经营有人寿保险业务的保险公司，除因分立、合并或者被依法撤销外，不得解散。"《保险法》第九十二条规定："经营人寿保险业务的保险公司被依法撤销或者被依法宣告破产的，其持有的人寿保险合同及责任准备金，必须转让给其他经营有人寿保险业务的保险公司；不能同其他保险公司达成转让协议的，由国务院保险监督管理机构指定经营有人寿保险业务的保险公司接受转让。转让或者由国务院保险监督管理机构指定接受转让前款规定的人寿保险合同及责任准备金的，应当维护被保险人、受益人的合法权益。"

2. 投保人

投保人也称要保人，是指与保险人签订保险合同，并按照保险合同的规定负有支付保险费义务的人。投保人可以是自然人，也可以是法人，但都必须对保险标的具有保险利益。投保人的法定资格是要有完全民事权利能力和完全民事行为能力。未取得法人资格的组织（即无权利能力和行为能力），不能成为保险合同的投保人，无完全民事行为能力的自然人也不能成为保险合同的投保人。否则，即使合同订立也是无效的。

（二）人身保险合同的关系人

人身保险合同的关系人是指与人身保险合同有经济利益关系，而不直接参与保险合同订立的人。人身保险合同的关系人包括被保险人和受益人。

1. 被保险人

我国《保险法》第十二条规定："被保险人是指其财产或者人身受保险合同保障，享有保险金请求权的人。投保人可以为被保险人。"在人身保险合同中，被保险人只能是自然人，是以其生命或健康作为保险标的，且当保险事故发生时，享有保险金请求权的人。因此，按我国保险法律的规定，生存保险金、养老金、残疾保险金、疾病保险金、医疗保险金等都应由被保险人领取。

被保险人与投保人的关系通常有两种情况：当投保人以自己的身体、生命或财产作为保险标的，为自己的利益投保时，投保人即被保险人；如果投保人是为他人的利益，以他人的身体、生命或财产作为保险标的，和保险人签订保险合同，则投保人和被保险人是两个不同的行为主体。法律对被保险人的资格并无特别限制，但由于人身保险合同中，被保险人是保险人承保的风险标的，为了控制经营风险，保险合同一般对被保险人的年龄、健康和职业等约定有特别的条件。

为了保护未成年人的合法权益，各国保险法禁止以未成年人为被保险人而订立死亡保险合同。我国《保险法》第三十三条规定："投保人不得为无民事行为能力人投保以死亡为给付保险金条件的人身保险，保险人也不得承保。父母为其未成年子女投保的人身保险，不受前款规定限制。但是，因被保险人死亡给付的保险金总和不得超过国务院保险监督管理机构规定的限额。"

2. 受益人

受益人是指人身保险合同中由被保险人或者投保人指定的享有保险金请求权的人。投保人、被保险人可以为受益人。在保险合同中，受益人只享受保险金请求权，而不承担交付保费的义务。实际上，除了事故发生后的及时通知义务和索赔时提供单证的义务，受益人几乎不承担义务。

我国《保险法》关于人身保险受益人的规定如下：

"**第三十九条** 人身保险的受益人由被保险人或者投保人指定。

投保人指定受益人时须经被保险人同意。投保人为与其有劳动关系的劳动者投保人身保险，不得指定被保险人及其近亲属以外的人为受益人。

被保险人为无民事行为能力人或者限制民事行为能力人的，可以由其监护人指定受益人。

第四十条　被保险人或者投保人可以指定一人或者数人为受益人。

受益人为数人的，被保险人或者投保人可以确定受益顺序和受益份额；未确定受益份额的，受益人按照相等份额享有受益权。

第四十一条　被保险人或者投保人可以变更受益人并书面通知保险人。保险人收到变更受益人的书面通知后，应当在保险单或者其他保险凭证上批注或者附贴批单。

投保人变更受益人时须经被保险人同意。

第四十二条　被保险人死亡后，有下列情形之一的，保险金作为被保险人的遗产，由保险人依照《中华人民共和国继承法》的规定履行给付保险金的义务：

（一）没有指定受益人，或者受益人指定不明无法确定的。

（二）受益人先于被保险人死亡，没有其他受益人的。

（三）受益人依法丧失受益权或者放弃受益权，没有其他受益人的。

受益人与被保险人在同一事件中死亡，且不能确定死亡先后顺序的，推定受益人死亡在先。

第四十三条　投保人故意造成被保险人死亡、伤残或者疾病的，保险人不承担给付保险金的责任。投保人已交足二年以上保险费的，保险人应当按照合同约定向其他权利人退还保险单的现金价值。

受益人故意造成被保险人死亡、伤残、疾病的，或者故意杀害被保险人未遂的，该受益人丧失受益权。”

身边的保险

被保险人与受益人同时死亡

案情：牛某向某保险公司投保了人身意外伤害险，保险金额 30 万元，保险期限 2 年，并指定自己 10 岁的儿子为受益人。一年后，牛某带儿子旅游，不幸途中发生交通事故，父子双双遇难身亡。事故发生后，牛某之妻吴某持保险单向保险公司索赔。保险公司经调查核实后，给付吴某保险金 30 万元。牛某的父亲得知这一情况后，提出与儿媳吴某一起继承这 30 万元的保险费。双方协商不成，牛父将儿媳吴某告上了法庭。

分析：根据《保险法》条款，受益人与被保险人在同一事件中死亡，且不能确定死亡先后顺序的，推定受益人死亡在先。所以，本案应推定牛某的儿子在此次交通事故中死亡在先，保险金作为被保险人牛某的遗产处理。所以牛某的父亲和牛某的妻子吴某都有权利继承。

（三）人身保险合同的中介人

保险合同的中介人也称为辅助人，是指在保险合同的订约、履约过程中起辅助作用的人。人身保险合同的中介人主要包括保险代理人和保险经纪人。

1．保险代理人

保险代理人是保险人的代理人，根据与保险人签订的代理合同，在授权的范围内代表保险人办理保险业务，帮助保险人招揽客户，如签订保险合同、解决保险合同争议、代理理赔检验工作等，保险人则以手续费或佣金的形式给予保险代理人一定的劳务报酬。我国《保险法》规定，保险代理机构包括专门从事保险代理业务的保险专业代理机构和兼营保险代理业务的保险兼业代理机构。

2. 保险经纪人

保险经纪人是指基于投保人的利益，为其提供投保、交费、索赔等中介服务，并向承保的保险人收取佣金的单位。保险经纪人与保险代理人不同，他是基于投保人的利益，与保险人或其代理人订立保险合同，但保险经纪人并不代订保险合同，保险合同仍需投保人自己订立，除非得到投保人的特别委托。但保险经纪人订立保险合同必须基于投保人的利益，必须在最优惠的条件下订立保险合同。在订立合同之后，保险经纪人的佣金则由保险人支付。

二、人身保险合同的客体

保险合同的客体是指保险合同当事人双方权利和义务所共同指向的对象。人身保险合同的客体是投保人对被保险人所具有的合法的利益关系，即保险利益，也叫可保利益。

三、人身保险合同的内容

人身保险合同的内容，即保险条款，是指反映合同双方权利义务的文字条文。它规定了保险双方当事人的权利、义务及其他有关事项，是当事人双方履行合同义务、承担法律责任的依据。人身保险合同条款分为基本条款、附加条款和保证条款等。

（一）基本条款

人身保险合同的基本条款包括以下内容：

1. 保险人的名称和住所

保险人是指获准经营人身保险业务的人身保险公司以及允许经营短期意外伤害保险和健康保险的财产保险公司。保险人的名称必须与保险监督管理机构批准和工商行政机关登记的名称一致。其住所为保险公司或分支机构的主营业场所。

2. 投保人、被保险人、受益人的名称与住所

当投保人、受益人为法人时，其名称必须与工商行政机关登记的名称一致，其住所为其主要办事机构或主营业场所。当投保人、被保险人、受益人为自然人时，必须使用其真实姓名，其住所为户籍所在地或经常居住地。

被保险人的身体和生命是人身保险合同的保障对象，因此，人身保险合同中必须详细列明被保险人的年龄、性别、身体健康状况、职业、家族病史、与投保人的关系等事项。根据具体的人身保险产品的不同，投保人的详细资料也要提供，其目的是为了适当地进行核保选择。

3．保险金额

保险金额是保险人计算保险费的依据和负责赔偿或给付保险金的最高限额，是投保人对被保险人实际投保的金额。人身保险的保险金额是根据被保险人的实际需要和交付保险费的能力来确定的，可以参照生命价值法、家庭需求法或收入置换法等方法来确定。

4．保险责任和责任免除

保险责任是指人身保险合同约定当某些事故发生后，保险人应承担保险金赔偿或给付责任。其法律意义在于确定保险人承担风险责任的范围。责任免除也称除外责任，是指保险人依照法律规定或合同约定，不承担保险责任的范围。在每一份人身保险合同中，都有保险责任和免责条款，并且随险种的不同而不同。保险人通常在人身保险合同中以列举方式表示免责条款。

5．保险期间

保险期间是指保险合同的有效期，是保险人和投保人依合同规定享受权利和承担义务的期间。人身保险合同的保险期间有长有短，各有不同。保险责任开始时间，即保险人开始承担对被保险人提供保险保障的时间。一般保险责任的开始时间从签发保险单日的次日零时起算，以合同期满日的 24 时为保险责任终止时间。但是有一些险种规定了免责观察期，在免责观察期内若发生约定事故，保险人不负赔偿或给付责任。例如，健康保险一般规定有 6 个月的免责观察期，保险责任在 6 个月以后才开始。

6．保险费及其支付方式

保险费是指投保人为取得保险保障，按合同约定向保险人支付的费用。交纳保险费是投保人应履行的基本义务，其多少取决于保险金额的大小、保险期限的长短和保险费率的高低等。人身保险合同中，投保人交纳首期保费通常被约定是人身保险合同生效的要件。人身保险费的支付方式，分为一次性交清、分期交清、限期交清等，由当事人双方在人身保险合同中约定，在合同有效期内可以选择变更。

7．保险金赔偿或给付方法

人身保险合同首先需要约定保险金的赔偿或给付方法是定额给付还是适用补偿原则。对于给付性的人身保险金，投保人可以约定以一次性现金给付、年金方式给付或其他方式给付等。约定的保险金给付方式可以在保险条款规定的选择范围内进行变更。

8．违约责任和争议处理

违约责任是指人身保险合同的当事人因过失不履行或故意不履行合同规定的义务所应承担的法律后果。在我国的人身保险合同中，违约责任主要表现在：投保人未履行如实告知义务、出险通知义务、交费义务；保险人未履行说明义务、及时签发保险单义务、按合同规定给付保险金义务以及为投保方保密的义务。

争议处理是指人身保险合同发生争议后的解决方法，通常有协商、仲裁和诉讼三种。

除上述内容外，人身保险合同还有一些其他的特色条款，如合同的中止、复效条款、退保处理、合同变更、红利领取等约定条款。这些约定条款也是人身保险合同履行过程中避免和处理纠纷所必不可少的依据。

（二）附加条款

附加条款是指保险人和投保人为满足特殊需要，在保险合同基本条款的基础上，增加补充内容的条款。附加条款一般采用在保险单上加批注或批单的形式使之成为人身保险合同的一部分。附加条款是对基本条款的修改或变更，增加或限制了双方当事人的权利和义务，其效力优于基本条款。

（三）保证条款

保证条款是指投保人或被保险人就特定事项担保的条款，即保证某种行为或事实的真实性的条款。例如，人身保险合同的投保人保证其申报的被保险人年龄真实。保证条款一般由法律规定或同业协会制定，是投保人或被保险人必须遵守的条款，如有违反，保险人有权解除合同或拒绝给付保险金。

子情境3 人身保险合同条款认知

知识解读

一、标准条款

（一）不可争条款

不可争条款又称不可抗辩条款，其基本内容是：人身保险合同生效满一定时期（一般为2年）之后，就成为无可争议的文件，保险人不能再以投保人在投保时违反最大诚信原则，没有履行告知义务等理由主张保险合同自始无效。在人身保险合同中列入不可争条款，是维护被保险人的利益、限制保险人权利的一项措施。

最大诚信原则是保险的基本原则之一，这一原则同样适用于人寿保险。最大诚信原则要求投保人在投保时如实申报有关保险标的危险的情况，如果投保人隐瞒真实情况，保险人一旦查实，可以据此主张保险合同无效，不承担保险责任。但是，人寿保险合同的期限一般长达几十年，如果允许保险人在保险合同生效多年之后，以投保人在投保时违反最大诚信原则为理由主张保险合同无效，就会发生这种情况：保险人知道投保人在投保时隐瞒了一些真实情况，但仍予承保。如果不发生保险事故，则按期收取保险费；如果发生了保险事故，则主张保险合同无效，拒不履行给付义务。在保险合同中列入不可争条款之后，保险合同生效满2年后即成为无可争议的文件，即使保险人再查出投保人在投保时隐瞒了真实情况，也不能据此主张保险合同无效，从而保护了被保险人的利益。上述不可争条款只适用于一般的死亡给付，不适用于永久完全残疾给付和意外伤害加倍给付。同时，不可争条款同样适用于合同复效时。

我国《保险法》第十六条规定:“投保人故意或者因重大过失未履行前款规定的如实告知义务，足以影响保险人决定是否同意承保或者提高保险费率的，保险人有权解除合同。前款规定的合同解除权，自保险人知道有解除事由之日起，超过三十日不行使而消灭。自合同成立之日起超过二年的，保险人不得解除合同；发生保险事故的，保险人应当承担赔偿或者给付保险金的责任。”

身边的保险

“带病投保”超两年可赔付

案情：周先生曾做过肺部手术，不过投保时，保险代理人为“做成生意”，明知周先生有过这段经历，依然默许周先生在“过往病史”一栏填上“无”。

分析：按照《保险法》的规定，像周先生这种情况，一旦投保超过两年，保险公司必须无条件赔付。而一旦保险公司在两年内发现周先生带病投保，则必须在 30 天内做出是否解除保险合同的决定。

（二）年龄误告条款

年龄误告条款主要是针对投保人申报的被保险人年龄不真实而做出的有关规定。它包含两方面的内容:

1．真实年龄不符合合同约定的年龄限制

保险人在投保人不履行如实告知义务（误告被保险人的年龄）时有解除合同的权利，但保险人这一权利的行使也受到时间的限制。自签订合同之后的 2 年内，保险人有权主张解除合同并在扣除手续费后，向投保人退还保险费；超过 2 年以后，保险人则失去这一权利。

2．真实年龄符合合同约定的年龄限制

（1）基本内容。对此类情况，年龄误告条款规定如下：如果投保人在投保时错误地申报了被保险人的年龄，保险合同并不因此而无效，但在保险有效期间或保险事故发生时，如果发现年龄误告，保险人可以按照投保人实际交纳的保险费和被保险人的真实年龄调整保险费或调整给付保险金的数额。

（2）对年龄误告的处理。投保人在投保时误告被保险人的年龄，可能会造成两种后果，一种是造成多付保险费（亦称溢交保险费），另一种是造成少付保险费。在保险期限、保险金额相同的条件下，投保死亡保险和两全保险，被保险人的年龄越大，应该交纳的保险费就越多，如果被保险人的实际年龄大于申报年龄，就会少交保险费；如果被保险人的实际年龄小于申报年龄，就会多交保险费。投保生存保险、年金保险的情况则相反。

由于年龄误告造成多付或少付保险费时，处理的方法有两种，即调整保险金和保险费。用于调整保险金的公式为

实际给付的保险金=约定保险金额×实交保险费/应交保险费

（3）我国《保险法》的有关规定。我国《保险法》第三十二条规定："投保人申报的被保险人年龄不真实，并且其真实年龄不符合合同约定的年龄限制的，保险人可以解除合同，并按照合同约定退还保险单的现金价值。保险人行使合同解除权，适用本法第十六条第三款、第六款的规定。投保人申报的被保险人年龄不真实，致使投保人支付的保险费少于应付保险费的，保险人有权更正并要求投保人补交保险费，或者在给付保险金时按照实付保险费与应付保险费的比例支付。投保人申报的被保险人年龄不真实，致使投保人支付的保险费多于应付保险费的，保险人应当将多收的保险费退还投保人。"

（三）宽限期条款

1. 基本内容

宽限期又称宽限期限，一般为30天或60天，自应交纳保费之日起计算。宽限期条款是分期交费的人身保险合同中关于宽限期内保险合同不因投保人延迟交费而失效的规定。宽限期条款的基本内容是：当投保人未按时交纳第二期及以后各期的保险费时，在宽限期内保险合同仍然有效，如发生保险事故，保险人仍予负责，但要从保险金中扣回所欠的保险费。人身保险合同中列入宽限期条款后，如果投保人停交保险费，保险合同不是自应交未交之日起失效，而是自宽限期结束的次日起失效。

2.《保险法》的有关规定

《保险法》第三十六条规定："合同约定分期支付保险费，投保人支付首期保险费后，除合同另有约定外，投保人自保险人催告之日起超过三十日未支付当期保险费，或者超过约定的期限六十日未支付当期保险费的，合同效力中止，或者由保险人按照合同约定的条件减少保险金额。被保险人在前款规定期限内发生保险事故的，保险人应当按照合同约定给付保险金，但可以扣减欠交的保险费。"

（四）自杀条款

1. 基本内容

自杀条款一般规定，在保险合同生效后的一定时期内（一般为1年或2年）被保险人因自杀死亡属于除外责任，保险人不给付保险金，仅退还所交的保险费，而保险合同生效满一定期限之后被保险人因自杀死亡，保险人要承担保险责任，按照约定的保险金额给付保险金。法律意义上的自杀，是指故意用某种手段终结自己生命的各种行为。从法律角度看，构成自杀的必要条件有两个：①主观上有终结自己生命的意图；②客观上实施了足以使自己死亡的行为。如果把自杀死亡一概列为除外责任，不给付保险金，就会使受益人失去保障，有违保险的宗旨。但是，如果保险人对于被保险人自杀死亡一律给付保险金，则有可能使人身保险成为以自杀图谋钱财的手段，这不仅违背保险的宗旨，也违背社会公共道德。在无法准确判断被保险人自杀原因的条件下，可行的办法就是按照上述假设，规定被保险人在合同生效1年或2年内自杀死亡属于除外责任，在合同生效1年或2年后自杀死亡，属于保险责任。

2.《保险法》的有关规定

《保险法》第四十四条规定："以被保险人死亡为给付保险金条件的合同，自合同成立或者合同效力恢复之日起二年内，被保险人自杀的，保险人不承担给付保险金的责任，但被保险人自杀时为无民事行为能力人的除外。保险人依照前款规定不承担给付保险金责任的，应当按照合同约定退还保险单的现金价值。"

身边的保险

男子杀妻后跳楼，家属能否获赔？

案情：家住上海的李某与妻子育有一个年仅 5 岁的儿子，且双方都各自有两位老人需要赡养。生活和工作的双重压力使夫妻两人都患有轻度的抑郁症。一天，李某因生活琐事与妻子争吵起来，冲动之下用菜刀将妻子砍死，之后他抛下父母和儿子，从楼顶跳下，当场身亡。此案的李某和妻子生前都购买了人寿保险，李某保单受益人写的是自己的父母，其妻保单受益人写的是老公。

分析：因为既涉及被保险人自杀，又涉及受益人杀害被保险人等比较特殊的复杂情况，我们分两部分来分析保险金的赔付问题。首先来分析李某的这份保单。他的情况属于"被保险人自杀"。在这次事件中，李某跳楼死亡，他曾投保一份人寿保险，其中包含死亡给付责任。但是，因为李某是自杀身亡的，因此必须确认这份保险合同成立是否已经满两年，如果已经生效满两年(《保险法》规定保险合同自成立之日起生效)，其父母作为保险合同中明确指定的"受益人"，可以获得 100%的保险理赔金；如果该份保单生效还不足两年，那么因为李某是自杀身亡，保险公司将不给付保险金，但需要退还保单的现金价值。保险公司在这份保单上是否执行理赔的主要依据就是"两年"的这个时间点。

李某妻子的人寿保险指定受益人为丈夫。丈夫是这份保单的受益人，同时对被保险人（妻子）施行了杀害行为。《保险法》规定，如果受益人故意杀害被保险人，施行非法行为的受益人丧失受益权，但同时并不妨碍其他受益人对保险金的请求权。《保险法》也没有规定保险公司可以不理赔。由于该保单中，妻子只指定了丈夫作为唯一受益人，且丈夫已经丧失了保险受益权，因此该笔保险赔付金可以将作为被保险人（妻子）的遗产，由她的继承人继承，她的父母和儿子可以各自得到 1/3 的保险赔付金。

（五）复效条款

1．基本内容

复效条款的基本内容是：人身保险合同因投保人不按期交纳保险费失效之后，自失效之日起的一定期限内（一般是 2 年），投保人可以向保险人申请复效，经过保险人审查同意后，投保人补交失效期间的保险费及利息，保险合同即行恢复效力。保险合同复效后，保险人对于失效期间发生的保险事故仍不负责。显然，只有分期交费的人身保险合同才有可能列入复效条款。复效申请必须在自保险合同失效之日起2年内提出，投保人在提出复效时应提供复效申请和可保性证明，并补交保险费及利息。

2.《保险法》的有关规定

《保险法》第三十七条规定："合同效力依照本法第三十六条规定中止的，经保险人与投保人协商并达成协议，在投保人补交保险费后，合同效力恢复。但是，自合同效力中止之日起满二年双方未达成协议的，保险人有权解除合同。保险人依照前款规定解除合同的，应当按照合同约定退还保险单的现金价值。"

身边的保险

别让保单意外失效

案情：周太太几年前为丈夫投保了一份中长期重大疾病保险，期限20年，每年交费。2013年秋，周太太一家喜迁新居，难免一阵忙乱。到年底盘点家庭小金库时，周太太发现这份保险单找不到了，而且也过了交费期。由于他们在家庭地址更换后没有通知保险公司，因此没能及时收到催交通知的信件。周太太通过服务热线查询，得知保险单已过了60天宽限期，连忙提出复效申请。在补办保险单手续的同时，保险公司也提醒周先生需要先做一次体检。

体检后，周太太收到保险公司寄来的"加收保险费通知书"：周先生被查出甘油三酯升高，并有抽烟史，因此，在今后15年里，每年要增收500余元的保险费。

分析：根据规定，长期险种如果逾期60天没有交费，保险单将自动失效；不过在2年内还可办理复效手续。2年后还没有向保险公司申请复效的，保险单将彻底失效。据估算，目前因保户疏忽而导致失效的长期保险单占5%以上。为保障而投入的资金没有得到有效利用，同时个人的保障也出现缺漏或者重复，这在家庭的财务规划中是一种资源浪费。

（六）不丧失价值任选条款

不丧失价值任选条款的基本内容是：当投保人没有能力或不愿意继续交纳保险费时，保险单项下已经积存的责任准备金可以作为退保金以现金返还给投保人，也可以作为趸交保险费将原保险单改为交清保险单或展期保险单，而究竟如何处理，由投保人任意选择。只有分期交费的人身保险合同才有必要列入不丧失价值任选条款，趸交保险费时列入此条款显然无意义。不丧失价值任选条款提出三种处理责任准备金的方式供投保人选择：

（1）现金返还。把保险单项下积存的责任准备金扣除退保手续费以后，作为退保金，以现金的形式返还给投保人。

（2）把原保险单改为交清保险单。原保险单的保险责任、保险期限均不变，只要依据已经积存的责任准备金的数额，相应降低保险金额，此后投保人不必再交纳保险费。这种处理方法实际上是以责任准备金作为趸交保险费，投保与原保险单责任相同的人身保险，保险期限自停交保险费起至原保单满期时止，保险金额由趸交保险费的数额而定。

（3）将原保险单改为展期保险单。将原保险单改为与原保险单的保险金额相同的死亡保险，保险期限相应缩短，此后投保人不必再交纳保险费。这种处理方法实际上是以责任准备金作为趸交保险费，投保死亡保险，保险金额与原保险单相同，保险期间则依趸交保险费的数额而定。两全保险改为展期保险以后，保险期限不能超过原保险单的保险期限。如果责任准备金仍有剩余，则作为满期生存保险责任的趸交保险费。

（七）贷款条款

贷款条款的基本内容是：人身保险合同生效满一定期限（一般是 1 年或 2 年）后，投保人可以以保险单作为抵押（即把保险单抵存于保险人处）向保险人申请贷款，贷款金额以低于该保险单项下积累的责任准备金或退保金为限。投保人应按期归还贷款并支付利息。如果在归还贷款本息之前发生了保险事故或退保，保险人则从保险金或退保金中扣还贷款本息。当贷款本息达到责任准备金或退保金的数额时，保险合同即行终止。贷款条款一般在保险合同中有明确规定。

（八）自动垫交保险费条款

自动垫交保险费条款的基本内容是：保险合同生效满一定期限（一般是 1 年或 2 年）后，如果投保人不按期交纳保险费，保险人则自动以保险单项下积存的责任准备金垫交保险费。对于此项垫交保险费，投保人要偿还并支付利息。在垫交保险费期间，如果发生保险事故，保险人要从应给付的保险金中扣还垫交的保险费及利息，当垫交的保险费及利息达到退保金的数额时，保险合同即行终止。自动垫交保险费条款适用于分期交费的定期、终身死亡保险和两全保险。只有当保险合同中列有自动垫交保险费条款，投保人又未对此提出异议的条件下，保险人才能以责任准备金垫交保险费。否则，只有经投保人签章委托，保险人才能以责任准备金垫交保险费。

二、保险单所有人条款和附加特约条款

（一）保险单所有人条款

保险单所有人是人身保险中的一个新名词。保险单所有人可能是保险单上所载明的被保险人、受益人或是其继承人、保险单质押权人。保险单所规定的权利由保险单所有人行使，包括：经被保险人同意指定和变更受益人、退保、转让保险单所有权、保险单借款、领取红利、选择保险金给付方式等。在人身保险中，以投保人、被保险人和保险单所有人是同一个人的情况居多，然而有时保险单所有人也可以是受益人或其他人。为了理顺这种关系，增加保险单所有人这个名称是有必要的。

（二）附加特约条款

普通的人身保险合同仅提供死亡、伤残、疾病的给付，承保方式也较为呆板，随着竞争的加剧和大众需求的多样化，保险人普遍在保险单中使用附加特约条款以满足人们的需要。常见的附加特约条款有免交保险费条款、丧失工作能力收入补偿条款、保证加保选择权条款、意外死亡双倍补偿条款等。

1. 免交保险费附加特约条款

根据这一附加特约条款的规定，如果投保人在规定的年龄或期限之前，因遭受人身伤害或患病而完全丧失工作能力，其在丧失工作能力期间可以免交所有保险费，保险合同继续有效，死亡保险金给付、贷款、现金价值增加和分红等视同已交付保险费处理。但是投保人必须符合以下条件：

（1）投保人必须在规定的年龄或期限之前丧失工作能力，一般规定是在60岁以前。

（2）投保人丧失工作能力必须持续6个月，即有一个6个月的等待期，以证明是长期丧失工作能力。投保人如果合乎规定免交以后的保险费，保险人则会退还在等待期内所交的保险费。

（3）投保人的丧失工作能力必须符合附加特约条款中所规定的完全丧失工作能力的定义。各种保险单所使用的定义并不完全统一，大致有以下几种定义：

1）被保险人不能从事与其所接受的教育、训练和所具有的经验相称的任何职业。这一定义在许多较老的保险单中使用。

2）在最初两年内，完全丧失工作能力是指被保险人不能从事其本职工作。在两年之后，则是指不能从事与其所接受的教育、训练和所具有的经验相称的任何职业。这一定义在实务中使用较多。

3）长期和完全不能从事任何工作，或者不能从事任何有报酬或利润的职业。这是一种最为严格的、传统的定义，现在已很少使用。

4）完全丧失工作能力是指双目失明，或者双手、双脚或一只手和一只脚残疾。在大多数情况下，这是对完全丧失工作能力定义的补充规定。

（4）被保险人必须向保险人提供丧失工作能力的确实证据。保险人可以要求被保险人每年提供一次继续丧失工作能力的证据。

含有免交保险费附加特约条款的保险单被认为是某种形式的丧失工作能力收入保险。只要交付小额的附加保险费，就可以把这一特约条款加入人身保险单中去。

小资料

对于负担保险费较高的投保人来说，更有使用这一附加特约条款的必要，因为一旦长期和完全丧失工作能力，交付保险费会成为沉重的经济负担。

2. 丧失工作能力收入补偿附加特约条款

丧失工作能力收入补偿附加特约条款规定，在被保险人丧失工作能力的情况下，保险人会按照保险金额的一定比例每月给付收入保险金，这个比例一般为 1%。该附加特约条款一般做如下规定：

（1）被保险人必须在规定年龄之前丧失工作能力，如 55 岁或 60 岁以前。

（2）被保险人丧失工作能力的情况符合完全丧失工作能力的定义。免交保险费附加特约条款和丧失工作能力收入补偿附加特约条款对完全丧失工作能力的定义是相同的。

（3）对 65 岁以上继续丧失工作能力的被保险人不再继续给付这种收入保险金，而是将保险金以养老保险方式给付。如果是两全保险单，在保险单期满时停止收入保险金给付。

（4）有一个 6 个月的给付等待期，但不退还等待期内所交付的保险费。

（5）被保险人必须符合严格的承保标准。该附加特约条款一般只向全日工作制的员工提供，而且对丧失工作能力的原因规定了诸多除外责任，如自我伤害、战争服役、高空或水下作业或违法行为等。

（6）在丧失工作能力期间，保险单继续有效。当被保险人恢复工作能力后，停止给付收入保险金。

3. 保证加保选择权条款

该附加特约条款允许投保人在将来某个日期增加人身保险合同的保险金额，无须提供可保性证据。如果投保人想要增加保险金额，但目前无力交付增加保险金额的保险费，该选择权就能保证其在将来用标准保险费增加保险金额，这是一种期权。该项选择权条款主要有以下两项规定：

（1）保险金额。被保险人在规定的年龄（如 40 岁）之前可行使这种选择权。每次加保（一般每隔 3 年一次）所能购买的保险金额只限于原保险单面额的一定比例，而且有最低和最高金额的限制。

（2）提前加保特权。如果被保险人结婚或者生子，就可以在下一个加保日期之前提前加保，但总加保次数不增加。如果被保险人不行使加保权利，过期作废。

4. 意外死亡双倍补偿附加特约条款

该附加特约条款是指，如果被保险人的死亡是由于意外事故造成的，保险人则给付双倍保险金，甚至有的保险合同经约定可给付 3 倍保险金。该附加特约条款的费用较低，因为意外死亡风险比疾病风险相对要小得多。该附加特约条款对给付保险金条件做了以下几项规定：

（1）死亡的近因必须是人身意外伤害。例如，被保险人在粉刷自己的房屋时因心脏病发作而跌下梯子死亡，心脏病是近因，保险人就不给付双倍保险金。

（2）必须在意外事故发生的 90 天内死亡。这一规定的目的也是确保人身意外伤害是死亡的近因。但由于现代医疗技术能够延长生命期，现在许多保险人规定了更长的时期，如 120 天、180 天，甚至 1 年。

（3）必须在规定的年龄之前死亡，如 60 岁或 65 岁以前死亡。之所以限制年龄，是因为老年人的意外事故死亡概率明显较高。该附加特约条款的保险费一般也按照年龄进行分类。如同人身意外伤害保险一样，该附加特约条款也规定了较多的除外责任。

子情境4 人身保险合同的订立、生效与变更

知识解读

一、人身保险合同的订立与生效

（一）人身保险合同的订立

人身保险合同的订立是指保险人与投保人在平等自愿的基础上，就人身保险合同的主要条款经过协商最终达成协议的法律行为。订立人身保险合同应遵循一定的原则，履行一定的程序。

1. 订立人身保险合同的基本原则

订立人身保险合同除应遵循保险利益和最大诚信等原则外，还应遵循合法原则和自愿公平原则。

（1）合法原则。人身保险合同的合法原则包括主体合法、客体合法和内容合法三个方面。

（2）自愿公平原则。订立人身保险合同，应当协商一致，遵循公平原则确定各方的权利和义务。除法律、行政法规规定必须保险的外，人身保险合同自愿订立。

2. 订立人身保险合同的程序

订立人身保险合同与订立其他合同一样，要经过要约和承诺过程。

（1）要约。要约是一方当事人向另一主当事人提出订立合同的建议或要求，它一般包括三项内容：

1）有明确要求另一方订立合同的意思表示。

2）有提出订立合同的具体内容。

3）有要求另一方做出答复的期限。

人身保险合同的要约过程和要求如下：

人身保险合同的要约一般由投保人提出，即投保人向保险人提出投保要求。提出申请一般采用书面形式。由投保人索取并如实、完整地填写其所欲投保险种的投保单，在认可保险条款及保险费率的前提下，将投保单交付给保险人，便构成要约。投保人在要约过程中应尽告知义务，告知的范围应是足以影响或变更保险人对风险估计的事项。

（2）承诺。承诺是指受约人在收到要约后，对要约的全部内容表示同意并做出愿意订立合同的意思表示。承诺生效一般要具备以下条件：承诺必须由受约人或由具有订立合同代理权的人做出；承诺的内容应当与要约的内容完全一致；承诺必须在要约规定的期限内做出。

人身保险合同的承诺一般表现为保险人在收到投保要约、经过严格的审核后，确定完全同意投保人提出的保险要约的行为。承诺生效时合同成立，保险人应当及时向投保人签发保险单或者其他保险凭证，并在保险单或其他保险凭证上加盖保险公司公章，或经授权

出单的分支机构公章，或上述两者的合同专用章。

实际上，人身保险合同的成立，不总是表现为投保人投保和保险人承诺的简单过程，有时要经过要约、反要约和承诺这样一个反复协商的过程。

（二）人身保险合同的生效

人身保险合同的生效是指人身保险合同对当事人双方发生约束力，即合同条款产生法律效力。人身保险合同的生效需要一个对价的过程。合同当事人双方的价值交换称为对价。在人身保险合同中，保险人给予投保人的对价是一种承诺，即保险人承诺被保险人在保险期间内发生保险事故时向受益人支付保险金。作为对保险人承诺的回报，投保人给予保险人的对价是交纳保费。在一般情况下，投保人交付保险费后，已订立的保险合同即开始生效。保险合同生效后，合同当事人均受合同条款约束。

身边的保险

合同一旦签订保险公司就得理赔

案情：2008 年 10 月 5 日，广州谢先生投保了某保险公司的投资连结险，保额 100 万元，附加险长期意外伤害保险，保额 200 万元。同日，谢先生根据建议书的内容，向保险公司交纳了相当于首期保险费款项，保险公司向其出具了一份临时收款凭证。17 日，谢先生参加保险公司安排的体检。18 日，谢先生在意外事故中身亡。

11 月 13 日，谢先生的母亲以受益人的身份向保险公司提出索赔主险 100 万元和附加险 200 万元的申请。保险公司以被保险人死亡时保险公司尚未出具保险单，保险合同没有成立，故同意支付主险 100 万元（因已交纳了第一期保险费），但拒付附加险赔偿金 200 万元。

分析：在这起曾在行业内外引起广泛关注的广州巨额保险理赔案中，保险合同何时生效成为大家议论的焦点。《保险法》做出了明确的规定：“依法成立的保险合同，自成立时生效。投保人和保险人可以对合同的效力约定附条件或者附期限。”“保险合同成立后，投保人按照约定交付保险费，保险人按照约定的时间开始承担保险责任。”

如果按照《保险法》，人身保险合同一成立，保险公司就有理赔责任，所以本案应该赔付全部理赔款。

人身保险合同的生效条件是指已经成立的人身保险合同发生法律效力所应具备的法律条件。根据《保险法》等法律法规的有关规定，人身保险合同的生效要件如下：

1．主体必须合格

保险人必须是依法成立的保险公司，投保人要具有相应的民事行为能力。

2．内容必须合法

（1）投保人对保险标的应当具有保险利益，投保人对保险标的不具有保险利益的，人身保险合同无效。

（2）以无民事行为能力人为被保险人的、以死亡为给付保险金条件的人身保险，投保人只能是被保险人的父母，且死亡给付保险金额总和不得超过金融监督管理部门规定的限额。

（3）以死亡为给付保险金条件的人身保险合同，要由被保险人书面同意并认可保险金额；否则，合同无效。

（4）合同内容不违反法律或者社会公共利益。

3．意思表示必须真实

不存在以欺诈、胁迫手段订立合同的情形，否则合同无效。

4．代理订立人身保险合同，要有事前授权或事后追认

投保人或者投保人的代理人订立保险合同时没有亲自签字或者盖章，而由保险人或者保险人的代理人代为签字或者盖章的，对投保人不生效。但投保人已经交纳保险费的，视为其对代签字或者盖章行为的追认。

5．人身保险合同必须采用书面形式

投保人提出保险要求，经保险人同意承保，保险合同成立。保险人应当及时向投保人签发保险单或者其他保险凭证。保险单或者其他保险凭证应当载明当事人双方约定的合同内容。当事人也可以约定采用其他书面形式载明合同内容。

二、人身保险合同的变更

保险合同的变更是指保险合同没有履行或没有完全履行之前，当事人根据情况变化，依照法律规定的条件和程序，对原保险合同的某些条款进行修改和补充。人身保险合同大多是长期性合同，难以保证在漫长的岁月中，订约时的各种事项不发生变化，如不允许人身保险合同随有关事项的变化做出相应的变更，则难以保全保险人的业务，维持较高的保险单续约率。

（一）人身保险合同的变更事项

（1）投保人的变更。
（2）受益人的变更。
（3）交费方法的变更。
（4）保险金额的变更。
（5）保险期限和保险责任的变更。

（二）保险合同变更的形式与效力

人身保险合同的变更必须采用书面形式，并经过双方协商一致，才发生变更的效力，其书面形式可以为保险人在原保险单或者其他保险凭证上的批注或附贴批单，也可以是投保人和保险人双方就保险合同的变更问题专门签订的书面协议。

人身保险合同一经变更，变更的那一部分内容就取代了原合同中被变更的内容，与原合同中未变更的内容一起，构成一个完整的人身保险合同。

身边的保险

如何变更受益人

案情：2011 年 10 月，一退休老人王某购买了一份具有分红性质的终身寿险，因与其儿子住在一起，相互关系也还融洽，于是指定其儿子为受益人。其儿子结婚生子后，双方由于住房问题产生矛盾，关系不断恶化，王某不得已搬到女儿家居住，由其女儿照料生活。2013 年 12 月，老人病危，召集家里亲戚、朋友，宣布让其女儿取代其儿子作为其受益人，但没有通知保险公司。不久，老人病逝，其女儿和儿子同时向保险公司提出索赔，要求取得所有保险金及分红。保险公司内部对于向谁给付保险金及分红产生了分歧。

分析：本案的保险金及分红应向谁给付、如何给付实际上涉及的是受益人的变更及受益权限的界定问题。

（1）变更受益人是被保险人的合法权益。被保险人根据对自己享有的民事权利中的处分权，可以按照自己的意愿指定受益人，也可变更受益人，只要这种变更不违背法律和社会公共利益即可。在此案中，王某因和儿子关系恶化，决定由其女儿作为其受益人，完全合乎情理。

（2）变更受益人必须履行法定程序，否则变更无效。我国《保险法》第四十一条规定："被保险人或者投保人可以变更受益人并书面通知保险人。保险人收到变更受益人的书面通知后，应当在保险单或者其他保险凭证上批注或者附贴批单。投保人变更受益人时须经被保险人同意。"为了避免因变更受益人而产生不必要的纠纷，法律规定了较为严格的通知义务，即要求被保险人或者投保人以书面形式将变更受益人的决定通知保险人，否则保险人可以不受该项变更的约束，在给付保险金时，依法仍然只能将保险金给付给原来的受益人。在此案中，被保险人王某只是向亲戚、朋友宣布改由其女儿作为受益人，而没有书面通知保险公司，因而变更无效，保险公司只能向其儿子给付保险金。

（3）受益人的受益权以保险金请求权为限。根据人身保险的相关原则，受益人的受益权以保险金为限，对于保险单的多种其他权益，如退保、抵押贷款、分红等，仍由被保险人享有，故对于此案中的保险分红，受益人无权受领，应作为其遗产，由其继承人继承，在此案中，根据王某生前意愿，将其女儿作为继承人，故保险分红部分应由其女儿领取，王某儿子并不享有领取分红的权利。

根据上述分析可知，因王某变更受益人时未通知保险人，故由原受益人即其儿子领取保险金；但对于保险分红部分，应由其女儿领取。

子情境5 人身保险合同的履行与终止

知识解读

一、人身保险合同的履行

人身保险合同的履行是指合同中所包含的承诺均得以执行。人身保险合同是双务合同，一经成立，投保人与保险人都必须各自承担自己的义务，且人身保险合同的权利和义务是对应的，只有一方履行义务，他方才得以享受权利。人身保险合同的履行主要是保险人与投保方各自义务的履行。

（一）投保人对保险合同的履行

1. 投保人告知义务的履行

投保人填写投保申请书的过程，就是履行告知义务的过程。投保人应本着诚信的原则将被保险人的有关重要事项告知保险人，如实填写投保单，否则将影响投保方在合同中的权益。

2. 投保人交纳保险费义务的履行

投保人必须按照约定的时间、地点和方法交纳保险费。《保险法》第十四条规定："保险合同成立后，投保人按照约定交付保险费，保险人按照约定的时间开始承担保险责任。"第三十五条规定："投保人可以按照合同约定向保险人一次支付全部保险费或者分期支付保险费。"

3. 投保人在保险事故发生后通知义务的履行

人身保险合同订立以后，如果保险事故发生，投保人、被保险人或受益人应及时通知保险人，并提供相关单证。保险事故的发生，意味着保险人承担保险责任、履行保险义务的条件已经产生。保险人如果能够及时得知情况，一方面可以采取适当的措施防止损失的扩大；另一方面可以迅速查明事实，确定损失，明确责任，不至于因为调查的拖延而丧失证据。

保险事故发生后，如果投保人、被保险人或受益人不履行通知义务，保险人是否可以免于承担保险责任，主要取决于法律的规定。

（二）保险人对保险合同的履行

1. 保险人告知义务的履行

保险人在订立合同时也应尽告知义务，即保险人在订约时应如实向投保人解释条款，说明投保人在合同中的权利、义务并解答投保人提出的有关询问。

2．保险人给付保险金义务的履行

给付保险金义务是保险人最重要的义务。保险人在保险事故发生后，应从受益人处获得完备的索赔申请书、被保险人死亡证明，及时明确保险责任范围，计算给付金额，进行赔付。给付的金额以人身保险合同中约定的保险金额为最高额，给付方式除双方在合同中另有约定外，一般以现金形式给付。

二、人身保险合同的终止

人身保险合同的终止是指人身保险合同关系的消灭，即由于某种法定或约定事由出现，致使合同双方当事人的权利与义务彻底消灭。人身保险合同的终止主要有以下几种情况：

1．自然终止

人身保险合同，不论是长期的人寿保险还是短期保险，凡保险单订明的保险期限届满，保险人的保险责任即告终止。

2．解约终止

解约终止是指保险合同依法解除终止。在人身保险合同的有效期届满前，当事人依法使合同效力终止的行为即为保险合同的解除。投保人和保险人都可依法解除保险合同。原则上讲，投保人随时可以根据自己的意愿解除合同，行使解除权。不仅如此，投保人解除合同也不承担违约责任。但是，因为解除合同是双方权利与义务的消灭，所以应当清结合同规定的权利和义务，履行解除权。

投保人解除保险合同需清结的权利与义务主要涉及保险费的退还问题。而保险人不能任意解除保险合同，要行使解除权，必须具备法定条件或者投保人、被保险人违反合同约定。这些法定条件有：投保人故意隐瞒事实，不履行告知义务或者因过失而未履行告知义务；谎称发生保险事故；故意制造事故；保险合同效力中止 2 年内未达成恢复合同效力的协议等。

3．履行终止

履行终止是指在人身保险合同有效期内发生保险事故后，保险人对被保险人或受益人履行保险金的给付责任后发生的保险合同效力终止。

拓展阅读

急用钱，试试人身险保单贴现

市民张某连续投了 5 年人身险，保费总计 10 万元。保单尚未期满，她急需用钱临时想退保，但退保算下来要“亏”8 万元。没多久，她获悉保监会下发《人身险保单贴现业务试点管理办法（征求意见稿）》，高兴地说：“如果办法实施了，我把我的保单贴现，大概能拿回 4～6 万元，还得到了 5 年的保障，不算亏了！”

所谓人身险保单贴现，是指中介公司先以折扣价格买进即将到期的寿险保单，等到被保人去世时获得保险公司给付的保险金。其中，作为中介机构的贴现机构可以引入投资人，将保单作为资产进行交易。保单贴现能够满足寿险保单的持有人出于多种原因的变现需求。

保单贴现起源于美国，经过几十年的发展，在美国已形成数百亿美元的市场，并呈日益递增态势。

《人身险保单贴现业务试点管理办法（征求意见稿）》明确规定开展保单贴现业务的机构必须经过保监会同意，并使用自有资金开展业务。试点期间，已经贴现的保单不可办理转贴现或再贴现。可以开展保单贴现的产品类型包括普通型终身寿险、普通型两全保险和普通型年金保险。

保单贴现业务的本质就是赋予保单货币化的概念，有助于提高保单的流动性。保单贴现如能落地，将是保险业参与社会管理的又一制度性安排。保单贴现可以增加获取养老金和筹措医疗费用的渠道，提高老年人晚年的生活质量。同时，保单贴现也可以成为应对退保风险的有利举措。因为保单贴现获得的资金要高于退保获得的保单现金价值。

身边的保险

人寿保险合同变更与解除纠纷

案情：2010年7月1日，杨某与A保险公司签订保险合同，投保人杨某，被保险人王某（系投保人之妻），保险险种为寿险附加重疾保险，保险费20 376元。合同订立后，杨某按期交纳保险费至2012年度。2012年12月5日，王某持杨某身份证及授权委托书，到A保险公司处办理投保人变更手续，将投保人由杨某变更为王某。12月7日，王某向A保险公司申请解约，保险公司因此做出批单，内容为：兹根据投保人王某于2012年12月7日之申请事项，并经本公司同意现将保单做解约处理，解约金共为31 408.6元，保单效力终止，批改日期为2012年12月7日。之后，王某领取了解约金。2013年6月28日，杨某与王某离婚。2013年9月，杨某以A保险公司未经审查，将自己投保的保险投保人变更为王某，并与王某办理了解约手续，退还王某解约金31 408.6元，侵犯了投保人的权利为由，起诉至原审法院。原审法院虽不认可A保险公司与王某的解约行为，但不要求恢复保险合同，只要求A保险公司支付违约金29 719.4元。

分析：本案涉及投保人的变更和保险合同的解除两个问题。人寿保险合同中，投保人的变更属于保险合同主体的变更，是合同权利义务一并转让，对保险合同会产生重大影响，按照《合同法》的规定，应以另一方的同意为前提。对于人寿保险合同，《保险法》还有特殊规定，即以死亡为给付保险金条件的人身保险合同的转让，还要取得被保险人的同意，否则无效。实务中，保险公司对变更投保人的申请规定了严格的变更程序。在合同有效期内，当投保人发生变动，不能继续履行交纳续期保费或其他相关义务时，可以由原投保人申请变更。此项变更需被保险人签名同意，变更后的新投保人与被保险人具有可保利益。同时经过原投保人、被保险人及变更后的投保人共同签字确认。若因原投保人身故而产生的变更则仍需《授权委托书》、原投保人的死亡证明书及户籍注销证明。若非投保人办理，则须提供投保人签名的《授权委托书》和代办人身份证原件。投保人变更业务申请书及《授权委托书》，投保人签名处需原投保人和新投保人同时签名。

合同解除是指合同有效成立以后，因当事人一方或双方的意思表示而使基于合同发生的债权债务归于消灭的行为。可分为约定解除和法定解除两类。所谓约定解除，是指当事人在合同中约定，合同成立以后，某种情形发生或某种条件成就，当事人一方或双方享有解除合同的权利；所谓法定解除，是指法律直接规定，某种情形下或某种事由发生，当事人一方或双方有权解除合同。合同解除是合同自由的体现，也是《合同法》的一项基本制度。我国《保险法》关于保险合同解除有一些特别规定，其中最重要的原则是赋予投保人以自由解除权，同时对保险人的解除权进行了限制。与一般合同不同，保险合同的投保人可以无须任何理由解除已经成立的保险合同，并且无须经过保险人的同意。实践中称为"退保"。这种解除权也基于法律的直接规定，但与普通合同的法定解除权显然不同，可以称为"法定任意解除权"。保险人享有法定解除权主要包括以下情形：投保人违反如实告知义务；投保人、被保险人存在保险欺诈行为；被保险人违反危险增加的通知义务；投保人、被保险人违反防灾减损义务；年龄误报；合同效力中止，超过复效期限等。保险合同解除后，需要解决的主要问题是保险费的返还，以及合同解除前发生的保险事故是否承担保险责任。

本案中，投保人变更对合同的解除有着决定性影响，必须先解决了投保人变更是否合法有效的问题。本案中，杨某为投保人、王某为被保险人，两人系夫妻关系，存在保险利益，与保险公司签订的合同合法有效。王某持杨某的身份证及其委托书办理投保人的变更，对于保险公司来说，需要查明的事项是杨某与王某之间的委托关系是否合法有效。王某出具了杨某的授权委托书及身份证原件，从保险公司方面来看，虽然杨某事后否认了委托关系，但可视为表见代理。然后王某的代理行为违反了民法中的禁止自己代理的规定，王某持杨某的授权委托书将保险合同转让给自己，应属无效代理。A 保险公司对投保人变更手续未经严格审查核实，即予以变更是存在过错的。王某以投保人的名义又办理了解约手续，领取了解约金 31 408.6 元，是对杨某权利的侵犯。王某与 A 保险公司对于杨某的损失应负连带赔偿责任。

子情境 6　人身保险合同的解释与争议处理

知识解读

一、人身保险合同的解释

人身保险合同的解释是对人身保险合同条款的理解和说明。人身保险合同的条款内容一般来讲是明确和具体的，但合同当事人经济利益冲突、业务习惯差异以及情势变更、不可预见因素的发生等原因，常会导致保险当事人对合同条款内容的解释不一致，从而影响人身保险合同的履行。因此，正确解释合同具有十分重要的现实意义。

在通常状况下，保险合同应按下列原则来解释：

（1）依据通常的文字含义并结合上下文来解释。同一合同中的同一词汇，其解释应当是一致的。对于合同中出现的专门术语，应按照保险业的专门用法和专门的技术含义来解释。如保险金额，是指保险公司赔偿给付保险金的最高限额。

（2）尊重双方订约时的真实意图。为了弄清楚双方真实意图，要根据合同的文字、订约时的背景、客观实际情况综合分析和推定。一般情况下，当书面约定与口头约定的内容不一致时，应以书面约定的内容为准。保险单上附加条款的内容与其他内容相抵触时，以附加条款为准。保险合同的内容如用不同方式记载而且内容相抵时，手写的内容优于打印的内容，打印的内容优于印刷的内容。

（3）专业解释原则。专业解释原则是指对人身保险合同中使用的专业术语按照其所属专业的特定含义进行解释的原则。在人身保险合同中除了保险术语、法律术语之外，还会出现某些其他专业术语。因此，对于这些具有特定含义的专业术语，应按其所属行业或学科的技术标准或公认的定义来解释。如寿险合同中，应按医学界公认的标准对疾病进行解释。

（4）解释要有利于被保险人和受益人。由于保险公司事先就把保险合同的条款印刷好了，他们在拟定保险条款时难免较多考虑自身利益，而被保险人和受益人由于专门知识的欠缺或由于时间的限制，往往很少对保险合同条款做深入细致的研究。从公平合理的角度出发，需要对保险合同条款做出解释时，应做出有利于被保险人和受益人的解释。

身边的保险

保险条款约定不明时应如何赔付

案情：2013年8月1日，张某投保了人寿保险及附加意外伤害保险，同年8月30日，张某在工作时右手不慎卷入分切机内，致使右手中指、无名指及小指三指残疾，医院和公安机关的鉴定结论为右手小指末节缺失，第二关节僵硬；无名指第二、三关节僵硬畸形；中指第二关节僵硬。以上三指掌指关节活动尚可。张某根据意外伤害保险条款所附《保险公司残疾程度与给付比例表》和《保险公司人身意外伤害残疾给付标准》第二十项约定，即“一手中指、无名指、小指残缺者给付保险金额的18%”，要求保险公司给付意外伤害保险金3.6万元。保险公司认为，从张某的伤残程度来看，其右手小指部分缺失，中指和无名指只是部分丧失功能，不符合上述比例表和给付标准第二十项“残缺”的规定，只能适用第二十一项约定：“一手中指、无名指、小指之指骨部分残缺的给付保险金额的2%”，即给付意外伤害保险金4 000元。张某对保险公司的赔付决定不服，起诉至法院。

法院经审理认为，签订保险合同时，保险公司未告知张某“残缺”的含义，双方对这两个字的含义理解产生了分歧，根据《保险法》第三十条的规定，保险合同的条款双方发生争议时，应做有利于被保险人、受益人的解释，“残”是“残疾”的意思，“缺”是“缺失”的意思，张某的伤残程度符合《保险公司人身意外伤害残疾给付标准》第二十项的规定，保险公司应给付张某人身意外伤害保险金3.6万元。

分析：从本案来看，保险条款中第二十项规定的“中指、无名指、小指残缺”与第二十一项的“中指、无名指、小指之指骨部分残缺”的给付比例是不同的，但是保险条款并没有具体说明它们之间的区别。从一般意义上理解，“指骨部分残缺”也属于“残缺”的一种，张某的伤残情况符合第二十一项的规定，也符合第二十项的规定，在这种情况下，法院选择有利于被保险人给付比例的解释是正确的。

二、人身保险合同的争议处理

保险合同在执行过程中如果发生争议，按照惯例，可采取协商和解、仲裁和司法诉讼三种方式来处理。

（一）协商和解

发生争议后，由保险公司和被保险人进行磋商，双方都做出一些让步，在彼此都可以接受的基础上达成和解协议，从而解决纠纷。协商和解又有两种做法：

（1）自行和解。这是解决争议最基本，也是最可行的一种方法。没有第三者介入，由双方当事人直接协商，以达成和解的目的。自行和解的关键是要双方以自愿、平等的姿态，相互谅解，找到彼此都能接受的方案。

（2）调解。为促使双方当事人达成和解，由第三者从中调停，这个“第三者”既可以是双方都信赖、实践经验丰富、深谙保险业务和法律知识的人，也可以是法院。前者参与的调解称为“一般调解”，调解人的裁定或判断，对双方当事人没有约束力，任何一方或双方既可以接受，也可以不接受。后者参与的调解则称为“司法调解”，它也以双方当事人的意见为依据，但一经双方当事人同意制定好调解协议书后，对双方当事人都具有约束力，当事人不能以各种借口拒不执行，否则法院可以强制执行。

协商和解节省时间、精力和费用，双方当事人平心静气地找分歧，寻找共同利益所在，在比较友好的气氛中解决问题，今后仍可继续保持业务往来，因此这是解决争议的最好途径。

（二）仲裁

仲裁也叫“公断”，是指当事人发生纠纷后或发生纠纷前，达成书面协议，自愿把他们之间的争议交给仲裁人做出裁决或公断，使得纠纷得以解决的一种方式。这种方式被国家以法律形式规定下来，成为一种由国家强制力保证执行的法律制度。

仲裁的特点是当事人可以协商确定仲裁事项，选择自己信任的仲裁机构和仲裁员，仲裁员往往由保险行业的专家、学者担任，以裁判的身份出现，能迅速从繁杂的线索中理出头绪，抓住问题的要害，有利于公平合理地解决争议。

仲裁庭一般由两名仲裁员组成，双方当事人各指定一人为仲裁员，然后这两名仲裁员推选一人为首席仲裁员。仲裁不公开进行，可避免外界干扰，如当事人要求，裁决可以不写事实和理由，从而保护当事人的隐私，而且有利于当事人之间建立信任和睦的关系。仲裁依法独立进行，不受行政机关、社会团体和个人的非法干涉。仲裁机构受理案件，不受地域和级别限制，原则上任何仲裁委员会都可以接受全国各地的仲裁申请并受理、裁决。

我国的仲裁实行一审终结制，程序简便、时间短、费用低。当事人一方或双方如不服仲裁裁决，可在收到仲裁决定书之日起 15 天内向人民法院起诉。逾期不起诉的，仲裁决定书即发生法律效力，当事人应依照规定的期限自动履行。一方逾期不履行的，另一方可向法院申请强制执行。

信誉是保险公司生存发展的“生命线”，因此，无论投保人还是保险公司都应重视仲裁。发生保险纠纷时，当事人可向仲裁委员会咨询。

（三）司法诉讼

诉讼是指司法案件当事人在其他诉讼参加人的配合下，为解决案件，依法定诉讼程序所进行的全部活动。当投保人和保险公司之间的纠纷不能通过协商和解与仲裁解决时，可采取诉讼的方法。诉讼分为民事诉讼和刑事诉讼，绝大多数关于保险合同纠纷的诉讼都是民事诉讼。

诉讼不同于仲裁，只要一方当事人向有管辖权的法院起诉，另一方必须应诉，诉讼具有强制性。法院审理的原则是以事实为依据，以法律为准绳，所以，司法诉讼是一种强制性行为。把争议案件诉诸司法诉讼是比较严厉的处理争议的方式。

一般民事诉讼的过程可以分为起诉、审判和执行三个基本阶段。

（1）起诉阶段包括起诉和受理。因为当事人认为自己的合法权益受到侵害，或者与另一方当事人发生权利、义务争执，所以向法院提出保护请求。法院对当事人提出的诉讼请求，经过审查认为符合起诉条件的，应决定受案审理。起诉和受理两方面的诉讼行为相结合，才是诉讼程序的开始。提起诉讼请求的一方称为原告，应诉的一方称为被告。在民事诉讼中，当事人双方的权利是平等的，原告提起诉讼，应向法院递交起诉状。法院接到起诉状，经审理符合受理条件，应在规定时期内立案，不符合受理条件的，也应在规定时期内通知原告不予受理。

（2）审判阶段包括审理前的准备、开庭审理和判决。法院受理起诉案件后，为保证案件审判的顺利进行，应在开庭审理前进行必要的准备工作。完成准备工作之后，即在法院或其他场所设置法庭对案件进行审理，开庭审理之前，应提前通知当事人和其他诉讼参加人。在开庭审理中，依次进行法庭调查和法庭辩论，辩论结束后，由审判长按原告、被告的先后顺序征询双方的最后意见。最后，法院根据审理情况，依法做出判决。若当事人对第一审法院的判决不服，有权向上一级法院上诉，上诉案件由原审法院审查后送第二审法院，第二审法院的判决是终审判决，判决后立即发生法律效力，当事人必须执行；否则，法院有权强制执行。

（3）诉讼的执行，是指对已经发生法律效力的判决，当事人一方拒不执行时，由法院的执行机构依照法定程序强制其执行；经济诉讼中的执行，对维护法律的严肃性，保护当事人的合法权益，具有重要意义。

身边的保险

案情：2013年9月，某保险公司接到投保户胡某的电话报案，声称与妻子在某狩猎场狩猎时，自己所用枪支不慎走火，将左手大拇指击伤。由于胡某在多家保险公司异地高额投保，三家保险公司决定联手调查，发现其疑点很多：胡某的枪走火没有足够的证据，既没有目击证人，又没有任何证明枪支走火的旁证；胡某伤后处理时间过短，不像一般人在意外情况下的所为；胡某不但在多家保险公司异地投保，而且投保时间过于集中，投保份数选择了不用上报审批的最高限度拆零投保，而一般的投保人则喜欢选中一家保险公司就近投保，投保份数也习惯于凑整。专业人员到狩猎场的现场进行认定和模拟，并对猎枪进行了严格检验，证明枪支完好，不扣动扳机，不会走火击发。因此，三家保险公司对胡某以意外伤害为理由的索赔给予拒赔。三个月后，胡某将保险公司告到区人民法院，提出索赔诉讼。法庭上，双方各自陈述自己的理由和主张，进行了激烈的辩论。历时半年，法院经审理判决，驳回原告胡某的诉讼请求，保险公司胜诉。

分析：本案例是在保险公司做出拒赔处理之后，一方当事人——被保险人胡某因不服保险公司处理而向有管辖权的法院提起诉讼，法院审理的原则是以事实为依据，以法律为准绳，本案的判决结果是驳回原告胡某的诉讼请求，保险公司胜诉。

小　　结

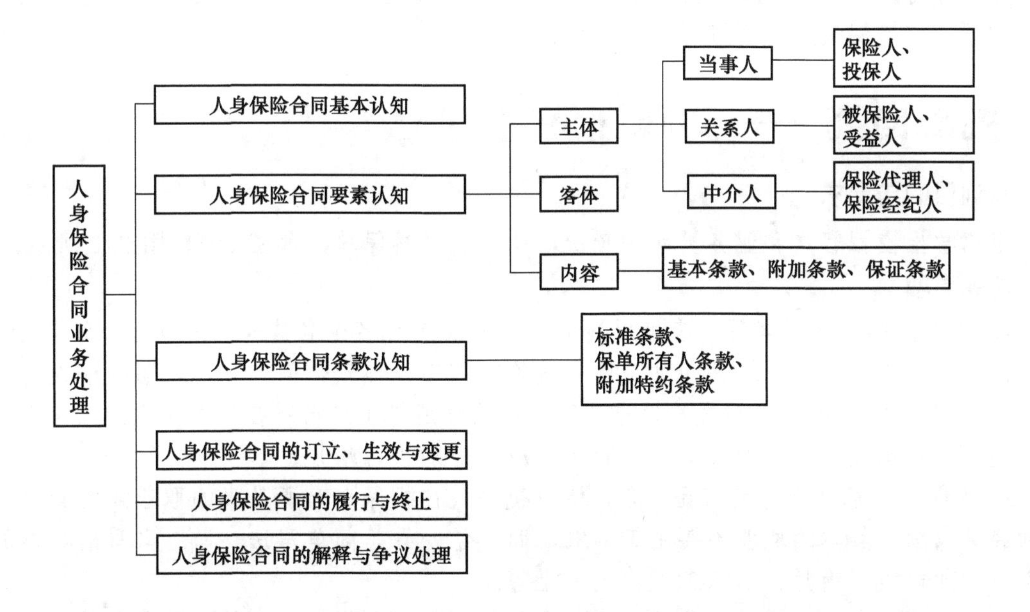

复习思考题

一、简述题

1. 人身保险合同有哪些特点？
2. 简述人身保险合同的主体。
3. 什么是不可抗辩条款？什么是宽限期条款？什么是复效条款？
4. 请说明设立自杀条款的意义。
5. 保险人与投保人的合同履行义务有哪些？
6. 简要说明人身保险合同的解释原则。

二、案例分析题

1. 2012年11月12日，某单位为全体职工投保了简易人身险，每个职工150份（5年期），月交保险费30元。2014年5月，该单位职工付某因交通事故不幸死亡，其家属带着单位开具的介绍信及相关的证明资料，到保险公司领取保险金。保险公司在查验单证时发现，被保险人付某投保时所填写的年龄与其户口簿上所登记的不一致，投保单上所填写的64岁显然是不真实的。实际上，投保时付某已有67岁，超出了简易人身险条款规定的最高投保年龄（65岁）。于是，保险公司以单位投保时申报的被保险人的年龄已超出保险合同约定的年龄限制为理由，拒付该笔保险金，并在扣除手续费后，向该单位退还了付某的保险费。

问题：试指出本案包含的保险基本原理并做评析。

2. 江某早年父母离异，与父亲、爷爷一起生活，后父亲再婚，一家四口人生活在一起。江某工作后，单位为职工投保了人身意外伤害险，江某指定受益人为父亲。保险期间，江某因意外身亡。江某死后，其爷爷正要通知出差在外的江某父亲，其父亲竟在外地遭遇车祸身亡，死亡时间比江某晚一天。在此之后，江某的爷爷、生母和继母都提出了保险金请求。

问题：这笔保险应当由谁受领？为什么？

挑战自我—— 实践训练

实训目的与要求

组织学生模拟客户和业务员两种身份，练习填写投保单，如图2-1、图2-2所示。

注意事项

1. 投保人的姓名或名称，应当用投保之时的法定姓名或名称——户口簿（身份证）上登记的公民姓名或在主管机关（如工商行政管理部门或民政部门）登记注册的法人名称。

2. 投保人的地址要详细写清地址全称。如果住所地（户籍所在地或法人注册地）与其居所地（居住地或法人营业地）不一致时，应当分别填写清楚。

3. 投保人的职业或经营范围，应当填写投保人在投保之时所从事的职业或主管机关批准的经营范围。具体的职业不要用工、农、商、学、兵等简单写法，而应当写出具体的工作性质，如司机、教师、纺织工人、大学生等。

4. 明确投保人欲投保何种险种险别，是否已就同一保险标的、保险风险向其他保险人投保同一险种及其保险金额。

5. 投保的保险标的应当填写清楚。人身保险的投保单，应就投保生存、死亡、伤残、劳动能力、疾病及其医药费支出等标的予以明确填写。

6. 投保人身保险时，投保人还必须如实填写被保险人的姓名、年龄（出生年月日），从事的职业或工作岗位等。“年龄”栏要按投保时的实际周岁年龄填写。

7. 投保人身保险时，投保人应当根据被保险人出于真实意思所指定的受益人，在投保单中填写受益人的姓名、住址。如果该受益人在国外或其他地方工作或居住的，还应填写其通信地址。如果被保险人未指定受益人，投保人可在受益人一栏内暂填“法定继承人”。

8. 填写投保金额时，投保人应当根据投保标的的具体情况和自己寻求保险保障的需要，以及保险人在有关保险条款中的要求，填写适当的数额。

9. 投保人应当在投保单上亲自签名或盖章。如果是文盲的，可用“+”画押，不要用手指模来替代。

业务员告知书

××人寿保险股份有限公司
××LIFE INSURANCE CO.,LTD.
全国统一客户服务电话：×××××

投保书号：________________

与投保人关系：亲戚□　朋友□　他人介绍□　陌生拜访□　自动投保□　家属□　本人□

其他：________________

与投保人认识时间：一个月内□　半年以内□　半年至两年□　两年以上□

是否亲自面见被保险人和（或）第二被保险人？是□　否□

被保险人婚姻状况：未婚□　已婚□　离婚□　丧偶□　同居□　分居□

投保人年收入________万元

收入来源：工薪□　个体□　私营企业□　房屋租赁□　证券投资□　存款利息□

抚（扶）养供给□　继承□　其他□

被保险人年收入________万元

收入来源：工薪□　个体□　私营企业□　房屋租赁□　证券投资□　存款利息□

抚（扶）养供给□　继承□　其他□

投保人/被保险人是否有兼职？是□　否□

说明：________________

投保人/被保险人是否有危险嗜好或从事危险活动？是□　否□

说明：________________

投保人/被保险人是否有四肢五官异常或智力障碍？是□　否□

说明：________________

补充说明：

业务员声明：本投保书各栏及询问事项，确经本人当面向投保人、被保险人说明，并由投保人、被保险人和第二被保险人亲自告知并签名无误，且本报告各栏均已如实填写。

业务员（签名）：　　　　　　年　　月　　日

图 2-1　业务员告知书

个人寿险投保书

××人寿保险股份有限公司
××LIFE INSURANCE CO.,LTD.
全国统一客户服务电话:×××××

投保资料

个人资料	投保人	被保险人	第二被保险人
姓　　名			
性　　别	男□　女□	男□　女□	男□　女□
婚姻状况	已婚□　未婚□ 丧偶□　离婚□	已婚□　未婚□ 丧偶□　离婚□	已婚□　未婚□ 丧偶□　离婚□
出生日期	年　月　日 年龄　周岁	年　月　日 年龄　周岁	年　月　日 年龄　周岁
证件类型	身份证□　护照□　军官证□ 出生证□　其他□	身份证□　护照□　军官证□ 出生证□　其他□	身份证□　护照□　军官证□ 出生证□　其他□
证件号码			
国　　籍			
与投保人关系			
行业/工种			
职业编码			
驾照和驾照类型	驾照　有□　无□ 驾照类型:	驾照　有□　无□ 驾照类型:	驾照　有□　无□ 驾照类型:
移动电话			
办公电话			
传真电话			
住宅电话			
工作单位			
电子邮箱			
投保人通信地址	(　　)省(　　)市(　　)区/县 (　　)街　(　　)楼　(　　)号		
邮政编码	□□□□□□		

身故受益人信息						
姓名	证件类型	证件号码	被保险人姓名	与被保险人关系	受益顺序	受益份额(%)

图2-2　个人寿险投保书

投保保险申请事项

	险种名称	保险期间	保障类别	投保保额或份数	费率或交费标准	暂收保费
基本险						
附加险 1						
附加险 2						
附加险 3						
附加险 4						
暂收保费合计：（大写）　万　仟　佰　拾　元　角　分　¥：						
交费方式：	趸交□　年交□　半年交□　季交□　月交□					
交费期限：	三年交□　五年交□　七年交□　十年交□　十五年交□　二十年交□　三十年交□ 其他：　年交					
领取方式：	定期□　一次性□　月领□　领取年龄：　周岁					
交费形式	首期：现金□　支票□　支票号（　）　委托银行转账□ 账户姓名（　）　开户行（　） 账　号：□□□□□□ □□□□□□ □□□□□□ □□□□□□					
	续期：自行交纳□　收费员收费□　委托银行转账□ 账户姓名（　）　开户行（　） 账　号：□□□□□□ □□□□□□ □□□□□□ □□□□□□					

财务及其他告知

		被保险人		投保人或第二被保险人	
1．投保人每年固定收入（　）万元，主要收入来源（填写序号：　） 被保险人每年固定收入（　）万元，主要收入来源（填写序号：　） 收入来源备选项：①工薪 ②个体 ③私营 ④房屋出租 ⑤证券投资 ⑥银行利息 ⑦其他					
请填写或回答下列问题，并在选择项后的“□”中打“√”。选“是”者请填写相关说明		是	否	是	否
2．您是否曾申请保险或复效被拒保、延期、增加额外保费或除外责任？	2	□	□	□	□
3．您是否吸烟？若“是”，已吸烟（　）年，每天（　）支。 若已停止吸烟，停止吸烟时间（　），停止原因（　）。	3	□	□	□	□
4．您是否每天或每星期都饮酒？若“是”，已饮酒（　）年。 常饮种类：白酒□　啤酒□　果酒□；每日饮酒量（　）两/瓶。	4	□	□	□	□
5．您是否参与任何危险的运动或赛事（如赛车、登山攀岩、潜水、跳伞、驾驶航空机具以及其他危险运动或赛事）？您是否有危险爱好？如是请提供详细资料。	5	□	□	□	□
6．您的职业是否涉及或接触任何危险物（化学物质、爆炸物、有毒物质或其他危险物）、高空作业、潜水作业、隧道作业或井下作业？	6	□	□	□	□
7．您是否在国外持续居住超过 5 个月或准备出国？	7	□	□	□	□
上述第 2 项到第 7 项中，如有任何答案“是”者，请注明问题号码并详细说明情况。					
被保险人是否投保过或正在申请其他人寿保险：是□　否□					

承保公司	险种名称	份数或保额	承保日期	保单目前状态	申请理赔经历

图 2-2　个人寿险投保书（续）

健康告知

被保险人 身高： 厘米 体重： 公斤	投保人或第二被保险人 身高： 厘米 体重： 公斤	被保险人		投保人或第二被保险人	
填写或回答下列问题，并在选择项后的“□”中打“√”。选“是”者请在“健康备注”中详细说明。 （*如果投保保险需投保人告知健康状况，请在第二被保险人处填写）		是	否	是	否
1．您在最近6个月内是否有新发或以往既有下列身体不适症状： ①长期咳嗽咳痰、声音嘶哑、痰中带血、咯血；②胸闷、胸痛、心慌、气喘、气短、呼吸困难；③吐血、大便带血、黑便、反复腹痛、恶心、反酸、呕吐、腹泻；④反复尿频、尿痛、血尿、腰痛，外生殖器溃疡；⑤反复皮下出血、鼻出血、牙龈出血、发热，持续疲倦；⑥晕倒、意识不清、视力下降、抽搐，反复头痛、头晕；⑦半年内体重增加或减少5公斤以上；⑧关节红肿、疼痛、活动受限。	1	□	□	□	□
2．被保险人的祖父母、双亲、配偶、子女或兄弟姐妹中是否曾患肿瘤、癌症、心脏病、中风、高血压、糖尿病、精神病、抑郁症、乙型或非甲非乙型肝炎（包括病毒携带者）、结核病、白血病；或任何遗传疾病？是否有早于60岁因疾病去世者？	2	□	□	□	□
您是否曾患有下列疾病或因下列疾病而接受检查或治疗？					
3．失明、视网膜出血或剥离、视神经炎、青光眼、白内障、眼底病变、聋哑、中耳炎、梅尼尔氏病或其他眼、耳、鼻、喉、口腔疾病？	3	□	□	□	□
4．精神病、脑炎、脑膜炎、脑瘤、脑血管畸形或脑血管瘤、脑中风、癫痫、帕金森氏病、多发性硬化、脊髓灰质炎、脊髓炎、瘫痪、头部外伤或其他脑部之疾病或神经系统之疾病？	4	□	□	□	□
5．高血压病（收缩压140mmHg或舒张压90mmHg以上）、动脉硬化、冠心病，心肌梗死、心肌病、心脏瓣膜疾病、主动脉瘤、下肢静脉曲张或其他心脏和血管疾病？	5	□	□	□	□
6．慢性支气管炎、哮喘、支气管扩张症、肺气肿、肺脓肿、肺栓塞、肺结核、胸膜炎、尘肺、矽肺或其他呼吸器官之疾病或肺部之疾病？	6	□	□	□	□
7．消化道溃疡、消化道出血、穿孔、疝气、结肠炎、胰腺炎、肝脾肿大、肝功能异常、肝炎、病毒性肝炎病毒携带者、肝硬化、胆道结石、胆囊结石、胰腺炎或其他有关肝、胆、胰腺、胃、小肠、结肠、直肠或肛门之疾病？	7	□	□	□	□
8．泌尿系统结石、肾炎、肾病综合征、泌尿系统畸形、肾功能不全、前列腺肥大或其他生殖泌尿系统之疾病或性传播疾病？	8	□	□	□	□
9．糖尿病、糖耐量异常、痛风、甲状腺疾病、脑垂体疾病、肾上腺疾病或其他内分泌代谢疾病？	9	□	□	□	□
10．风湿热、红斑狼疮、类风湿、椎间盘脱出、关节置换或任何脊椎、骨关节、肌肉组织、结缔组织等疾病？	10	□	□	□	□
11．贫血、白血病、再生障碍性贫血、血友病、脾功能亢进或任何血液系统之疾病或脾脏之疾病或淋巴之疾病？	11	□	□	□	□
12．癌症、肉瘤、肿瘤、肿块、囊肿或息肉？	12	□	□	□	□
13．患有任何皮肤疾病？或任何职业病？	13	□	□	□	□
14．有任何身体残疾、肢体缺失、先天性疾病或智力残疾？	14	□	□	□	□
15．鼠疫、狂犬病、流行性脑脊髓膜炎、流行性乙型脑炎、炭疽、钩端螺旋体病、传染性非典型肺炎（含疑似）、性传播疾病等传染病。	15	□	□	□	□
16．是否打算或现正在或过去5年内曾在任何医院、诊所接受过诊断性检查，如X光、超声波、CT核磁共振、心电图、活体检查、验血、验尿等，检查结果提示异常？（如有请提供诊断报告）	16	□	□	□	□
17．是否有以上未述及之疾病或接受任何外科手术（阑尾切除术、扁桃体摘除术，胆囊摘除术，因子宫肌瘤行子宫摘除术、剖宫产、人工流产除外）、诊疗或住院接受诊断或治疗？	17	□	□	□	□
18．被保险人或配偶是否曾经接受艾滋病毒（HIV）的检验？	18	□	□	□	□
19．是否曾使用任何成瘾药物、麻醉剂或接受戒毒治疗？	19	□	□	□	□
女性适用：					
20．现在是否怀孕？若“是”，已怀孕（　　）月。	20	□	□	□	□
21．是否有任何乳房、子宫、卵巢之疾病或其他妇科病症或分娩前后期综合征？	21	□	□	□	□
22．是否被建议重复做宫颈涂片、乳房检查、乳房X光检查或乳房活体检查？	22	□	□	□	□
23．是否因为月经不调、性传播疾病或其他女性生殖器官疾病而就诊？	23	□	□	□	□
上述第1项到第23项中，如有任何答案“是”者，请注明问题号码并详细说明，如有诊治，请告知原因、日期、医院名称、详细诊断结果、诊治情况及目前状况。					
其他声明：					

图2-2　个人寿险投保书（续）

投保须知：

为使您详知所投保的保险内容并维护您的合法权益，请在投保之前向业务员或本公司索阅保险条款及所附费率表、前三年现金价值摘要表，并确认已了解保险条款的各项内容、责任免除后方可填写投保书。在您交付预交保险费时，如采用委托银行划款形式交纳，请签署委托银行代扣保险费协议书并妥善保存；如采用现金形式交纳、请向业务员或本公司索取保险费暂收收据并妥善保存。

填写要求：投保人和被保险人应在签名栏内亲笔签名以示确认所填写的内容，如被保险人为无民事行为能力人或限制民事行为能力人，应由其监护人签名。

告知义务：投保人及被保险人在投保时应如实填写投保书中的各项内容，不得故意隐瞒或不实告知，如未履行告知义务的本公司有权解除合同，并对解除合同前发生的保险事故不负赔偿或给付保险金责任。

保单送达：我公司将在承保后出具并送达保险单，投保人应在保险单签收回执上亲笔签字确认。

交费须知：投保人应根据自身财务状况，确定选择适合的交费期限和交费金额，无法持续交纳保险费有可能导致合同效力中止或保险合同解除。

未成年人投保：父母以未满18周岁子女为被保险人投保含有死亡责任的保险，被保险人在18周岁前的身故保险金额累计不能超过中国保险监督管理委员会规定的上限，对身故保险金额超出中国银行保险监督管理委员会规定上限部分对应的保险费本公司将无息予以返还。若同一被保险人投保多个险种的，则按照保单的先后顺序予以赔付及退费。

退保说明：保险期间在一年以上的合同设有犹豫期，自投保人、被保险人收到保单并书面签收日起10日内为犹豫期，在此期间内，投保人可以申请退保，本公司收到退保申请后，在扣除一定工本费后退还已交纳的全部保险费；犹豫期过后投保人申请退保，本公司将根据保险合同规定在扣除一定手续费后退还所交保险费或退还保险单的现金价值，保险合同终止。

联系我们：投保人应在投保书上详细列明准确的通信地址及邮政编码，以保证各种信函（如续期交费通知书等相关文件或资料）的安全寄达。如投保人所填通信地址或邮政编码发生变更，投保人应及时向本公司提出变更申请；我公司全国统一客户服务电话：×××××，网址：www×××life.com，您可获得有关服务及定点医院等信息。

公司声明：

本公司本着最大诚信的原则，向您明确上述保险事项。一切与保险合同相违背的任何形式的说明均属无效，一切权益均以保险合同为凭。

声明栏：

1. 本人已经认真阅读并理解了包括签名要求、前三年度退保金额（参见前三年现金价值摘要表）、犹豫期和保险条款的各项内容，且在投保书中的所有陈述和告知均完整、真实。如有隐瞒或日后发现与事实不符，即使保险单签发，贵公司仍可依法解除本保险合同，不负赔偿与给付责任。
2. 本人已认真阅读并理解投资连结保险、分红保险、万能保险等新型产品的产品说明书。本人对未成年人累计身故保险金额限制均已知晓并同意。
3. 本人及被保险人授权贵公司在必要时可随时向被保险人所诊治的医院或医师及有关机构，查询有关记录、诊断证明，本人和被保险人均无异议。
4. 即使本人预交首期保险费或首期保费通过银行划款成功，本保险合同仍未生效，如果本人已预交首期保险费或首期保费通过银行划款成功后，但尚未经贵公司核保通过，贵公司只负责投保保险中意外伤害责任部分，其保额为总保额的20%且总给付金额不超过人民币五万元。

投保人签名：＿＿＿＿＿＿　　被保险人（法定监护人）签名：＿＿＿＿＿＿　　第二被保险人（法定监护人）签名：＿＿＿＿＿＿

签署时间：　　年　　月　　日

业务员：	业务号：	电　话：
主　管：	业务号：	电　话：
中心支公司：	营业部：	营业组：
业务员与投保人的关系：1．本人□　2．直系亲属□　3．其他□		

图2-2　个人寿险投保书（续）

技能大比武

题目演讲——如何解读人身保险合同

保险所体现的经济保障关系是通过订立保险合同的方式实现的，人身保险合同可以从法律的角度来体现人身保险的本质和特征。通过本情境所学，你了解人身保险合同了吗？面对客户，你将如何帮助他们解读人身保险合同呢？快来说一说吧！

模块 2

让您高枕无忧，与您共渡难关
——人身保险产品

人的一生中无法避免疾病、年迈和死亡，人身保险可以起到有备无患的作用，无论对家庭还是个人，都可以提供各种保障，解决经济上的困难，解除后顾之忧，使人民安居乐业。而养老保障、死亡抚恤、伤残给付、医疗费用补偿等保险功能又是通过不同种类的人身保险险种实现的，人身保险产品纷繁多样，功能各异，有些产品兼具保障与储蓄功能、有些产品兼具保障与补偿功能、有些产品只是单纯的风险保障、有些产品还创新地把保障与投资结合起来，因此，区别人身保险产品种类，科学选择险种，才能做到高枕无忧，最大限度地发挥人身保险的应有效能。

情境3 愿您一生平安——人寿保险产品

学习目标

能力目标

- 能够解释人寿保险的意义与功能。
- 能够为客户做出合理的寿险规划。
- 能够对创新型人寿保险产品做出正确的解释、介绍和说明。

知识目标

- 掌握人寿保险的概念、特点和种类。
- 掌握普通人寿保险的种类和内容。
- 理解年金保险的特点与种类。
- 了解特种人寿保险的种类及特点。
- 掌握创新人寿保险的主要险种和特点。

素质目标

- 全面掌握人寿保险产品结构的特点，培养专业化服务能力与职业核心能力。
- 培养诚信、热情服务、从客户的角度考虑问题的良好职业素养。

情境演练

新型寿险产品发展 保障型寿险产品回归

2008年随着经济危机的爆发，国际金融市场上的投资风险增大，为了保持我国寿险市场的稳定性，原保监会开始加强对相关新型寿险产品的监管和调控。相对于国际资本市场，我国国内的投资收益较好，所以消费者对于新型寿险产品的偏好有增无减，进而激发了寿险公司对于新型寿险产品的新一轮创新和改进。这一时期的寿险产品创新之处在于，一是条款制定较之前更加规范；二是产品创新速度加快，以平安寿险公司为例，仅2009年推出的新型寿险产品就近十款；三是产品的类型更加趋于集中，万能险、分红险等投资型新型寿险产品成为各寿险公司创新的主力。

随着互联网技术的普及，互联网保险开始兴起。2013年11月，“众安在线财产保险股份有限公司”发起成立（简称“众安保险”）。2016年年底，平安公司也推出了一款互联网健康保险——e生保百万医疗2017版，将最高保障额度提高到了600万元。

新型寿险和互联网保险的发展，拓宽了人身保险经营领域，但是也带来了一系列风险问题。为规范人身保险业务发展，落实“保险姓保”的政策理念，保监会相继出台了一系列规范人身保险产品的规定，如 2016 年《关于规范中短存续期人身保险产品有关事项的通知》《关于强化人身保险产品监管工作的通知》等，尤其是 2017 年发布的《关于规范人身保险公司产品开发设计行为的通知》，根据该通知要求：保险公司开发的定期寿险产品、终身寿险产品，应重点服务于消费者身故风险的保障规划；保险公司开发的长期年金保险产品，应重点服务于消费者长期生存金、长期养老金的积累，并为消费者提供长期持续的生存金、养老金领取服务；保险公司开发的健康保险产品，应重点服务于消费者看病就医等健康保障规划，并不断提高保障的覆盖面和保障的针对性。保监会要求，对于两全保险产品、年金保险产品，首次生存保险金给付应在保单生效满 5 年之后，且每年给付或部分领取比例不得超过已交保险费的 20%。此外，万能型保险产品、投资连结型保险产品设计应提供不定期、不定额追加保险费，灵活调整保险金额等功能。保险公司不得以附加险形式设计万能型保险产品或投资连结型保险产品。

情境思考：创新型人寿保险除了风险保障，还有什么功能？如果想对养老、教育、医疗、残疾等风险进行风险保障的话，又有哪些险种可供选择呢？国家为什么提倡人寿保险公司产品创新向保障型寿险产品转变？

子情境 1　人寿保险基本认知

知识解读

生与死是客观存在的，是一个自然的生理过程。自从人类文明产生以来，人们知道了生与死的区别之后，就认为死亡是人类在生存方面的最大危险，死亡意味着劳动力的灭失、价值创造的减少，不但会给家属的继续生存带来困难，更会造成许多精神上的损失，因而人们早期把死亡事故作为人寿保险中向被保险人或受益人提供保险金的主要内容。随着生产力的发展，人类生存条件不断改善，人们除了在遭遇死亡危险时需要保险保障之外，还希望能够身体健康，但是继续生存需要生活费用，这笔资金的来源对人们构成了新的要求和挑战，因而生存也逐渐成为一种可保的保险内容，随即又出现了生存保险和生存、死亡相结合的两全保险。然而，人的寿命无法预知，一个人投保人寿险后究竟能活多久谁都没有办法事先确定，而生存保险在满期时一次性给付保险金就很难保障那些继续生存着的老年人的生活需要，所以不久便出现了年金保险。人寿保险的产品种类越来越多，人寿保险体系不断充实、完善，业务经营日臻成熟，从而取得了在人身保险中不可动摇的稳固地位。

一、人寿保险的概念

人寿保险简称寿险，是以被保险人的生命作为保险标的，以被保险人的生存或死亡作为保险事故，当发生保险事故时，保险人依照保险合同给付一定保险金的人身保险。人寿保险是人身保险中最基本、最主要的组成部分，也是最典型的一类产品。人寿保险以人的生命作为保险标的，生命只存在生存和死亡两种状态，因此人寿保险的保障项目包括期满生存和死亡两项，即如果被保险人在保险期限内死亡或者保险期限届满时仍存活，保险人就按照约定支付死亡保险金或生存保险金。

二、人寿保险的特点

1. 保险期限的长期性

寿险合同多为中长期合同，期限一般都在3年以上，有的长达人的一生。保险期限的长期性，使保险公司提取的责任准备金与保险金的给付形成时间差，于是大量的未周转保险费从保险资金的正常周转中游离出来，成为暂时的闲置资金。保险公司对这部分资金具有支配权，本着安全性、流动性、效益性、合法性的原则进行投资。

2. 保险费的均衡性

人寿保险的保险费负担不同于其他保险。随着人们年龄的增大，死亡风险也相应增加，保险费的负担也就水涨船高。假如按自然保险费（根据当年死亡率收取与之相应的保险费）计收，到了高龄，保险费的负担将成倍地增加，投保人往往由于交不起保险费而无法参加保险。为解决这一问题，保险公司使用均衡保险费，即保险人根据生命表上所显示的被保险人平均余命，将各年的自然保险费予以平均，逐年收取，使投保人每年交纳同样的保险费。

3. 具有保障和储蓄的双重功能

客户购买了保险，当发生合同约定的保险事故时，由保险人给付保险金，对人的生存、死亡、养老提供经济保障。同时，由于采用均衡保险费，使保户年轻时所交的保险费高于按当时死亡率计算的应交保险费，这一差额连同所产生的利息构成了保险单的准备金，亦即保险单的现金价值，所有权属于被保险人。

4. 风险较其他险种稳定

一般来讲，财产保险出险随机性强，出险的幅度左右摇摆，并存在着高风险波动；医疗保险和意外伤害保险虽然以保险金额损失率为基础计算费率，但由于其风险波动较大，所导致的费率的不准确性还是很明显的；而人寿保险的死亡风险随年龄增加而增加，其变动完全有规律可循，据此就能精确地计算出出险概率，根据生存率、死亡率、利息率和费用率计算出的保险费也就比较客观准确，由此决定了寿险经营的稳定性。

5. 经营的技术性要求高

首先，表现在费率的拟定上。寿险费率拟定主要考虑三个因素，即预定死亡率、预定利息率、预定费用率。当这三个因素的预定值大于实际发生值时，产生“三差益”；反之，形成“三差损”。正常情况下应该是产生前者，只有这样，保险公司才能产生承保盈余，保证财务上的稳定性。但“三差益”不能过大，尤其是死差益过大则意味着厘定保险费所用的预定死亡率与实际发生的死亡率偏差太大，等于加大了投保人的负担，有失公平。其次，表现在保险单证的管理上，应该有一套完整而严密的制度。人寿保险具有分散性、长期性等特点，要按人头分户建账，连贯记录反映整个保险期的业务变化情况，不能有一丝马虎，否则可能造成混乱。再次，表现在推销技巧上。寿险期限长，交费期也长，利益又不在眼前，这就给推销工作增加了难度。针对自然人的保险推销更需营销人员运用技巧、花大力气招揽业务，并不断地充实自己，熟练掌握保险专业知识，对数学、医学、心理学、法学等相关知识也要有一定程度的了解。

6．投保对象的普遍性

人寿保险的投保对象十分广泛，因为在人的一生中，生老病死变化莫测，每个人都无法逃脱，所以，不论男女老幼、贫富贵贱都需要人寿保险。

小资料

寿险经营的三差损益

寿险公司在定义产品费率的时候会预估三项指标，即预定死亡率、预定利息率、预定费用率。而当实际发生的死亡率、利息率、费用率与预定值不同时，就会出现三差损益。包括死差益、利差益、费差益。

死差益是由实际死亡率低于预定死亡率，按预定死亡率收取的纯保险费支付实际死亡成本后有盈余而产生的利益，反之则是亏损。保险公司产生死差益的原因是保险公司在接受投保人的保险请求时，都采取较为保守的原则，使得寿险公司实际发生的赔付金额比假定的少。一般情况下，寿险公司可以获得较稳定的死差益。

利差益是实际的投资收益率高于预定的利率时产生的利益。为了保证寿险单的长期有效，在寿险费率厘定时由精算师根据有关规定、公司政策和经验设定一个预定利率，这个预定利率往往采取较为保守的假设，如果寿险公司的实际投资收益率大于保险单预定利率，就产生了利差益，反之同样也为亏损。

费差益是实际的营业费用率低于预期的营业费用率而产生的利益，反之则是亏损。寿险公司在经营的过程中会通过优化管理、扩大业务量、精简流程、提高经济效益等方式控制费用，使实际费用支出比预计的少，从而产生费差益。

三、人寿保险的种类

（一）按保险事故分类

人寿保险按保险事故的不同可分为死亡保险、生存保险和两全保险。

1．死亡保险

死亡保险是指以被保险人死亡为保险事故，当被保险人死亡时，保险人向受益人给付保险金的人寿保险。它是人寿保险中最基本、最早产生的一种保险。

2．生存保险

生存保险是指以被保险人生存到一定年限（年龄）为保险金给付责任条件的人寿保险。

3．两全保险

两全保险又称生死合险，是把定期死亡保险和定期生存保险相结合的一种人寿保险。

（二）按保险金给付方式分类

人寿保险按保险金给付方式的不同可分为一次性给付的人寿保险和分期给付的人寿保险。

1. 一次性给付的人寿保险

其特点是保险人一次性将保险金给付给被保险人或其受益人，如单纯的死亡保险和生存保险。

2. 分期给付的人寿保险

其特点是保险金按照保险合同的约定分期给付，如年金保险。

（三）按交费方式分类

人寿保险按交费方式的不同可分为趸交保险费的人寿保险和分期交费的人寿保险。

1. 趸交保险费的人寿保险

其特点是在投保时一次交清全部保险费。

2. 分期交费的人寿保险

其特点是在投保时交纳第一次保险费，以后每隔一定时间间隔交纳一次保险费。依据交费时间不同又可以分为年交、半年交、季交、月交等。

（四）按被保险人的数量分类

人寿保险按被保险人的数量的不同可分为个人人寿保险、团体人寿保险和联合人寿保险。

1. 个人人寿保险

个人人寿保险，即一张保险单所承保的保险标的是单个人的生命。

2. 团体人寿保险

团体人寿保险，即以团体的方式投保的定期或终身死亡保险，它是团体人身保险的一个重要类型，一张保险单可以承保几十人甚至几百人。

3. 联合人寿保险

联合人寿保险，即用一张保险单承保若干被保险人的人寿保险。

（五）按保险单是否分红分类

人寿保险按保险单是否分红可分为分红保险和不分红保险。

1. 分红保险

分红保险是指保险人约定将盈利的一部分分配给被保险人的保险。

2．不分红保险

不分红保险是指保险人只提供保险保障，一般不予分红的保险，如保险期限较短、保险金额较低的人寿保险。

此外，保险业务还可以分为传统人寿保险和创新型人寿保险；按被保险人的危险程度不同可分为标准体保险和次标准体保险；按被保险人年龄的不同可分为儿童保险、成人保险和老年人保险等。

子情境2　普通人寿保险

知识解读

一、死亡保险

死亡保险是指以被保险人在保险合同有效期内死亡为保险金给付条件的人寿保险。死亡保险根据保险期限可分为定期寿险和终身寿险两种。

（一）定期寿险

1．定期寿险的概念

定期寿险是指明确约定特定保险期间内发生保险事故（死亡）而承担保险责任的人寿保险。定期通常有两种形式：特定的保险单年度和特定的年龄。

2．定期寿险的特点

（1）保险费低廉。由于定期寿险结构简单，保障单一，因此保险费也相对低廉。

（2）保险费具有可比性。定期寿险相对于其他寿险没有现金价值，也不提供分红，因此定期寿险同类产品之间的保险费具有可比性。

（3）可续保性。几乎所有的定期保险保险单都包含可续保选择权。

（4）可转换性。允许保险单持有人将定期寿险转换成为终身保险或其他等额的寿险。

3．定期寿险的适用范围

由于定期寿险的保险费相对低廉，若保险期满后被保险人仍生存，保险人不退还保险费，因此这种保险比较适用于收入低且保障需求相对较高的人群；其次，如果保障需求是临时性的，定期寿险也比较合适；最后，如果需要高额的永久性保险，但是目前还没有财力购买，可以先期购买较便宜的定期寿险，以便于以后转换成永久性保险时而不需要提供可保性证明。

4．定期寿险的局限性

由于定期保险只具有保障功能而不具备储蓄功能，因此不适宜偏重储蓄的人；由于定期保险的保险期间具有特定性，因此超出特定期间的人也不适宜投保该险种。

拓展阅读

定期寿险搭车互联网

随着“保险姓保”理念的深入，传统模式下一向看似冷门的定期寿险如今搭上了互联网的顺风车，打破以往定期寿险和其他产品的组合模式，不断有公司推新。2017 年 10 月，唐僧保上市祯爱定期寿险，在项目冷启动的情况下，两个月保险单突破 1 000 张，总体人寿保额高达 8.06 亿元。2018 年 1 月底，唐僧保荣获“2017 年度创新力 InsurStar 最具潜力产品奖”。在人寿保险的发展过程中，由于供给端产品设计不合理、居民存在错误的保险理念等原因，导致人身保险中存在供给与需求错配的现象。用户虽然花钱买了保险，却得不到最合理的保障方案。

在美国、日本等发达国家，死亡风险保障缺口主要靠寿险覆盖，定期寿险的保险单市场占比在 10%～40%，但中国的定期寿险保险单市场占比却不到 1%。造成传统寿险覆盖率低的原因，一方面因为国人忌谈生死，觉得消费型保险“不划算”，另一方面因为保险市场信息高度不对称，严重依赖线下渠道，定期寿险的销售成本高，但相对的佣金比例低。

我国寿险市场渗透率低，同时这也是一个可待挖掘的蓝海市场。作为一家“科技 + 服务”的公司，唐僧保用定期寿险爆款定制切入市场，将对完整客户旅程进行全数字化再造，利用数字化技术消除信息不对称，改变保险产品和服务的业务成本结构。据了解，“唐僧保|中信保诚祯爱优选定期寿险”由中信保诚人寿承保，慕尼黑再保险公司负责该款产品的再保险安排，并且还提供基于大数据的云端人工智能核保，提高了产品定价、核保的公平性和科学性。对于投保高保额人群，由慕尼黑再保险公司独家合作医疗机构“微检”提供免费的移动护士上门体检，无须空腹，为客户提供更便捷、更高效、体验更好的高保额投保服务。

（二）终身寿险

终身寿险是一种不定期的死亡保险，即保险合同中并不规定期限，自合同生效之日起，至被保险人死亡为止。保险人对被保险人要终身负责，无论被保险人何时死亡，保险人都有给付保险金的义务。

1．终身寿险的特点

（1）给付的必然性。由于终身寿险以死亡为保险事故，而人的生命是有限的，即保险人对其所出售的终身寿险保险单，必定要承担给付保险金的责任。

（2）年均衡保险的费率较低，适于中等收入者购买。但我国保险市场上的终身寿险保险单多为限期交费的，由于其保险期限长，因此费率要高于定期寿险。

（3）保险单的现金价值较大，退保时需支付退保金。由于在签发保险单时保险公司支付了代理人佣金和其他费用，因此在保险单生效的头两年内，一般不支付退保金。但当保险单经过一段时间后，投保人交纳均衡保险费所积累起来的现金逐年增加，保险单所有人申请退保时保险人必须支付退保金。同时，保险单所有人也可将保险单作为担保向保险人或其他金融机构申请贷款。

（4）保险单的灵活性。普通终身寿险保险单的条款允许把该保险单变换为减额交清保险单。如果是分红保险单，保险单所有人也可把红利留存在保险公司，待红利积累到一定金额时，把该保险单变换为等额的保险费交清保险单。保险单所有人还可以用普通终身寿险单的现金价值作为一次交清的保险费把该保险单变换为定期寿险单，或者在退休时把该保险单变换为年金保险单。

2．终身寿险的种类

根据交费方式的不同，终身寿险可分为终身交费的终身寿险、限期交清保险费的终身寿险和趸交终身寿险。

（1）终身交费的终身寿险。终身交费的终身寿险，即投保人在被保险人生存期间，每年交纳相同金额的保险费。在终身交费的情况下，投保人以每年较低的价格获得了较大的保障。而且此类保险单条款简单明了，容易理解。

（2）限期交清保险费的终身寿险。限期交清保险费的终身寿险，即交付保险费的期限既可以用约定的年数，如10年、20年、30年，也可以用被保险人所达到的年龄来表示（如35岁前交清）。限期交清的极端是趸交。由于限期交清保险费的终身寿险保险单的交费期短于保险期，所以这种保险单的年均保险费大于终身交费的年均保险费，但其交费总额与终身交费在精算上是等值的。由于较高的年均保险费，所以，限期交清保险费的终身寿险不适合需要保险保障大而收入水平低的人。

（3）趸交终身寿险。趸交终身寿险，投保时一次交清全部保险费。一次交费终身保险，可以避免因停交保险费而使保险单失效的情况发生，但因为一次性交纳的金额较大，所以投保此险种的人较少。

拓展阅读

万年青终身寿险保险

产品名称　万年青终身寿险保险

险种类别　保障保险

所属公司　新华人寿保险股份有限公司

投保范围　1～65周岁

交费方式　趸交、年交：10年、15年、20年、30年

保险期间　终身

保险责任　①被保险人于合同生效一年内因疾病导致身故或身体高残，保险公司按保险合同载明的保险金额的10%给付身故或身体高残保险金，并无息返还所交保险费，保险合同效力终止。②被保险人因意外伤害或合同生效一年后因疾病导致身故或身体高残，保险公司按保险合同载明的保险金额给付身故或身体高残保险金，保险合同效力终止。

产品特色　①保障期长达一生，面对人生任何时段可能遭遇的意外或疾病风险，都能保证被保险人及其家人生活无忧。②身故责任与高残责任兼顾，如同保障范围扩大一倍，除去对家人的一份保障外，若不幸失能（高残导致丧失工作能力），可作为自身生存的一种经济保证，可扶助人生重建。③拥有减额交清条款，在社会生活、工作等不稳

定的情况下，保证客户不会因无力续保而得不到任何保障，可通过减少保额的方式，仍能享有一定的保障，亦不会使其因被迫退保而招致损失。④突出健康保障，与重大疾病搭配或单独使用，使通常临终前所需的大笔医药费用有可靠的保证。⑤特设30年交费，进一步降低年交保险费，可以更低廉的保险费即时获得高额保障。

投保示例 ①某先生，现年30岁，保险金额10万元，选择30年限交，年交保险费1 950元。②某女士，现年30岁，保险金额10万元，选择30年限交，年交保险费1 760元。

二、生存保险

生存保险是以被保险人在保险期满或达到某一年龄时仍然生存为给付条件，并一次性给付保险金的保险。只要被保险人生存到约定的时间，保险人就给付保险金。若在此期间被保险人死亡，则被保险人不能得到保险金，且所交保险费不予退还。通常，单纯的生存保险不作为独立的保险险种销售。而生存保险在保障被保险人年老时的生活需要时通常采取所谓的年金保险形式。年金保险与一般普通人寿保险的性质有所不同，我们将在下一节进行介绍。

其特点主要有：①类似定期死亡保险，保险期内被保险人死亡视为未发生保险事故，保险人不负保险责任，也不退回已交纳的保险费。因此，保险公司依照合同给付生存者的保险金，不仅包括其本人所交纳的保险费及其衍生利息，而且包括保险期内死亡者所交纳的保险费及衍生利息。②投保生存保险的主要目的，是为一定时间之后被保险人可以领取一笔保险金，以满足生活等方面的需要。例如，为年幼的子女投保子女教育保险，可以使其在读大学时有一笔教育基金。③生存保险是为保障被保险人今后的生活或工作有一笔基金，以满足未来消费开支，实际上相当于一种强制性的储蓄。而保险人为了使之比银行储蓄更有吸引力，每年为投保生存保险的生存者派发红利。

三、两全保险

两全保险又称生死合险，即死亡保险加生存保险。如果被保险人在保险期内身故，受益人领取死亡保险金；如果保险期满，被保险人健在，则领取生存保险金。

（一）两全保险的特点

1. 储蓄性

被保险人参加两全保险，既可获得保险保障，同时又参加了一种特殊的零存整取储蓄。被保险人可按月（或每年）交付少量保险费，存入保险公司，若遇到保险责任范围内的事故，即得到一份保障；若平平安安到保险期满时，可以领到一笔生存保险金，用来养老。

2. 给付性与返还性

两全保险中，无论被保险人在保险期间身故，还是保险期满依然生存，保险公司均要返还一笔保险金。在未返还给被保险人保险金之前，投保人历年所交的保险费等于以保险责任准备金的形式存在保险公司，换句话说，这些保险费等于保险公司对被保险人的负债。

两全保险具有保障性和储蓄性的双重功能。首先，两全保险对被保险人在保险合同约定的保险期内可能发生的死亡事故提供保险保障；同时，两全保险在保险期内不断积存现金价值。两全保险通常也采用均衡保险费制，在均衡保险费制下，保险人早期收取的保险费大于其用于赔付的部分，超过的部分不断积累起来构成准备金，用于以后的支付。在两全保险中，积累起来的准备金在保险期间届满时将等于保险金额。因此，两全保险具有很强的储蓄功能。正因为两全保险承担了双重的保险责任，生死合险的保险费率要比单纯的生存保险或死亡保险高。

（二）两全保险的种类

目前两全保险的业务种类很多，主要有：

1. 普通两全保险

普通两全保险是指无论被保险人在保险期内死亡还是生存至保险期满，保险人都给付保险金。

2. 双倍两全保险

双倍两全保险是指被保险人如果在保险期届满时生存，保险人给付一倍的保险金；若被保险人在保险期内死亡，保险人给付两倍的保险金。

3. 养老附加定期保险

养老附加定期保险是指被保险人如果在保险期届满时生存，保险人给付一倍的保险金；如果被保险人在保险期间内死亡，保险人按照生存保险金的若干倍给付保险金。

4. 联合两全保险

联合两全保险是指由两人或两人以上联合投保的两全保险。在保险期内，联合被保险人中的任何一人死亡时，保险人给付全部保险金，保险合同终止；如果在保险期内，联合被保险人中无一人死亡，保险期届满时保险人也给付保险金，保险金由全体被保险人共同受领。

拓展阅读

国寿安享一生两全保险（分红型）

投保范围 凡出生30日以上、55周岁以下，身体健康者均可作为被保险人，由本人或对其具有保险利益的人作为投保人向保险公司投保本保险。

交费方式 5年分期交付。

保险期间 保险合同生效之日起至被保险人年满70周岁的年生效对应日止。

三种保障 ①疾病生命保障：疾病身故保险金=年交保险费×身故时的交费年度数×105%；②意外生命保障：意外身故保险金=年交保险费×身故时的交费年度数×200%；③巨灾生命保障（涵盖地震、洪水、台风、海啸、泥石流、滑坡六种重大自然灾害）：重大自然灾害意外身故保险金=年交保险费×身故时的交费年度数×300%。

两笔返还 被保险人生存至第10、第15个年生效对应日，保险公司分别按所交保险费（不计利息）的40%、60%给付生存保险金。

一生关爱 保险费返还后仍继续提供保障与红利，直至70周岁。

投保示例 30岁的钱先生家庭和满、事业有成，今年刚刚有一个健康可爱的宝宝，是一位人人羡慕的好丈夫、好爸爸。钱先生认为家人的幸福安康才是人生最大的财富，如何保证家人在风险来临时仍然从容淡定，经过认真比较，他为自己购买了"国寿安享一生两全保险（分红型）"，每年投入2万元，共交5年，累计投入10万元。钱先生将获得的保险利益如下：

生存返还：生存至40周岁保险单生效年对应日返还4万元。

生存至45周岁保险单生效年对应日返还6万元。

高额保障：疾病身故保障105 000元。

意外身故保障：200 000元。

重大自然灾害意外身故保障：300 000元。

累积红利：假定中等红利水平，40年累积红利41 675元。

四、寿险附加险

附加险又称为附加特约，在人身保险合同中以附加条款形式出现。人寿保险单常通过附加条款的形式扩展其对被保险人的保险保障。保险单附加条款使被保险人无须签订新的合同就可得到附加的多重保障。因此，这些附加条款使被保险人或保险单所有人得到更多利益。但需要注意的是，保险人可提供的附加条款不尽相同，需由投保人自行选择投保。

1. 保证可保性附加条约

保证可保性附加条约又称为保证加保选择权附加特约，即保险单所有人或投保人无须提供新的可保性证明，就可以在规定时间内重新购买一份一定保额的与原来相同保险责任的保险。该附加特约保证了被保险人具有可保性，而无论事实上是否真的具有可保性。通常，该附加特约规定保险单所有人或投保人购买的保险具有一定限制，如在规定的期限内可购买的保险保额有约定限制、购买时要求有约定事件的发生、对被保险人的年龄有限制等。在实际购买时，保险单所有人必须主动购买，否则保险单附加特约所规定的权利将会过期失效。

2. 免交保险费特约

免交保险费特约通常规定，如果被保险人在规定的年龄之前，因遭受意外伤害或疾病而完全丧失工作能力，则投保人可以在此期间免交所有保险费，而保险单继续有效。投保人只需在每次交费时增加一点保险费，就可以获得在被保险人丧失工作能力后的保险费免交优惠。通常，此类保险费特约可以附加在任何寿险保险单上，但保险费的免交须视具体的条款而定。如有些附加特约规定该条款只在遭受意外伤害时适用，或只获得免交主险保险费的优惠等。

3. 丧失工作能力收入补偿附加特约

该附加特约简称为收入补偿附加，是指如果被保险人完全丧失工作能力，将获得按期给付的每单位保额下一定金额的收入补偿保险金。该附加特约在履行时通常还有一些严格的约定，如被保险人必须在某确定的年龄之前完全丧失工作能力，并且有一段较长的等待期等。

4. 意外死亡附加特约

意外死亡附加特约为被保险人由于意外致死提供额外保障。该部分额外保障通常与主险的保额成比例增长，多数情况下与主险保额相等，因此又称为双倍补偿附加特约或双重保障意外死亡保险。意外死亡附加特约一般都规定许多除外责任及限制。例如：通常要求被保险人的死亡原因是直接的、独立于所有其他原因的意外的身体伤害；对于战争、危险运动、非法活动等引起的死亡往往为除外责任等。

5. 配偶及子女保险附加特约

该附加特约通常可附加在终身寿险中，为配偶及子女提供寿险保障。但与主险不同的是，该附加特约往往为定期险，保险金额按基本单位计算，并受到保险公司规定限额的约束，如附加的配偶及子女的保额为主险保额的一定比例，1/4 或 1/5。在该类附加特约中，主险被保险人死亡，子女可免交附加保险费；配偶死亡，可降低保险费或增加保额。

6. 生活费用调整附加特约

该附加特约规定，保险单的保险金额可以随着消费价格指数的变化而自动调整。通常情况是：保险人要求在消费价格指数增加一定比例时，保险金额自动增加相同比例，保险费也相应增加相同比例；但消费价格指数降低时，保额不变。当然，保险单所有人可以拒绝保额和保险费的增加，但也会导致该附加特约的终止。

子情境 3 年 金 保 险

知识解读

一、年金保险的概念

（一）年金

年金是有规则地定期收付一定款项的方法，即每隔一定的时间（如一年、一个季度、一个月等）间隔，有规则地收付款项。

日常经济生活中，年金随处可见。例如，银行的零存整取业务就是一种年金，对于存款者而言是支出年金，对于银行而言是收入年金。又如，单位每月对职工发放工资，若月工资固定不变，对单位而言就是支出年金，对职工而言就是收入年金。年金并非总以年为周期收付款项，实际上年、半年、季、月等都可以成为年金的周期，不过一般以年为周期。

（二）年金保险

年金保险是按年金的方法支付保险金的一种生存保险，即按合同的规定，在被保险人生存期间，每隔一定的周期支付一定的保险金给被保险人。在年金保险中，领取年金的人称年金受领人，保险人定期给付的金额称年金领取额（或称年金收入），投保人交付的保险费称年金购进额（或称年金现价）。

二、年金保险的作用和特点

（一）年金保险的作用

年金保险保险单具有现金价值，年金收入中不仅包括投保人交付的本金和利息，还包括期内死亡者的利益。同时，年金保险的保险费采取按月交费的方式，可以缓解支付压力，保证生活需要。基于上述优势，参加年金保险的主要作用就是为老年生活提供保障，为未成年人成长、学习、创业、婚嫁积累资金。年金保险也可以作为一种安全的投资方式，获得税收上的优惠。

（二）年金保险的特点

年金保险的特点主要有以下几个方面：①年金保险是生存保险的特殊形态，表现在保险金的给付采取年金方式，而非一次性给付。②年金保险保险单有现金价值，其现金价值随保险单年度的增加而增加，至交费期结束时，现金价值为最高。③年金保险有积累期（或交费期）和清偿期（或给付期）的规定，有的年金保险还有等待期规定。积累期是指年金保险资金积累时期或投保人分期交纳保险费的期间。清偿期是指保险人向年金受领人给付年金的期间。等待期是指交费结束后至开始给付保险金的期间。

（三）年金保险与普通人寿保险的区别

1. 保险金给付条件不同

在普通人寿保险中，以被保险人的死亡作为给付保险金的条件，而在年金保险中则以被保险人或年金受领人生存作为保险金给付条件。

2. 保险保障的功能不同

普通人寿保险的主要功能在于为受益人积累资金，作为抚养遗属的费用，年金保险则是积累资金供被保险人养老之用。

3. 承保方式不同

由于年金保险对保险人而言承担的是生存风险，因此，在承保时保险人对被保险人的健康等核保事项要求不严。在死亡保险中，为了更好地控制死亡率，防止逆选择，除了要求严格的体检外，保险人还需要考虑被保险人的职业、健康、居住环境甚至个人的嗜好等。

4. 承保的风险性质不同

普通人寿保险承保死亡风险，被保险人随着年龄增长，死亡率也逐年增高，保险人支付保险金的概率也增大；年金保险是为了分摊被保险人因为生存过久需要大额养老费用的经济负担，随着被保险人年龄的增长，保险人支付年金的概率减小。

5. 保险期限的内涵不同

普通人寿保险中，保险人只对保险期间发生的保险事故承担保险责任，保险期满，保险合同终止。年金保险中除了即期年金外，都有一个积累期和清偿期。积累期是保险费交纳期，即年金保险现金价值积累时期，存在于年金开始给付之前。清偿期是指向年金受领人支付年金的时期。年金保险的保险期限届满并不是合同的终止日期，而是合同积累期满日，除了一次性领取外，合同则进入了清偿期，只要被保险人生存，保险人就要承担给付责任。

三、年金保险分类

（一）依性质划分的年金种类

1. 商业年金

商业年金是指由商业保险机构经办的年金，包括个人年金和企业年金两类。

2. 社会年金

社会年金（国民年金）是指由政府采用强制性手段开办的年金。各国由于社会制度、历史传统、经济发展水平的差异，所开办的年金也有所不同，但其最基本的形式都是老年生活保障，即社会养老保险。

（二）依承保业务种类划分的年金种类

1. 个人年金

个人年金是指面向个人、以个人为承保对象的年金，一张保险单只为一个人或几个人提供保险保障。

2. 团体年金

团体年金是指面向团体、以团体中的成员为承保对象的年金，一张保险单为众多人提供保险保障。

（三）依交费方式划分的年金种类

1. 趸交年金

趸交年金又称交费年金，是指投保人购买年金时一次交清保险费，于约定时期开始后，按期由年金受领人领取年金的保险。

2. 分期交年金

分期交年金是指购买年金后由投保人采取分年、半年、季或月交纳保险费的方式，于约定时期开始后，按期由年金受领人领取年金的保险。

3. 分期交弹性年金

分期交弹性年金（浮动保险费年金）是指年金保险费由投保方采取分期弹性交付方式，即投保人可以在供选择的最低与最高保险费限额之间交付保险费，每年交纳的保险费可以不同，也可以不交，只要所交的保险费在契约规定的范围内就行。

分期交弹性年金通常为艺术家、作家所购买，因为他们每年的收入不固定，可能很多，也可能很少。这样，高收入的年份多交一些，低收入的年份少交一些，进而维持一个较理想的年金数额。由于交费的不确定性，每年所交的保险费无法事先得知，所以，年金的给付数额也无法事先确定，只有到保险费交付期结束时年金受领人才能知道每次领取的年金数额。

（四）依给付起始时间划分的年金种类

1. 即期年金

即期年金也称为即时年金，是指从购买年金之日起，满一个年金期间就开始给付的年金。年金期间一般为1年或1个月，所以，即期年金又可分为年末付和按月付两种。年末付是在订立合同后满一年时开始给付第一次年金，按月付是在订立合同后的次月起给付第一次年金。由于即期年金在购买后不久就开始给付，所以其保险费通常是趸交的。

2. 延期年金

延期年金又称为延付年金，是即期年金的对称，是指在购买年金之后经过一段较长时间（通常是几年或几十年）才开始给付的年金。例如，某人30岁时购买了年金保险，约定于60岁时开始领取年金，则从投保时算起，经过30年的等待期才开始领取年金。投保延期年金，保险费的交纳可以采取趸交的方式，也可以采取分期交的方式。

（五）依有无保证（退费）划分的年金种类

1. 无保证年金

（1）无保证终身年金。无保证终身年金以被保险人的生存为合同有效条件和年金给付条件，被保险人死亡时，保险公司免除所有的偿还给付责任，既不退还保险费，也不退还所交保险费的积存值与实际领取年金的差额。

例如，被保险人40岁时购买无保证终身年金保险，约定从60岁起领取年金，那么只要被保险人一直生存就一直领取保险金，反之，如果被保险人死亡则停止领取年金。由于这种年金的非清偿性，所以如果生存时间较长，交纳同样的保险费比其他年金享有更大的保险保障，也就是年金给付金额大。这种年金适合于那种需要退休收入又没有任何抚养责任而且身体健康的人购买。

（2）无保证定期年金。这种年金是自保险合同订立后经过一定时期才开始给付，而且只有在一定期限内被保险人生存的条件下才给付的年金。例如，被保险人40岁时购买无保证定期年金保险，约定从60岁起领取年金，给付期限为10年。那么当被保险人生存至60岁时领取年金。被保险人在70岁前死亡，保险人停止支付年金；被保险人在70岁以后依然生存，保险人也停止支付年金。

2. 保证年金

保证年金是为了防止被保险人在领取年金的早期死亡所带来的损失而设计的年金险种。保证年金有以下几种形式：

（1）延期终身保证年金。这实际上是一种附有保证期的终身年金，年金自保险合同订立后经过一定时期开始给付，保证期自年金给付时算起。如果被保险人在保证期内死亡，则保险人继续向被保险人指定的受益人支付年金，直到保证期结束。如果被保险人在保证期后依然生存，则保险人继续给付年金，直到被保险人死亡为止。例如被保险人 40 岁时投保延期终身保证年金，约定从 60 岁起开始领取年金，保证期为 10 年。若被保险人 65 岁死亡，则保险人要向被保险人指定的受益人给付 5 年的年金。

延期终身保证年金是目前最为流行的一种终身年金。

（2）还本终身年金。还本终身年金是指能够从保险公司得到的给付不少于已经交纳的保险费的年金。当投保人向保险公司交纳的保险费总额大于被保险人领取的年金时，保险公司退还其差额。依退还方式不同，还本终身年金分为两种：一种是分期退还年金，被保险人死亡时，如果所交保险费总额大于已给付年金的数额，则保险公司继续对受益人给付年金，直到此项差额消除为止；另一种是以现金一次性退还年金，被保险人死亡时，如果所交保险费总额大于已给付年金的数额，其差额以现金形式一次性给付受益人。

（3）延期定期保证年金。这种保险保证期自年金给付开始算起，如果被保险人在保证期内死亡，保险人继续向被保险人指定的受益人给付年金，直到保证期结束。例如，被保险人从 40 岁起投保延期定期保证年金，约定于被保险人 60 岁开始领取年金，给付期为 20 年，保证期为 10 年。如果被保险人于 65 岁时死亡，保险人要继续向其受益人支付 5 年年金；如果被保险人生存到 90 岁，那么从 80 岁起就不能再领取年金了。

拓展阅读

泰康永福人生年金保险（分红型）

这是专门为家庭储备子女教育金、婚嫁金、个人养老金等中长期理财目标而设计的一款稳健增值的分红型保险产品，具有强制储蓄、保本增值的功能。投保年龄为 0～60 周岁。

交费方式　趸交、5 年交或 10 年交。

领取时间　生效后 15 年、20 年或至 55 周岁、60 周岁。

起售份数　每份 1 000 元，最低 3 份起售，上不封顶。

核保要求　无需体检、无职业加费。

产品特色　①教育养老两不误，专款专用更安全；定期交费，减少感性消费和盲目投资，专款专用，储备人生不同阶段的生活备用金；确保专项资金更安全。②自由选择领取年期，自主设定领取方式（年领、月领、一次性领）；年金保证领取 20 年，如果被保险人不幸身故，由其受益人领取未领取的年金余额。③红利增值稳中赢，从容规划幸福延；分享保险公司的经营成果，在年金领取期间内继续分红，留存在公司的红利以复利方式累积生息。

投保示例

（1）储备教育金。王先生的儿子不足 1 岁，夫妇二人希望孩子能够接受良好的教育，拥有美好的未来。因此，为儿子投保永福人生，每年存 1 万元，共存 10 年，可获得以下利益，见表 3-1。

表 3-1 王先生儿子可获利情况

15～34 岁	34 岁时累积红利	利益合计
每年固定领取 6 700 元×20 次=134 000 元	低：18 242 元	低：152 242 元
	中：72 950 元	中：206 950 元
	高：127 662 元	高：261 662 元
到约定年期 15 岁时也可选择一次性领取，一次性领取后本保险终止		
注：实际派发红利视保险公司实际经营状况而定		

（2）储备养老金。王先生今年 40 岁，为自己的退休生活做准备。因此，投保永福人生，每年存 2 万元，共存 10 年，选择 60 岁开始领取养老金，可获得以下利益，见表 3-2。

表 3-2 王先生可获利情况

60～79 岁	79 岁时累积红利	利益合计
每年固定领取 14 940 元×20 次=298 800 元	低：52 914 元	低：351 714 元
	中：211 680 元	中：510 480 元
	高：370 426 元	高：669 226 元
到约定年期 60 岁时也可选择一次性领取，一次性领取后本保险终止		
注：实际派发红利视保险公司实际经营状况而定		

（六）依被保险人人数划分的年金种类

1．单人年金

它是指一个人单独购买年金，并以本人的生存为受领条件的年金保险。单人年金又称单一年金、单生年金。

2．连生与最后生存者年金

它以两个或两个以上的自然人为保险对象，只要其中有一人生存，就按全部被保险人生存时相同的金额给付，直到全部受领人死亡为止。已婚夫妇通常购买这种年金，但由于保险人支付年金数额大，所以保险费也比较昂贵。

连生与最后生存者年金的修正形式是采取减额给付方式，即当第一个年金受领人死亡之后，另外的存活者以减额方式继续领取年金，直到死亡为止。减额的方式分为按原来的 3/4、2/3、1/2 三种。采取减额的原因是：一人死亡后若另一人仍以以前金额领取，会超过一人所需；节约成本，减轻投保者的保险费负担。

3．连生共存年金

它是以两位被保险人同时生存为给付条件，当其中一人死亡，即停止全部年金给付。这种年金较为便宜，但市场有限。

（七）依年金金额是否可变划分的年金种类

1．定额年金

人们认购年金的目的不一定完全相同，不同保险单所有人对财务风险的承受能力也会有差异。为此，保险公司往往为年金购买者提供两种选择：一是保证年金基金至少按预定利率增值，二是不保证年金基金的增值率。前一种是固定给付年金，即定额年金，在全部年金受领期间，年金额始终不变。

如果购买的定额年金为即期年金，那么定期给付金额在签单时就是已知的，因为购买即期年金的保险单所有人需依此交清保险费，保险人就可根据所收取的保险费计算出相应的定期给付金额数。

如果购买的定额年金为延期年金，那么年金保险单会包含一张年金价值表，列出每100元累积价值对应的保证定期给付金额，也是最低的给付金额。它是根据在交费期内所交保险费和预定利率计算出来的，所以也是较保守的。如果保险人的实际投资收益高于预定利率，给付金额往往就会高于最低保证水平。

2．变额年金

变额年金是指保险单的累积价值和每月给付金额随分立账户的业绩上下浮动的年金。

（八）依年金的给付在期首还是在期末划分的年金种类

1．期首付年金

期首付年金是每逢周期开始时给付的年金。

2．期末付年金

期末付年金是每逢周期终了时给付的年金。

拓展阅读

税延型商业养老保险试点

2018年4月12日，财政部、国家税务总局、人力资源和社会保障部、中国银行保险监督管理委员会、中国证监会五部门联合发布《关于开展个人税收递延型商业养老保险试点的通知》（以下简称《通知》）。根据《通知》，自2018年5月1日起，在上海市、福建省（含厦门市）和苏州工业园区实施个人税收递延型商业养老保险试点，试点期限暂定一年。

《通知》指出，对试点地区个人通过个人商业养老资金账户购买符合规定的商业养老保险产品的支出，允许在一定标准内税前扣除；计入个人商业养老资金账户的投资收益，暂不征收个人所得税；个人领取商业养老金时再征收个人所得税。

《通知》对个人交费税前扣除标准做出了具体规定，取得工资薪金、连续性劳务报酬所得的个人，其交纳的保险费准予在申报扣除当月计算应纳税所得额时予以限额据实扣除，扣除限额按照当月工资薪金、连续性劳务报酬收入的6%和1 000元孰低办法确定。

取得个体工商户生产经营所得、对企事业单位的承包承租经营所得的个体工商户业主、个人独资企业投资者、合伙企业自然人合伙人和承包承租经营者，其交纳的保险费准予在申报扣除当年计算应纳税所得额时予以限额据实扣除，扣除限额按照不超过当年应税收入的6%和12 000元孰低办法确定。

值得关注的是，《通知》对于个人领取商业养老金征税也做了具体规定，对个人达到规定条件时领取的商业养老金收入，其中25%部分予以免税，其余75%部分按照10%的比例税率计算交纳个人所得税，税款计入“其他所得”项目。

在试点期间商业养老保险产品及管理方面，《通知》要求个人商业养老保险产品按稳健型产品为主、风险型产品为辅的原则选择，采取名录方式确定。试点期间的产品是指由保险公司开发，符合“收益稳健、长期锁定、终身领取、精算平衡”原则，满足参保人对养老账户资金安全性、收益性和长期性管理要求的商业养老保险产品。

子情境4 特种人寿保险

知识解读

一、简易人寿保险

（一）简易人寿保险的概念

简易人寿保险习惯上称为简身险，它是一种小额、免验体格、适合一般低工资收入者的人寿保险。其保险责任为两全保险附加意外伤害保险。此保险于19世纪50年代起源于英国，后来逐渐流传到其他国家。简身险不仅收费低，而且在收费方式上照顾到劳动者领取工资收入的情况，按领取工资的周期定期上门收费，所以交费方式有年交、季交、月交。简身险分年龄组别按份计算保额和保险费，每一份简身险的保额虽小，但被保险人可以根据自己的需求和经济状况投保若干份，非常灵活。

（二）简易人寿保险的特点

1．保险期限、保险费、保险金额及被保险人的年龄组别（档次）采取固定格式、标准化

保险期限的标准化体现为一般只规定几种保险期限，就我国现行简身险条款而言，其保险期限分别为5年、10年、15年、20年及30年5种，投保人只能根据被保险人的年龄，在不超过期满最高年龄（我国确定为70岁）的情况下，可在上述的保险期限中自行选择。保险费的标准化则体现在其保险费按份计算上。不论年龄和保险期限的长短，每份简身险保险费均相同。保险金额的标准化反映在该险采取按同一数额的保险费来确定几个年龄组别的保险金额，即把年龄相近的人合并为一组（共七组），取最接近该组平均死亡率的年龄作为计算该组保险金额的依据，所以只要保险期限相同，该年龄组别

的保险金额就是相同的。

2．低保额、低保险费、交费次数频繁

参加简身险的投保人一般为低工资收入者，为适应投保人的需求，简身险实行低保额、低保险费和按周期交纳保险费的办法，为了与投保人领取工资的周期一致，一般采取按月交纳保险费的方式，保险期限最短也需5年。因此，频繁的交费次数和期限的长期性，要求灵活方便的收、交费方法以及科学严密的内部管理，以保证此项业务健康发展。

3．免验体

由于简身险每份保额较低，一般都免予身体检查，只是为了防止逆选择，保险公司在接受投保申请时必须注意对被保险人的健康条件进行审查，对不符合承保条件的被保险人不予承保或以弱体承保方式加以限制。

4．保险费率不同于普通寿险

由于简身险承保面广，被保险人人数众多，保险期限长，业务分散，就承保和收费而言，工作量大且采取上门收费，需要投入较多的人力、物力，因此管理费用开支较大。在国外，简身险采取不同于普通寿险的生命表，而这种生命表的死亡率高于普通寿险。综合上述两个因素，简身险保险费率不同于普通寿险，我国简身险不采取高于普通寿险死亡率的生命表，并且附加费征收标准也较低，因此，我国简身险的费率与国际上相比较还是较低廉的。

（三）简易人寿保险的种类

保险公司办理简易人寿保险业务，保额小、收费次数多，而且在大多数情况下要上门收费，上门续保，所以开办的种类较少。简易人寿保险的种类一般有：①定期保险，期限为15年或20年。②限期交费（20年交清或交至75岁止）终身寿险。③联合终身寿险，需夫妻二人同时投保，限期交费。④两全保险，在保险期内被保险人何时死亡都给付保险金，而且在被保险人生存期内每5年或每7年满期时都给付一次保险金。只要被保险人活着并继续交纳保险费，保险单就继续有效，直至最后付讫死亡保险金为止。

（四）简易人寿保险合同的主要条款

（1）投保条件：凡年满16～65周岁，身体健康，能正常劳动或工作，即符合全勤劳动和工作条件的人，均可投保。

（2）期限：分为5年、10年、15年、20年、30年5种，被保险人投保时可自行选择，选择后中途不得变更。

（五）保险费和保险金额

在大多数情况下，简易人寿保险是按保险费单位出售，而不是按保险金额单位出售，如以5美元保险费单位出售一份简易人寿保险。对每一保险单或每一被保险人的保险金额有最高额限制。例如，在美国通常为每张保险单或每位被保险人最高保险金额为5 000美元，而我国则限制为最高保额人民币10 000元。

（六）投保手续

被保险人本人或经其同意，其配偶、直系亲属和与其有抚养关系的人都可作为投保人，按保险公司规定填写投保单，据实告知被保险人的投保年龄和健康状况，并交纳一定的保险费，经保险公司审核后，发给保险单证。

（七）保险责任

①被保险人生存到保险期满，给付保险金全数。②被保险人在保险期限内因疾病或意外伤害事故而致身故，给付保险金全数。③高残给付保险金全数，并从确定发生时间的次月起，保险费全数免交。④因意外伤害事件而致一目失明或一肢永久残疾，给付保险金半数，保险单继续有效，并从确定发生保险时间的次月起，保险费半数免交。⑤因意外伤害事件造成上述③、④两项以外的伤害，以致永久丧失劳动能力、身体机能，或永久丧失部分劳动能力、身体机能，均按丧失程度给付全部或部分保险金。

（八）除外责任

下列各项不属于保险责任：被保险人自杀或自残；在犯罪过程中造成的死亡或残疾；由战争和军事行动导致的死亡或残疾。

二、弱体保险

（一）弱体保险的概念

弱体保险又称为次健体保险或非标准体保险，相对于标准体保险和健康体保险而言，它是指被保险人存在超过风险（即为弱体）时，保险人用特殊的方法予以承保的人寿保险。弱体保险的基本原理与前述普通寿险的基本原理一致，所不同的只是被保险人为弱体，不能用标准费率予以承保，只能采用特殊的方法予以承保。

弱体是指存在某种缺陷的人。这些缺陷主要包括以下几种：①现有的医理缺陷，如超重、异常高血压、严重的心脏病等；②可能影响寿命的以往的医理缺陷；③家族病史中有遗传病的；④有特别伤害危险或作业条件有碍健康的职业；⑤居住环境恶劣者，主要指卫生、气候环境。

只要掌握了弱体团体的期望死亡率，并且有足够的人投保，保险人就能予以承保。弱体保险使保险保障的范围得以扩大，使被普通寿险排除在外的人们获得保障机会，这对于被保险人和保险人都是非常有利的。

（二）超过风险的分布

在讨论弱体承保的方法之前，须先对弱体的情形进行分析，这是因为不同的情形适用的方法有别。超过风险的分布是指弱体团体的超过风险发生在哪一年龄阶段。一般来说，弱体可分为三种：①均衡型。超过风险不因年龄而异，大致相同，如职业上的超过风险。②递增型。超过风险随年龄的增大而增大，如超重或心脏病。③递减型。与递增型相反，其超过风险随年龄的增大而减小。

无论哪一群体，在达到一定年龄（70 或 75 岁）后的死亡率与一般人的死亡率是一致的，因为在人达到高龄以后还仍然存在的超过风险是不多见的。

小资料

超过风险

属于弱体风险类别的人在健康和其他方面存在缺陷，致使他们的预期寿命低于正常的人，因此在投保人寿保险的时候其风险比标准体要大，这种弱体风险超过标准体的风险就叫超过风险，对他们应按照高于标准的费率予以承保。

（三）弱体承保的方法

1．增龄法

增龄法是指承保时，将被保险人的年龄比实际年龄提高若干岁。例如，35 岁的弱体投保，保险人承保时按 40 岁的标准费率征收保险费。这种方法简单方便，但只能适用于超过风险是递增型的，而且是随年龄增加而无限增大的情形，实际上呈现如此超过风险的疾病或障碍是极为少见的。

2．定额特别保险费法

这种方法是按强体保险承保，但只要超过风险存在，另外收取定额特别保险费（如每千元保额征收 5 元特别保险费），用以弥补各年超过风险的附加经费。这种方法适用于均衡型的超过风险。

3．保额削减法

保险人按正常费率承保，但在合同中说明，从合同生效起的一定时期内，要削减保险金额，如果被保险人在削减期内死亡，保险人只能按削减后的保额进行给付；若超过了削减期死亡，保险人则按保险金额进行给付，削减的期间和削减的额度视被保险人缺陷程度而定。这种方法适用于递减型的超过风险。

三、团体人寿保险

团体人寿保险是用一张总的保险单对一个团体的成员及其生活依赖者提供人寿保险保障的保险。在团体人寿保险中，投保人是团体组织，被保险人是团体中的在职人员。一般来讲，“团体组织”作为投保人，组织在职人员集体投保，团体应为社会团体、企事业单位等独立核算的单位组织；“在职人员”是指在投保单位领取工资的正常工作人员，已退休、退职的人员不应参加团体保险；临时工、合同工虽然不是投保单位的正式职工，若单位要求投保，保险人也可以接受。

子情境5 创新型人寿保险

知识解读

一、分红保险

（一）分红保险的概念

分红保险是指保险公司将其实际经营成果优于定价假设的盈余，按一定比例向保险单持有人进行分配的人寿保险。这里的保险单持有人是指按照合同约定，享有保险合同利益及红利请求权的人。分红保险、非分红保险以及分红保险产品与其附加的非分红保险产品必须分设账户，独立核算。分红保险采用固定费用率的，其相应的附加保险费收入和佣金、管理费用支出等不列入分红保险账户；采用固定死亡率方法的，其相应的死亡保险费收入和风险保额给付等不列入分红保险账户。

（二）分红保险的主要特点

1. 保险单持有人享受经营成果

分红保险不仅能够获得合同规定的各种保障，同时，保险公司每年要将经营分红险种产生的部分盈余以红利的形式分配给保险单持有人。目前，中国银保监会规定保险公司应至少将分红业务当年度可分配盈余的70%分配给客户。这样，投保人就可以与保险公司共享经营成果，与不分红保险相比增加了投保人的获利机会。

2. 客户承担一定的投资风险

由于每年保险公司的经营状况不一样，客户所能得到的红利也会不一样。在保险公司经营状况良好的年份，客户会分到较多的红利。但如果保险公司的经营状况不佳，客户能分到的红利就会比较少，甚至没有。因此，分红保险使保险公司和客户在一定程度上共同承担了投资风险。

3. 定价的精算假设比较保守

寿险产品在定价时主要以预定死亡率、预定利率和预定费用率三个因素为依据，这三个预定因素与实际情况的差距直接影响寿险公司的经营成果。对于分红保险，由于寿险公司要将部分盈余以红利的形式分配给客户，所以在定价时对精算假设估计较为保守，即保险单价格较高，从而在实际经营过程中可能产生更多的可分配盈余（分红）。

4. 保险给付、退保金中含有红利

分红保险的被保险人身故后，受益人在获得投保时约定的保额的同时，还可以得到未领取的累积红利和利息。在满期给付时，被保险人在获得保险金额的同时，还可以得到未领取的累积红利和利息。分红保险的保险单持有人在退保时得到的退保金也包括保险单红利及其利息。

（三）保险单红利

分红产品从本质上说是一种保户享有保险单盈余分配权的产品，即将寿险公司的盈余，如死差益、利差益、费差益等，按一定比例分配给保险单持有人。分配给保户的保险单盈余，也就是我们所说的保险单红利。

1．利源

分红保险的红利，实质上是保险公司盈余的分配。盈余就是保险单资产份额高于负债的那部分价值。每年，由公司的精算等相关部门计算盈余中可作为红利分配的数额，并由公司董事基于商业判断予以决定，此决定分配的数额称为可分配盈余。盈余（或红利）的产生是由很多因素决定的，但最为主要的因素是死差益、利差益和费差益。

除了以上三个主要因素以外，还有其他的盈余来源：失效收益；投资收益及资产增值；残疾给付、意外加倍给付、年金预计给付额等与实际给付额的差额；预期利润。寿险合同中途失效时，保险公司支付给保险单持有人的解约金小于保险单所积存的资产份额。

2．红利分配

《个人分红保险精算规定》中要求：红利的分配应当满足公平性原则和可持续性原则；保险公司每一会计年度向保险单持有人实际分配盈余的比例不低于当年可分配盈余的70%。红利分配有两种方式：

（1）现金红利分配。现金红利分配是指直接以现金的形式将盈余分配给保险单持有人。保险公司可以提供多种红利领取方式，如现金、抵交保险费、累积生息以及购买交清保额等。采用累积生息的红利领取方式的，红利累积利率的有效期至少为 6 个月。

（2）增额红利分配。增额红利分配是指在整个保险期内每年以增加保额的方式分配红利，增加的保额作为红利一旦公布，不得取消。采用增额红利分配方式的保险公司可在合同终止时以现金方式给付终了红利。

拓展阅读

分红保险放开费率限制

2015 年 9 月 28 日，保监会召开新闻发布会，下发了《关于推进分红型人身保险费率政策改革有关事项的通知》，分红保险费率改革正式启动。根据该通知，从 10 月 1 日起，分红型人身保险的预定利率由保险公司自行决定。对于普通的投保人来说，这次改革带来了切实的好处：不仅费用降了，而且收益也增加了。根据保监会的测算，预计改革后的分红保险产品价格平均下降 15%以上，改革后分红保险产品首年最低现金价值较原来普遍提高 20%以上。

分红保险的分红情况和投保人的预期存在较大差异一直是保险投诉的大头。针对此现象，该通知规定，保险公司应当在分红保险说明书中用醒目字体标明保险单的红利水平是不保证的，在某些年度红利可能为零。此外，该通知要求对于保险公司在售的分红保险产品，如果连续 3 年实际分红水平达不到中档红利演示水平的，保险公司必须下调相关产品的中、高档红利演示水平，下调后的中、高档红利演示水平不得高于公司近 3 年实际平均分红水平。

二、投资连结保险

（一）投资连结保险的定义

在我国，投资连结保险是指包含保险保障功能并至少在一个投资账户拥有一定资产价值的人身保险产品。投资连结保险的投资账户必须是资产单独管理的资金账户。投资账户应划分为等额单位，单位价值由单位数量及投资账户中资产或资产组合的市场价值决定。投保人可以选择其投资账户，投资风险完全由投保人承担。除有特殊规定外，保险公司的投资账户与其管理的其他资产或其投资账户之间不得存在债权、债务关系，也不承担连带责任。

投资连结保险产品的保险单现金价值与单独投资账户（或称“基金”）资产相匹配，现金价值直接与独立账户资产投资业绩相连，没有最低保证。大体而言，独立账户的资产免受保险公司其余负债的影响，资本利得或损失一旦发生，无论其是否实现，都会直接反映到保险单的现金价值上。不同的投资账户，可以投资在不同的投资工具上，如股市、债券和货币市场等。投资账户可以是外部现有的，也可以是公司自己设立的。除了各种专类基金供投保人选择外，由寿险公司确立原则，组合投资的平衡式或管理式基金也非常流行。在约定条件下，保险单持有人可以在不同的基金间自由转换，而不需支付额外的费用。

中国银保监会认可的投资连结保险产品具备的特点包括：该产品必须包含一项或多项保险责任；该产品至少连结到一个投资账户上；保险保障风险和费用风险由保险公司承担；投资账户的资产单独管理；保险单价值应当根据该保险单在每一投资账户中占有的单位数及其单位价值确定；投资账户中对应某张保险单的资产产生的所有投资净收益（损失），都应当划归该保险单；每年至少应当确定一次保险单的保险保障；每月至少应当确定一次保险单价值。

《个人投资连结保险精算规定》中还规定：“投资连结保险产品及投资账户均不得保证最低投资回报率。”“在保险合同有效期内，风险保额应大于零。”

（二）投资连结保险的主要特点

1. 投资账户设置

投资连结保险均设置单独的投资账户。保险公司收到保险费后，按照事先的约定将保险费的部分或全部分配入投资账户，并转换为投资单位。投资单位是为了方便计算投资账户的价值而设计的计量单位。投资单位有一定的价格，保险公司根据保险单项下的投资单位数和相应的投资单位价格计算其账户价值。

2. 保险责任和保险金额

投资连结保险作为保险产品，其保险责任与传统产品类似，不仅有死亡、残疾给付，生存领取等基本保险责任，一些产品还加入了豁免保险费、失能保险金、重大疾病等保险责任。

在死亡保险金额的设计上，存在两种方法：一种是给付保险金额和投资账户价值两者较大者（方法A）；另一种是给付保险金额和投资账户价值之和（方法B）。方法A的死亡给付金额在保险单年度前期是不变的，当投资账户价值超过保险金额后，随投资账户价值波动。方法B的死亡给付金额随投资账户价值而不断波动，但风险保额（死亡给付金额与投资账户价值之差）保持不变。

3．保险费

目前投资连结保险大多引入了一定的灵活交费机制，但在设计方式上还是有所不同。一种方式是在固定交费基础上增加保险费假期（Premium Holiday），允许投保人不必按约定的日期交费，而保险单照样有效，避免了因为超过 60 天宽限期而致的失效。另外，还允许投保人在交纳约定的保险费外，可以随时再支付额外的保险费，增加了产品的灵活性。另一种方式是取消了交费期间、交费频率、交费数额的概念。投保人可随时支付任意数额（有最低数额的限制）的保险费，并按约定的计算方法进入投资账户，这种方式对客户的灵活性最高，但保险公司对保险费支付的可控性及可预测性降低，同时也提高了对内部操作系统的要求。

4．费用收取

与传统非分红保险及分红保险相比，投资连结保险在费用收取上相当透明。保险公司扣除的费用应详细列明费用的性质和使用方法。根据银保监会的规定，投资连结保险产品仅可收取以下费用：①初始费用，即保险费进入个人投资账户之前所扣除的费用。②买入卖出差价，即投保人买入和卖出投资单位的价格之间的差价。③风险保险费，即保险单风险保额的保障成本。风险保险费应当通过扣除投资账户单位数的方式收取，其计算方法为风险保额乘以预定风险发生率的一定百分比，该百分比不得大于 100%。其中，预定死亡率应当采用中国人寿保险业经验生命表所提供的数据。④保险单管理费，即为维持保险合同有效向投保人收取的服务管理费用。该项费用在首年度与续年度可以不同。⑤资产管理费，按账户资产净值的一定比例收取。该比例每年不得超过 2%。⑥手续费，保险公司可在提供部分领取和账户转换等服务时收取，用以支付相关的行政费用。⑦退保费用，即在中途退保或部分领取时收取的费用，用以弥补尚未摊销的保险单获取成本。退保费用的收取不得高于投保人持有单位价值或者部分领取对应的单位价值的以下比例（见表 3-3）。

表 3-3　退保费用的收取比例与保险单年度对应关系

保险单年度	比　例
第 1 年	10%
第 2 年	8%
第 3 年	6%
第 4 年	5%
第 5 年	2%
第 6 年及以后	0

拓展阅读

中美大都会钱程似锦投资连结保险

产品特点　①高保障：如果被保险人于合同有效期内身故或全残，保险公司将给付身故或全残保险金。②专家助理财：保险公司将为每一位客户建立个人账户，客户所交纳的保险费由中美大都会人寿保险有限公司的专业团队进行规模投资，让客户坐享专业投资团队带来的投资收益。③资金运作灵活：客户可以根据自己的需要随时增加投资金额或领取个人账户价值，客户的资金在扣除初始费用、风险保险费、保险单管理费和资产管理费后全部用于投资，资金运作灵活方便。④账户运作透明：保险公司一般于每个工作日对投资账户价值进行评估，并同时宣布每个投资账户的投资单位价格，让客户随时了解自己的财富价值。⑤账户信息公开：客户所交保险费的运用情况均在保险合同中说明，费用流向清晰、透明；并在每个保险单年度结束后寄送保险单年度个人账户价值对账单，详细列明个人账户价值等各项信息，让客户及时、全面地掌握个人账户动态，明明白白投资，安安稳稳收益。⑥领取操作简便：客户可随时根据个人的财务需求，依照保险条款规定以书面形式向保险公司申请部分领取个人账户价值，以满足客户不时之需。

投保事项 出生满30天～70周岁的人士均可投保。

保障期间 终身。

保险费交纳 保险费分为基本保险费、期交额外保险费和一次性交付额外保险费：基本保险费与期交额外保险费之和为期交保险费，期交保险费每年交付一次；一次性交付额外保险费可随时交纳。

保险责任 身故保险金=基本保险金额+个人账户价值

全残保险金=基本保险金额+个人账户价值

基本保险金额 保险公司合同所载基本保险金额由客户与保险公司于投保时约定。客户可随时调整基本保险金额，但在第1个至第10个保险单年度内不得低于保险公司规定的最低基本保险金额。被保险人60岁后，基本保险金额最高为人民币10 000元。

保险费缓交 自客户交纳第一期保险费后，保险公司合同有应交未交的保险费，保险公司合同个人账户价值大于人民币1 000元，则合同将持续有效。但客户的个人账户价值不得低于人民币1 000元。

个人账户 个人账户是指为履行本投资连结保险产品的保险责任，根据中国银行保险监督管理委员会的有关规定，为明确客户的权益而为客户设立的单独账户。

个人账户价值=∑（各投资账户的投资单位数×投资单位该日的卖出价）

个人账户于个人账户建立日的24时起设立，客户的个人账户价值不得低于人民币1 000元。

投资账户 中美大都会人寿保险有限公司目前设立5个投资账户供选择(见表3-4)，未来会根据客户的需求增设新的投资账户。

表3-4 中美大都会人寿保险有限公司5个投资账户情况

账户	名称	投资比例		风险水平	收益水平
		90%～100%	0～10%		
账户1	货币型基金投资账户	货币市场基金	银行存款及现金	较低	较低
账户2	债券型基金投资账户	债券型基金	银行存款及现金	较低	较低
账户3	混合偏债型基金投资账户	债券型和混合型基金	银行存款及现金	适中	适中
账户4	混合偏股型基金投资账户	混合型基金	银行存款及现金	适中	适中
账户5	股票型基金投资账户	股票型基金	银行存款及现金	较高	较高

投保示例 王先生，30周岁，投保中美大都会人寿保险有限公司钱程似锦投资连结保险。基本保险金额20万，基本保险费6 000元，期交额外保险费2 000元，交费期10年，一次性交付额外保险费10 000元；所交保险费的投资账户分配比例为货币型基金投资账户0%，债券型基金投资账户10%，混合偏债型基金投资账户40%，混合偏股型基

金投资账户 40%，股票型基金投资账户 10%；在不存在部分领取个人账户价值的情况下，个人账户价值演示见表 3-5。

表 3-5 个人账户价值演示 （单位：元）

保险单年度末	累计已交保险费	保险单年度末个人账户价值								
		年收益率（低）			年收益率（中）			年收益率（高）		
		个人账户价值	身故/全残保险金	退保价值	个人账户价值	身故/全残保险金	退保价值	个人账户价值	身故/全残保险金	退保价值
1	18 000	14 611	214 611	13 150	14 773	214 773	13 296	14 938	214 938	13 444
2	26 000	20 935	220 935	19 260	21 334	221 334	19 627	21 741	221 741	20 002
3	34 000	27 928	227 928	26 252	28 646	228 646	26 928	29 386	229 386	27 623
4	42 000	35 295	235 295	33 883	36 422	236 422	34 965	37 591	237 591	36 087
5	50 000	42 736	242 736	41 882	44 364	244 364	43 477	46 064	246 064	45 143
6	58 000	50 553	250 553	50 553	52 780	252 780	52 780	55 124	255 124	55 124
7	66 000	58 445	258 445	58 445	61 372	261 372	61 372	64 477	264 477	64 477
8	74 000	66 409	266 409	66 409	70 141	270 141	70 141	74 130	274 130	74 130
9	82 000	74 443	274 443	74 443	79 087	279 087	79 087	84 091	284 091	84 091
10	90 000	82 543	282 543	82 543	88 211	288 211	88 211	94 366	294 366	94 366
15	90 000	84 538	284 538	84 538	95 779	295 779	95 779	108 591	308 591	108 591
20	90 000	85 350	285 350	85 350	102 947	302 947	102 947	124 111	324 111	124 111
25	90 000	84 166	284 166	84 166	108 907	308 907	108 907	140 398	340 398	140 398
30	90 000	79 169	279 169	79 169	111 787	311 787	111 787	155 833	355 833	155 833

注：1. 表中个人账户价值已经扣除了个人账户资产管理费。
2. 该演示纯粹是描述性的，不能理解为对未来的预期，实际投资收益可能出现负值。

三、万能保险

（一）万能保险的含义

万能保险是一种交费灵活、保额可调整、非约束性的寿险。保险单持有人在交纳一定量的首期保险费后，可以按自己的意愿选择任何时候交纳任何数量的保险费，只要保险单的现金价值足以支付保险单的相关费用，有时甚至可以不再交费。而且，保险单持有人可以在具备可保性前提下，提高保额，也可以根据自己的需要降低保额。

万能保险的经营透明度高。保险单持有人可以了解到该保险的内部经营情况。保险单持有人可以得到有关保险单的相关因素，如保险费、死亡给付、利息率、死亡率、费用率、现金价值之间相互作用的各种预期的结果说明。保险经营的透明度并不意味着保险单持有人能对保险单价值做出精确估计，而是可以了解保险单基金的支配情况。万能保险具有透明度的一个重要因素是其保险单的现金价值与纯风险保额是分别计算的，即具有非约束性。保险单现金价值每年随保险费交纳情况、费用估计、死亡率及利息率的变化而变化。纯风险保额与现金价值之和就是全部的死亡给付额。

从万能保险经营的流程上看，保险单持有人首先交纳一笔首期保险费，首期保险费有一个最低限额，首期的各种费用支出首先要从保险费中扣除。根据被保险人的年龄、保险金额计算的相应的死亡给付分摊额以及一些附加优惠条件（如可变保险费）等费用，要从保险费中扣除。死亡给付分摊额是不确定的，而且常常低于保险单预计的最高水平。进行这些扣除后，剩余部分就是保险单最初的现金价值。这部分价值通常是按新投资利率计息累积到期末，成为期末现金价值。

在保险单的第二个周期（通常一个月为一个周期），期初的保险单现金价值为上一周期期末的现金价值额。这一过程不断重复，在这个过程中，保险单持有人可以根据自己的情况交纳保险费，如果期初现金价值足以支付本期的费用及死亡给付分摊额，就可以不交纳保费，但是，一旦现金价值不足以支付死亡给付分摊额及费用，又没有新的保险费交纳，该保险单就失效了。

（二）万能保险的主要特点

1. 死亡给付模式

万能保险主要提供两种死亡给付方式，投保人可以任选其一。当然，给付方式也可随时改变。这两种方式习惯上称为A方式和B方式。A方式是一种均衡给付的方式；B方式是直接随保险单现金价值的变化而改变的方式。

在A方式中，死亡给付额固定，净风险保额每期都进行调整，使得净风险保额与现金价值之和成为均衡的死亡给付额。这样，如果现金价值增加了，则净风险保额就会等额减少。反之，若现金价值减少了，则净风险保额就会等额增加。这种方式与其他传统的具有现金价值的给付方式的保险单较为类似。

在B方式中，规定了死亡给付额为均衡的净风险保额与现金价值之和。这样，如果现金价值增加了，则死亡给付额会等额增加。图3-1显示了这两种不同给付方式。其中假定现金价值是逐年递增的。可以看出，A方式中的净风险保额是逐年下降的，而B方式中的净风险保额是不变的。

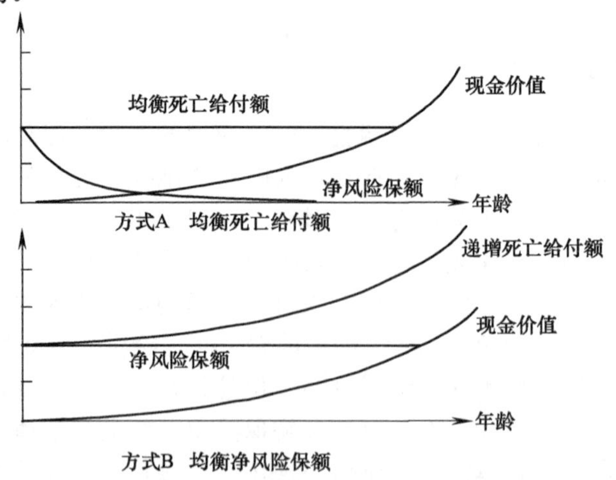

图3-1 万能保险死亡给付模式

在方式A中，为避免由于现金价值太高，从而超过了规定的保额，一些保险公司规定了最低净风险保额，从而使总的死亡给付额增加。《个人万能保险精算规定》中规定，在万能保险合同有效期内，若被保险人身故，保险公司可按照身故时该保险年度的保险金额给予保险金，也可以以保险金额与当时个人账户价值之和作为身故给付。在保险合同有效期内，其净风险保额应大于零。

2. 保险费交纳

万能保险的投保人可以用灵活的方式来交纳保险费。保险公司一般会对每次交费的最高和最低限额做出规定，只要符合保险公司规定，投保人可以在任何时间不定额地交纳保险费。大多数保险公司仅规定第一次保险费必须足以涵盖第一个月的费用和死亡成本，但实际上大多数投保人支付的首次保险费会远远高于规定的最低金额。

这种灵活的交费方式也带来了万能保险容易失效的缺点。万能保险保险单无法强迫投保人交纳固定保险费，为了解决这一问题，保险公司的一般做法是根据保险单计划所选择的目标保险费，向投保人寄送保险费通知书，以提醒其交费。另一种做法是保险公司按投保人规划的保险费金额向投保人寄送保险费账单，投保人按账单金额交纳保险费。另外，投保人一般也会同意签发其银行账户每月预先授权提款单据。

3. 结算利率

保险公司应当为万能保险设立单独账户。在单独账户中，不得出现资产小于负债的情况。一旦资产小于负债，保险公司应当立即补足资金。同时，因结算利率低于实际投资收益率而产生的公司收益也应被转出单独账户，万能保险可以提供一个最低保证利率。万能保险的结算利率不得高于单独账户的实际投资收益率，两者之差不得高于 2%。单独账户的实际收益率低于最低保证利率时，万能保险的结算利率应当是最低保证利率，保险公司可以自行决定结算利率的频率。

4. 费用收取

万能保险只可收取以下几种费用：①初始费用，即保险费进入个人账户之前所扣除的费用。②风险保险费，即保险单风险保额的保障成本。其计算方法为风险保额乘以预定风险发生率的一定百分比，但该百分比不得高于 100%。其中，预定死亡率应当采用中国人寿保险业经验生命表所提供的数据。③保险单管理费，即为了维持保险合同有效向投保人收取的服务管理费。该费用可以是保证的，也可以是指数关联的。④手续费，保险公司可在提供部分领取等服务时收取，用于支付相关的管理费用。⑤退保费用，即在保险单中途退保或部分领取时保险公司收取的费用，用于弥补尚未摊销的保险单获取成本。该项费用在第一个保险单年度不得超过领取部分个人账户价值的 10%，保险单生效 5 年后该项费用应降为零。

拓展阅读

平安智盈人生终身寿险（万能型 810）简介

投保年龄 18～60 周岁。

保险期间 主险合同的保险期间为终身，自主险合同生效日起至被保险人身故时止。

保险责任 在主险合同有效期内，保险公司承担如下保险责任：被保险人身故，保险公司按身故当时的保险金额给付“身故保险金”，主险合同终止。

保险金额 ①基本保险金额：主险合同的基本保险金额由客户在投保时与保险公司约定并在保险单上载明，投保时的基本保险金额须符合保险公司当时的投保规定。若该金额发生变更，则以变更后的金额为基本保险金额。②保险金额：主险合同的保险金额等于保险单价值的105%和基本保险金额两者的较大者。

基本保险金额的变更 下列情形会引起基本保险金额变更：

（1）交纳追加保险费。在保险公司收到客户的追加保险费后，基本保险金额按追加保险费等额增加。

（2）部分领取现金价值。在保险公司收到客户的部分领取申请书后，基本保险金额按领取的现金价值等额减少。如果减少后的基本保险金额低于保险公司规定的最低金额，保险公司有权将它调整为该金额。

（3）申请变更基本保险金额。主险合同有效期内，经保险公司同意，客户可以变更基本保险金额。①申请增加基本保险金额，客户可以向保险公司申请增加基本保险金额，但每个保险单年度最多只能申请1次。在申请增加基本保险金额时，必须同时满足以下条件：一是主险合同生效满1年；二是在被保险人65周岁的保险单周年日之前；三是以前各期和当期应交期交保险费均已交纳。在申请增加基本保险金额时，客户必须按照保险公司的规定提供被保险人的健康声明书、体检报告书及其他相关证明文件。经保险公司审核同意后，增加的基本保险金额从下一个结算日的零时起生效。②申请减少基本保险金额，在主险合同生效 1 年后，客户可随时向保险公司申请减少基本保险金额，但每个保险单年度最多只能申请1次。经保险公司同意后，减少的基本保险金额从下一个结算日的零时起效力终止。

投保示例 李先生，30岁，投保平安智盈人生终身寿险（万能型），期交保险费6 000元，连续交费20年，累积交费12万元；投保时基本保险金额20万元。

保险费用 见表3-6。

表3-6 保险费用

归属的保险单年度		第1保险单年度	第2保险单年度	第3保险单年度	第4至5保险单年度	第6至10保险单年度	第11及以后各保险单年度
每期期交保险费初始费用率（年交方式）	0～6 000元的部分	50%	25%	15%	10%	5%	5%
	超出6 000元的部分	5%	5%	5%	5%	5%	5%
追加保险费初始费用率（现行比例）		5%	5%	5%	5%	5%	5%
部分领取手续费（现行标准）		每个保险单年度前两次部分领取现金价值免收手续费，以后各次部分领取手续费为20元					

保险单利益 见表3-7。

表3-7 保险单利益

保单年度	不同假定结算利率下的保险单年度末保险单价值（即现金价值）（元）			不同假定结算利率下的保险单年度末身故保险金（元）		
	低保证利率	中保证利率	高保证利率	低保证利率	中保证利率	高保证利率
1	2 862	2 934	2 941	200 000	200 000	200 000
10	55 273	63 810	66 875	200 000	200 000	200 000
30	144 444	263 743	323 857	200 000	276 931	340 050
50	173 470	612 602	910 067	200 000	643 232	955 571

说明：保障成本的收取。在本示例中，假设李先生投保第一年中某月实际需要扣除的天数为30天，对应的每千元危险保额的年保障成本为0.96元，且当时的保险单价值为2 959元，则该月收取的保障成本为：0.96元×［（200 000−2 959）元/1 000元］×（30/365）=15.55元。

声明：以上举例仅为理解条款所用，最低保证利率之上的投资收益是不确定的，不能理解为对未来的预期。实际保证利率以公司实际经营状况为准，特提醒客户注意。

保险利益 在合同有效期内，被保险人身故，可获得理赔。保险金额为保险单价值的105%和基本保险金额两者的较大者。本产品保证利率为年利率1.75%，对应日利率为0.004 795%。自投保人签收合同次日起，有10天的犹豫期，如果投保人在犹豫期内要求解除合同，将退还其所交纳的全部保险费。在犹豫期后，如果投保人希望解除保险合同，可以一次领取保险单价值。

小　　结

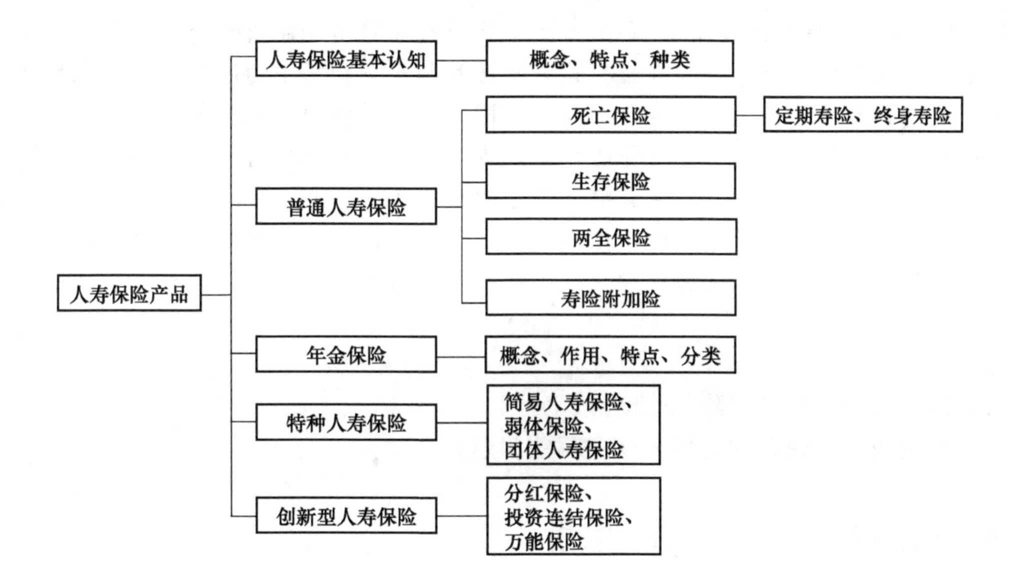

复习思考题

一、简述题

1. 简述人寿保险的含义与特点。
2. 简述定期寿险的特点及其适用范围。
3. 什么是年金保险？它有什么作用？
4. 简述简易人寿保险的特点和种类。
5. 试比较普通人寿保险与创新型人寿保险的异同。
6. 试比较分红保险、投资连结保险和万能保险的异同。

二、案例分析题

1. 我国的投资连结保险是（以下简称“投连险”）1999年由中国平安保险公司率先推向市场的。由于其产品本身所具有的灵活优势，以及部分业务员夸大收益、隐瞒风险、鼓动客户投保等诸多因素，投连险很快在市场上掀起热销的浪潮。当然短期的热销不能抹去催生它热销后阴暗的一面，这也为以后的客户集体退保埋下隐患。

在随后的银行利率下调，股市低迷的影响下，投连险账户严重亏损。投诉现象不断涌现，迫于压力原保监会叫停了该险种的销售。投连险在中国的命运几近夭折。加入WTO以后，随着合资寿险公司的涌现，投连险又出现了。特别是经历2007年股市极度繁荣后，代理人和客户纷纷又被投连险的高收益所吸引，再一次掀起投连险销售的浪潮。随后，随着资本市场再次陷入跌宕起伏的状态，投连险又一次遭遇退保的厄运。

问题：

（1）投资连结保险有什么特点？

（2）你认为哪些人群不适合办理投资连结保险？你对于已经持有投资连结保险的人又有哪些建议？

2. 据中国产业调研网发布的《2019年中国分红保险市场调查研究与发展趋势预测报告》显示，分红保险一直是寿险业抵御通货膨胀和利率变动的主力险种之一，也是市场上最受客户欢迎的寿险产品之一，分红保险已占国内寿险保费收入八成份额。而且保监会还规定，保险公司每年至少应将分红保险可分配盈余的70%分配给客户；国内分红保险产品的投资对象主要是各类存款、债券等中低风险产品。有制度“护航”，投资策略又“稳健”，这使得分红险多年来始终受到青睐。但是，分红保险在快速发展的同时，也凸显出它的弊病，在经营管理过程中存在销售误导、成本控制、收益偏低等问题，导致消费者不满投诉率居高不下。

问题：

（1）请分析一下分红保险的优缺点。

（2）在投资分红保险的时候应注意哪些问题？

挑战自我——实践训练

实训目的

●掌握人寿保险基础知识，明确人寿保险的类型和特点。

●掌握各种普通人寿保险、年金保险、特种人寿保险、创新型人寿保险的主要内容。

●了解各类人寿保险的保障利益。

实训要求

●借助互联网，并通过实地走访保险公司，了解保险公司各类人寿保险的具体险种，明确其内容。

●能够对不同公司同类型的人寿保险险种进行对比，找出不同之处。

●能够总结各险种的保障利益。

实训步骤

●通过互联网搜索工具，查找各大保险公司普通人寿保险、年金保险、特种人寿保险、创新型人寿保险的种类。

●阅读保险条款。

●做出不同公司同类型险种的对比分析。

●选择有代表性质的寿险险种，总结保障利益。
●认真整理调查资料，整理完成实训报告。

技能大比武

题目演讲——如何正确选择创新型人寿保险产品

近年来，保险公司往往会大力宣传分红、投资连结等新型寿险产品，而有些客户在咨询的时候也会更注重保险的收益，并经常与银行储蓄做对比，无形中把保险与储蓄、投资等同起来。通过本情境所学，你能够告诉客户创新型人寿保险产品与传统寿险有什么区别吗？面对客户，你将如何引导他们正确选择创新型人寿保险产品呢？快来说一说吧！

情境 4　苦难之后的真情慰藉——人身意外伤害保险产品

学习目标

能力目标

- 能够解释意外伤害的基本含义。
- 能够判定人身意外伤害的保险责任。
- 能够处理人身意外伤害的承保和理赔实务。

知识目标

- 掌握人身意外伤害保险的概念、特点和种类。
- 了解人身意外伤害保险的保险责任和保险金的给付方式。
- 了解目前人身意外伤害保险的品种。

素质目标

- 掌握意外伤害保险产品结构特点，培养专业化服务能力与职业核心能力。
- 培养诚信、热情服务、从客户的角度考虑问题的良好职业素养。

情境演练

意外伤害补偿

2013 年 6 月，一场车祸过后，同样是家境并不富裕的两个农民，经抢救无效死亡后，其家人却有着不同的遭遇。而导致两个不幸家庭不同境遇的正是一份保险费仅仅 100 元的意外保险。

在农村，壮劳力支撑着整个家庭。正是有了他们的辛勤劳动，才保证了家人的衣食无忧，而他们的不幸离去，无疑将会给不富裕的家境雪上加霜。

2012 年 7 月，没有任何社保保障、家庭经济状况也不是很好的山东平度农民王某，通过中介购买了某人寿团险产品“一帆风顺”。100 元保险费即可获得 8 万元的保障，保障期限为一年。一场意外车祸给王某一家带来了沉重的打击，加之 9 000 多元的抢救费，更让这个不幸的家庭陷入困境。保险公司得到消息后立即展开调查，根据保险条款规定，王某拥有最高 8 万元的身故现金赔偿、最高 5 000 元的意外医疗费赔偿和每日 30 元的意外住院医疗津贴，这样，保险公司总共给付王某家人的赔偿金 85 030 元。早在购买保险之时，细心的王某就将母亲、妻子和儿子列为身故受益人，王某的母亲和妻子非常感动，考虑到家庭状况，她们将所有的赔偿全部留给王某的儿子，因此，这 8 万多元赔偿金让一个濒临绝望的家庭重新燃起希望，也让王某对家人的关爱延续了下去。

而另一位村民生前没有任何社会或商业保障，肇事司机虽已被拘留，却表示无力偿还死者家属提出的赔款。

同样的不幸却有着不一样的境遇，唯一的不同就在于是否拥有一份 100 元的保险，这正是商业保险对现代生活中最直接也是最有效的帮助。在现代社会，意外伤害已经成为对健康和生命的最大危害。失去亲人原本就是人生最大的不幸，如果离开的亲人又恰好是家庭主要的经济来源，那么对家庭的打击将是毁灭性的。对那些因意外伤害致残的人来说，其家庭面临的压力将更大也更漫长。面对这种情况，仅仅依赖社保是完全不够的，况且目前还有很多人连基本的社会保障也没有。因此，商业意外保险便显示出必要的补充作用，专家建议像王某这样的“家庭支柱”购买一些意外保险，通过低投入获得高保障，缓解他们家庭突遭不幸时的压力。

情境思考：为什么在同一场车祸中身故的两个人其家庭的境遇却不一样呢？人身意外伤害保险的重要性体现在哪里？为什么人们在生活中应当关注人身意外伤害保险？人身意外伤害保险会为人们带来哪些方面的保障？

子情境 1 人身意外伤害保险基本认知

知识解读

危险面前人人平等，无论是政界要人、商界名流、学术权威，还是平民百姓，都有可能在日常生活中遭受意外伤害；而在意外伤害面前，人的生命与身体又是那么的脆弱，更使得家中的亲人遭受感情和经济上的双重压力。人们既要敢于面对一切危险灾难，哪怕是死亡的威胁，也要采取必要而合理的措施应付所有可能发生的事件，并尽可能地将自己和家庭的损失减至最低。人身意外伤害保险就提供了这样一个保障机制。

一、人身意外伤害保险的含义

人身意外伤害保险简称意外伤害保险或意外险，属于人身保险的范畴。

拓展阅读

人身意外伤害保险的起源

人身意外伤害保险起源于 15 世纪，是由海上保险发展而来的。15 世纪，欧洲盛行奴隶买卖，此时的人身意外伤害保险只是海上保险的附加保险，承保的对象是通过海上贩运的奴隶。后来，船长和海员也陆续参加了这一保险。但是，人身意外伤害保险真正形成并获得发展是在 19 世纪 40 年代发明了火车之后。在铁路使用的最初阶段，人们认为乘坐火车旅行具有较大的危险性。为此，承保一次旅程的人身意外伤害保险就应运而生。1848年，英国开始办理旅行人身意外伤害保险，保险期限为一个旅程。此后，这种保险逐步从铁路客运扩展到其他易遭受意外伤害的行业。截至1900年，英国共有50多家保险公司开办了人身意外伤害保险业务，保障范围也随业务的扩大而扩大。1915年，人身意外伤害保险的保障范围已包括意外伤害造成的残疾、死亡、住院治疗及看护等费用。目前，我国《保险法》已经取消了人身意外伤害保险由人寿保险公司经营的限制。

（一）意外伤害

由于人身意外伤害保险承保的是意外伤害，因此，我们首先应该明确意外伤害的含义。

1．伤害

伤害是指被保险人身体遭受外来的事故侵害，发生损失、损伤，致使人体完整性遭到破坏或器官组织生理机能遭受阻碍的客观事实。构成伤害必须由致害物、侵害对象、侵害事实三个要素构成，三者缺一不可。

（1）致害物。致害物是直接造成伤害的物体（物质），是导致伤害的物质基础。没有致害物的存在，就不可能构成伤害。人身意外伤害保险强调的致害物是外来的，即在发生伤害之前存在于被保险人身体之外的物质，与那些在被保险人身体内部形成的内生疾病截然不同。这也正是人身意外伤害保险与人身健康保险的主要区别。

（2）侵害对象。侵害对象是指遭受致害物侵害的客体，在人身意外伤害保险中是指被保险人的身体。任何伤害都必然导致被保险人身体的一个或若干个具体部位受到损伤，如扭脚、闪腰、骨折等，否则就不构成伤害。如果不是被保险人受到伤害，而是被保险人作为施害者造成第三者受到伤害，人身意外伤害保险的保险人不因此对第三人负保险给付责任，因此被保险人也无权领取保险金。如果受伤害的不是被保险人的身体，而是姓名权、肖像权、名誉权、荣誉权、著作权等与人身不相联系的权利，则认为不构成保险意义上的伤害。人身意外伤害保险所承保的伤害必须是发生在被保险人生理或身体上的，而不是权利等方面的侵害。

（3）侵害事实。侵害事实是要求致害物以一定的方式破坏性地接触、作用于被保险人身体的客观事实。也就是必须存在致害物对侵害对象以一定方式侵害的客观过程，这个过程通过侵害方式直接接触被保险人身体，是破坏性的而且要有损伤结果的接触，任何主观臆想或推测都不能构成伤害。所以对于那些被保险人突然死亡、原因不明又未进行科学的解剖等判定死因之前，都不能证实是意外伤害致死，因此保险人也不会将其纳入保险责任、履行死亡给付义务。

造成伤害的侵害方式可以概括为以下几种：碰撞（包括固定物体撞人、运动物体撞人、互撞）；撞击（包括落下物撞击、飞来物撞击）；坠落（包括由高处坠落在地上，由平地坠落到井、坑洞里）；跌倒；坍塌；淹溺；灼烫；火灾；辐射；爆炸；中毒（包括吸入有毒气体、皮肤吸收有毒物质、有毒物质进入体内）；触电；接触（包括接触高低温环境、接触高低温物体）；掩埋；倾覆。

2．意外

意外是指被保险人主观上没有预见会发生致伤的事故或是虽然预见到灾害的发生，但由于各种约束、限制而不得不接受与自己本来的主观意愿相反的现实结果，即伤害的发生是被保险人事先不能预见或无法预见的，如走在路上被身后突奔而来的失控汽车撞伤。被保险人事先不能预见到马路上会有失控的汽车，也没有想到汽车会撞伤自己，他仅仅是按照日常的习惯走在路上，却因突然发生的事件造成人身伤害，这种情况理当称为意外。所谓意外，还包括被保险人主观过失状态下发生的意外。例如，应当预见到但由于疏忽大意而没有预见到的情况下发生的意外，以及被保险人已经预见但相信能够避免的情况下发生的意外。归纳起来，对于人身意外伤害保险中的意外应从以下几个方面理解：

（1）外来的。所谓外来的，是指伤害是由被保险人自身以外的原因造成的，如车祸、摔伤、食物中毒等，必须是人体以外的因素所导致的才可视为意外。

（2）突发的。所谓突发的，是指伤害的原因是突然出现的、偶然的，而不是早已存在的，具有偶然性。实上，偶然性是相对于必然性而言的。在通常情况下不会发生的事件称为偶然性事件，正因为通常情况下不会发生，所以才无法预见。而必然性事件或几乎是必然的事件，被保险人就应该能够预见，而且能够防备，因而不属于意外事件。

（3）非本意的。所谓非本意的，是指伤害是违背被保险人的主观意愿发生的。例如，乘客搭乘的飞机失事而遭受伤亡，这种结果是违背其主观意愿的，故属于意外事件。非本意的还指被保险人预见到伤害即将发生时，在技术上已不能采取措施避免。例如，出海捕鱼的渔船，在海上突遇暴风雨的袭击，船员虽然明知渔船无法抵御大的风雨，但在附近没有避风港，船上没有足够的救生设备，且无法通过无线电呼救救援船只的情况下，就没有办法采取有效措施使自己避免遭受危险。这时预见到伤害的发生对被保险人回避伤害没有任何裨益，当然也属于意外伤害保险的承保范围。

此外，意外还包括排除社会危害性的行为，如正当防卫、紧急避险、救死扶伤等。在某些情况下，被保险人预见到伤害的发生，在技术上也可以采取措施避免，但限于法律或职责上的规定，不能躲避或是出于道德、公共利益的原因甘冒危险。例如，民警遇到歹徒持械抢劫，如果回避当然可以避免伤害。但是，民警肩负同一切违法犯罪行为做坚决斗争的职责，必须挺身而出将歹徒依法逮捕，而民警在与歹徒搏斗中所受的伤害，应该属于意外伤害。又如，被保险人遇到某居民住宅起火，虽然与自己毫无利害关系，又没有法律或职责上的规定，只要绕行就可以免遭伤害，但听到火中有人呼救，出于道义上的高尚动机冲入火海，救出被困的大人、孩子，并协助灭火，自己却不幸被火烧伤。这种为集体利益、为他人生命而甘冒危险遭受的伤害，也应视为意外伤害。

身边的保险

非突发性、非外来因素造成耳聋不属意外伤害

案情：被保险人文某，男，30 岁，××年 11 月 12 日由珠海乘飞机至上海，文某在此之前，购买了人身意外伤害保险，保额为 20 万元。在飞机下降时，文某忽觉右耳疼痛，轰鸣不止，后经治疗，最后诊断为右耳突发性耳聋，听力丧失小于 70 分贝。据此，文某向保险公司提出要求全额给付意外伤害保险金 20 万元。

保险公司认为文某突发性耳聋并不属于意外伤害责任范围，造成其耳聋的真正原

因应该来自被保险人自身的内在因素，故保险公司拒绝承担赔偿责任。

分析：文某乘飞机造成突发性耳聋是否属意外伤害责任范围，关键在于如何掌握对“意外伤害”的界定。意外伤害必须同时具备“非本意的、外来的、突发的”三个必备条件，缺一不可。据了解文某所乘坐的班机并未发生任何异常飞行情况，也无意外事故的发生，因而不存在意外事故引起的伤害。飞机在起降过程中机舱所受气压均衡，压力对每位乘客都是均等的，虽然乘坐飞机时人为正常加压对耳鼓膜的作用是外来的，但不是突发性的，因为所致耳部不适为意料之中的，是客观存在的，主观可以预见到的，个别乘客出现耳聋耳鸣现象，因咽鼓管阻塞，鼓膜穿孔（经鉴定，文某的鼓膜完整），毛细血管脆性大导致毛细血管轻度破裂、出血等，是乘客自身内在因素所致，非外来因素造成的。根据近因原则分析，飞机下降加压仅是诱因，造成文某突发性耳聋是由其本身所患的耳疾因素所引起的，因而不属条款规定的“意外伤害”。

（二）人身意外伤害保险

人身意外伤害保险是指在保险合同有效期内，被保险人由于外来的、突发的、非本意的、非疾病的客观意外事故造成身体的伤害，并以此为直接原因致使被保险人死亡或残疾时，由保险人按合同规定向被保险人或受益人给付死亡保险金、残疾保险金或医疗保险金的一种保险。由此我们可以看出，人身意外伤害保险承保的危险是意外伤害事故造成的残疾或死亡。这里具体包括三个要点：

（1）客观上必须有意外事故发生，事故原因为意外的、偶然的、不可预见的。

（2）被保险人必须有因客观事故造成人身死亡或残疾的结果。

（3）意外事故的发生和被保险人遭受人身伤亡的结果之间存在着内在的、必然的联系，即意外事故的发生是被保险人遭受伤害的原因，而被保险人遭受伤害是意外事故的后果。被保险人突然死亡且原因不明，或未经医学鉴定证实其死亡为意外伤害所致的，不构成意外伤害保险的保险金给付责任。

二、人身意外伤害保险的特点

1．人身意外伤害保险的保险责任

意外死亡给付和意外伤残给付是人身意外伤害保险的基本保险责任。疾病导致被保险人的死亡和残疾不属于人身意外伤害保险的保险责任。

2．人身意外伤害保险的保险费率厘定

人身意外伤害保险的保险费率是根据保险金额损失率计算的。与人寿保险的被保险人的死亡概率取决于年龄不同，人身意外伤害保险的被保险人遭受意外伤害的概率取决于其职业、工种或所从事的活动，一般与被保险人的年龄、性别、健康状况无必然的内在联系。在其他条件都相同的情况下，被保险人的职业、工种、所从事活动的危险程度越高，应交的保险费就越多。因此，人身意外伤害保险的保险费率厘定不以被保险人的年龄为依据，而被保

险人的职业、工种是人身意外伤害保险保险费率厘定的重要因素。另外，人身意外伤害保险属于短期保险，保险期限一般不超过 1 年，因此，人身意外伤害保险的保险费计算一般也不考虑预定利率的因素。基于这一特点，人身意外伤害保险保险费的计算原理近似于非寿险，即在计算人身意外伤害保险保险费率时，应根据意外事故发生频率及其对被保险人造成的伤害程度，对被保险人的危险程度进行分类，对不同类别的被保险人分别厘定保险费率。

3．人身意外伤害保险的承保条件

相对于其他业务，人身意外伤害保险的承保条件一般较宽，高龄者也可以投保，而且对被保险人不必进行体格检查。

4．人身意外伤害保险的保险期限

人身意外伤害保险的保险期较短，一般不超过 1 年，最多 3 年或 5 年。但是，有些意外伤害造成的后果却需要一定时期以后才能确定，因此，人身意外伤害保险有一个关于责任期限的规定，即只要被保险人遭受意外伤害的事件发生在保险期限内，自遭受意外伤害之日起的一定时期内即责任期限内（通常为 90 天、180 天或 1 年）造成死亡或残疾的后果，保险人就要承担给付保险金的责任。即使在死亡或者被确定为残疾时保险期限已经结束，只要未超过责任期限，保险人就要承担给付保险金的责任。

5．人身意外伤害保险保险金的给付

人身意外伤害保险属于定额给付保险。在人身意外伤害保险中，死亡保险金的数额是保险合同中约定的，当被保险人死亡时如数给付；残疾保险金的数额多按保险金额的一定百分比给付，一般由保险金额和残疾程度两个因素确定。

6．人身意外伤害保险责任准备金的计算

人身意外伤害保险在责任准备金的提存和核算方面，与寿险业务有着很大的不同，往往采取非寿险责任准备金的计提原理，即按当年保险费收入的一定百分比（如 40%、50%）计算。

三、人身意外伤害保险的分类

（一）个人意外伤害保险

1．按保险责任分类

（1）意外伤害死亡残疾保险，通常简称为意外伤害保险。此种保险只保障被保险人因意外伤害所致的死亡和残疾，满足被保险人对意外伤害的保险需求。其基本内容是：投保人交纳保险费，被保险人在保险期限内遭受意外伤害并由此造成死亡或残疾，保险人按合同规定向被保险人或受益人给付保险金。它的保障项目包括意外伤害造成的死亡和意外伤害造成的残疾两项。因被保险人死亡给付的保险金称为死亡保险金，因被保险人残疾给付的保险金则称为残疾保险金。此种保险通常作为附加条款附加在其他主险上，但也有作为单独的险种投保的。

身边的保险

意外险，不赔医药费

案情：2013年9月，万先生购买了一份保额为5万元的一年期人身意外伤害保险。2014年3月，万先生驾车时遭遇严重车祸，造成右脚粉碎性骨折，身体多处受伤。为此，万先生在医院共住院17天，医疗费花去1万余元。伤势虽然稳定了，但万先生的右脚却被医院诊断为永久丧失机能。就在他极度痛苦时，万先生想起自己在2013年曾经向保险公司购买过一份人身意外伤害保险。于是，便向保险公司提出索赔。

分析：保险公司分析认为，该保险的保险责任列明：被保险人因遭受意外伤害导致的死亡或残疾，由保险人承担责任，但不包括意外伤害导致的医疗费用。根据被保险人提供的情况及资料证明，被保险人发生意外并导致了身体部分残疾，根据保险合同中的残疾给付比例表，万先生属于5级残疾，按照保险金额的20%给付保险金，即1万元。但所发生的医疗费用不属于保险责任范围内，因此对于医疗费用部分，保险人不予赔偿。万先生听后不能理解，“为什么医疗费不赔，这不也是意外造成的吗？”为此，保险公司理赔人员进行了耐心的解释：每一种保险条款都有其各自不同的保险责任，通过不同险种及其组合搭配，满足被保险人不同层次的保险需求。人身意外伤害保险的特点是保险费低、保额高，但保险责任比较单一，仅限于意外事故导致的死亡或残疾。如果被保险人希望获得全面的保障，可以选择保障全面的人身意外伤害保险并包含医疗费的其他产品，但保险费也相对较高。投保人在选择保险产品时应充分考察保险责任范围，依据自身需求并结合经济能力选择相应的产品。

（2）意外伤害医疗保险。该保险是以被保险人因遭受意外伤害需要就医治疗而发生的医疗费用支出为保险事故的人身保险。它的保险责任通常规定：被保险人因遭受意外伤害，且在责任期限内，因该意外伤害在医院治疗且由本人支付的治疗费用的，保险人按合同规定进行医疗保险金的支付。通常，被保险人在合同有效期内，不论一次或多次因遭受意外伤害而需医院治疗，保险人均按规定支付保险金，但累计给付医疗保险金不超过保险金额。而且，该种保险通常还对被保险人住院治疗进行住院津贴给付。在此险种中，因疾病所致医疗住院费用等属于除外责任。此险种大多为附加条款附加在主险上。

（3）综合意外伤害保险。此种保险是前两种保险的综合。在其保险责任中，既有被保险人因遭受意外伤害身故或残疾保险金给付责任，也有因该意外伤害使被保险人在医院治疗所花费的医疗费用的医疗保险金给付责任。此类保险大多单独承保。

拓展阅读

新华优选意外保险a款

保障利益：

意外伤害身故保险金	20万元
意外伤害残疾保险金	20万元

意外医疗	1万元
客运汽车意外伤害保险责任	20万元
飞机意外伤害保险责任	50万元
火车意外伤害保险责任	20万元
客运轮船意外伤害保险责任	20万元
意外伤害住院津贴保险责任	1.8万元
重症病房意外住院津贴保险责任	0.45万元
保险费	188元

投保须知

请您在投保之前务必阅读以下内容，并理解了本保障计划中保险责任、责任免除在内的所有内容，同意自愿向新华人寿保险股份有限公司投保上述保险：

一、投保要求

1. 请您如实填写投保信息，否则根据《中华人民共和国保险法》第十六条的规定，保险公司有权解除保险合同且不承担赔偿责任：

（1）订立保险合同时，保险公司就保险标的或者被保险人的有关情况提出询问的，投保人应当如实告知。

（2）投保人故意或者因重大过失未履行前款规定的如实告知义务，足以影响保险公司决定是否同意承保或者提高保险费率的，保险公司有权解除合同。

（3）投保人故意不履行如实告知义务的，保险公司对于合同解除前发生的保险事故，不承担赔偿责任，并不退还保险费。

（4）投保人因重大过失未履行如实告知义务，对保险事故的发生有严重影响的，保险公司对于合同解除前发生的保险事故，不承担赔偿责任，但退还保险费。

2. 凡18周岁至65周岁，身体健康，能正常生活或工作者可作为被保险人参加此保险。

3. 本保险限投1份，多投无效。

4. 本保障计划保险期间一年，自投保人交纳保费的第三日零时起生效。

5. 本产品组合仅限1~3类职业人员投保，若出险时被保险人从事4类及4类以上职业工种活动时发生意外也不属于条款责任范围。职业内容参照《新华人寿保险股份有限公司职业分类表》，具体内容可登录本公司主页（www.newchinalife.com）查询或咨询本公司全国客户服务电话95567查询。

6. 本保险投保成功后，不提供纸质保单，但可通过以下方式查询、验证保单信息：

（1）微信平台“个人中心—我的保单”栏。

（2）根据投保成功短信中的保单号，登录我司官网（网址：http://www.newchinalife.com）—客服中心—查询服务—意外险保单查询，查询保单信息，并可以免费下载电子保单；根据《中华人民共和国合同法》第十一条规定，数据电文是合法的合同表现形式，电子保单与纸质保单具有同等的法律效力。

7. 我司全国统一客服电话：95567（7*24小时）。

8. 本保险为在线投保，暂不支持在线变更服务，如有变更服务，请至我司营业网点提交申请。发票请联系我公司业务人员或到投保所选地区的分支机构服务网点临柜咨询免费办理。

9. 我司承诺收集的个人信息和投保交易信息将用于该保险产品的投保审核、理赔等相关服务；同时承诺未经您的同意，不会将上述信息用于我公司及第三方机构的销售活动。

10. 其他未尽事宜以保险条款为准，投保人在投保前请务必明确理解条款和投保须知。

11. 根据保监会对于偿付能力信息公开披露要求，公司2018年一季度的综合偿付能力充足率为277.93%，2017年四季度风险综合评级为A类，偿付能力充足率达到监管要求。

二、保障责任释义

1. 当被保险人乘坐交通工具时遭受意外伤害事故，《祥安交通工具意外伤害保险》与《祥瑞A款意外伤害保险》累加赔付。

2. 该产品不能与新华优选意外保险b款重复购买（新华优选意外保险a款与新华优选意外保险b款只能选其中一款产品）。

3. 在本合同保险期间内，被保险人因遭受意外伤害导致残疾或身故的，本公司承担下列保险责任:

（1）意外伤害残疾保险金。被保险人自意外伤害发生之日起180日内因该意外伤害导致本合同所附《人身保险伤残评定标准（行业标准）》所列残疾程度之一的，本公司按下列公式计算并给付意外伤害残疾保险金:

意外伤害残疾保险金=意外伤害残疾保险金额×身体残疾所对应的给付比例

被保险人应在治疗结束后进行伤残鉴定；如被保险人自意外伤害发生之日起180日后治疗仍未结束，则按第180日的情况进行残疾鉴定，并据此按上述公式计算并给付意外伤害残疾保险金。

被保险人因同一意外事故造成两处或两处以上伤残的，应对各处伤残程度分别进行评定，如几处伤残程度等级不同，本公司按最重的伤残程度等级相对应的给付比例给付意外伤害残疾保险金；如两处或两处以上伤残程度等级相同且为最重的伤残程度等级，该伤残程度等级在原评定基础上最多晋升一级，但最高晋升至第一级。

在本合同保险期间内，如被保险人因多次意外事故造成伤残，后次意外事故导致的伤残包含以前意外事故导致的伤残，且后次意外事故导致的伤残对应更严重伤残程度等级的，本公司按后次伤残程度等级相对应的给付比例给付意外伤害残疾保险金，但以前伤残已给付的意外伤害残疾保险金（除另有约定外，投保前已患或因责任免除事项所致伤残视为已给付意外伤害残疾保险金）应予以扣除。

每次评定时，对被保险人同一部位和性质的伤残，不应采用《人身保险伤残评定标准（行业标准）》条文两条及以上或者同一条文两次及以上进行评定。

本公司累计给付的意外伤害残疾保险金达到本合同意外伤害残疾保险金额时，该意外伤害残疾保险责任终止。

（2）意外伤害身故保险金。被保险人自意外伤害发生之日起180日内因该意外伤害身故的，本公司按本合同意外伤害身故保险金额给付意外伤害身故保险金，本合同终止。

被保险人因同一意外事故造成伤残且身故的，本公司只给付意外伤害身故保险金或意外伤害残疾保险金二者之较高金额的保险金，本公司对该被保险人的保险责任终止。

4. 针对意外医疗保险责任的免赔额和给付比例，特别说明如下：

如被保险人在申请理赔时未参加社会基本医疗保险，或被保险人已参加社会基本医疗保险，但未从社会基本医疗保险获得针对该次医疗费用的补偿或赔偿的，每次免赔额为 100 元，给付比例为：80%。

如被保险人已参加社会基本医疗保险，且在申请理赔时已从社会基本医疗保险获得针对该次医疗费用的补偿或赔偿的，每次免赔额为 100 元，赔付比例为 100%。

5. 针对意外住院津贴医疗保险责任，特别说明如下：

（1）意外伤害住院津贴保险金。被保险人因意外伤害在本公司认可医院住院治疗的，本公司自被保险人住院第一日起开始按日给付意外伤害住院津贴保险金：

意外伤害住院津贴保险金=每份日津贴额×份数×住院天数

每份日津贴额为 10 元。

本公司对一次住院的累计给付天数不超过 90 日。被保险人因同一意外伤害住院两次或以上的，如前次出院日期与再次入院日期的间隔不超过90日，均视为一次住院。

被保险人因意外伤害住院治疗，保险期间届满时仍未出院的，本公司继续承担保险责任，但最长至保险期间届满后第30日。

被保险人无论一次或多次住院治疗，本公司的累计给付天数达到180日时，本公司对被保险人的该项保险责任终止。

（2）重症监护病房津贴保险金。被保险人因意外伤害经医生诊断必须入住重症监护病房（ICU）治疗的，其在重症监护病房（ICU）治疗期间，本公司不再给付前款规定的意外伤害住院津贴保险金，而是给付重症监护病房津贴保险金：

重症监护病房津贴保险金=每份日津贴额×份数×入住重症监护病房天数

每份日津贴额为 10 元。

被保险人因意外伤害入住重症监护病房治疗，保险期间届满时仍未结束治疗的，本公司继续承担保险责任。

被保险人无论一次或多次入住重症监护病房治疗，本公司的累计给付天数达到 30 日时，本公司对被保险人的该项保险责任终止。

6. 本保险承担以下交通工具意外伤害保险责任：

（1）飞机意外伤害保险责任。被保险人以乘客身份乘坐合法商业运营的客运飞机，并遵守承运人关于安全乘坐的规定，自持有效机票检票并进入所乘客运飞机客舱时起至抵达机票载明的终点离开所乘客运飞机客舱的期间内遭受意外伤害所导致的保险责任。

（2）火车意外伤害保险责任。被保险人以乘客身份乘坐合法商业运营的客运火车，并遵守承运人关于安全乘坐的规定，自持有效车票检票并进入所乘客运火车车厢时起至抵达车票载明的终点离开所乘客运火车车厢的期间内遭受意外伤害所导致的保险责任。

（3）轮船意外伤害保险责任。被保险人以乘客身份乘坐合法商业运营的客运轮船，并遵守承运人关于安全乘坐的规定，自持有效船票检票并登上所乘客运轮船甲板时起至抵达船票载明的终点离开所乘客运轮船甲板的期间内遭受意外伤害所导致的保险责任。

（4）乘坐汽车意外伤害保险责任。被保险人以乘客身份乘坐合法商业运营的客运汽车，并遵守承运人关于安全乘坐的规定，及以乘客身份乘坐不从事道路非法运营的私家车、单位公务或商务用车，自进入所乘汽车车厢时起至离开所乘汽车车厢的期间内遭受意外伤害所导致的保险责任。

7. 具体保险责任内容及责任免除内容等请查看《祥瑞A款意外伤害保险利益条款》《附加祥泰A款意外伤害医疗保险利益条款》《附加祥禄意外住院津贴医疗保险利益条款》《祥安交通工具意外伤害保险利益条款》《个人保险基本条款》。

（4）意外伤害停工保险。意外伤害停工保险是指被保险人因遭受意外伤害暂时丧失劳动能力而无法工作，保险人给付保险金的人身保险。它的保险责任通常规定：被保险人因遭受意外伤害造成死亡或残疾达到一定程度，在一定时期内不能从事有劳动收入的工作时，由保险人按合同约定对被保险人或受益人给付停工保险金。该种保险旨在保障被保险人因意外伤害而导致收入的减少，维护依靠被保险人的收入生活的人的利益。

应该注意的是，停工与残疾的区别在于，停工是指暂时丧失完全劳动能力，在一定时期内不能从事有劳动收入的工作；而残疾是指永久丧失全部或部分劳动能力，即如果残疾是永久性的，则被保险人永久不能从事有劳动收入的工作，如果残疾只是部分丧失劳动能力，则被保险人还可以从事一定的有劳动收入的工作。因此，停工的发生是从被保险人遭受意外伤害时立即开始，而造成残疾与否则只有在被保险人治疗结束后才能确定。被保险人遭受意外伤害后暂时不能工作期间由保险人支付停工保险金，但一般都规定有保险金的最长给付期；假如已获得停工赔款后转化为残疾或死亡的，被保险人按死亡、残疾的赔付标准获得保险金，但要扣除已获得的停工赔款。

2．按投保动因分类

（1）自愿意外伤害保险。该保险是投保人和保险人在自愿基础上通过平等协商订立保险合同的意外伤害保险。投保人可以选择是否投保以及向哪家保险公司投保，保险人也可以选择是否承保，只有双方意思表示一致时才订立保险合同，确立双方的权利和义务。

（2）强制意外伤害保险。该保险又称法定意外伤害保险，即国家机关通过颁布法律、行政法规、地方性法规强制施行的意外伤害保险，凡属法律、行政法规、地方性法规所规定的强制施行范围内的人必须投保，没有选择的余地。有的强制意外伤害保险还规定必须向哪家保险公司投保（即由哪家保险公司承保），在这种情况下，该保险公司也必须承保，没有选择的余地。

3．按保险危险分类

（1）普通意外伤害保险。该保险所承保的危险是在保险期限内发生的各种意外伤害（不可保意外伤害除外，特约保意外伤害视有无特别约定）。目前保险公司开办的团体人身意外伤害保险、学生团体平安保险等，均属普通意外伤害保险。

（2）特定意外伤害保险。该保险是以特定时间、特定地点或特定原因发生的意外伤害为保险危险的意外伤害保险，如保险危险只限定于在矿井下发生的意外伤害、在建筑工地发生的意外伤害、在驾驶机动车辆中发生的意外伤害、煤气罐爆炸发生的意外伤害等。

4．按保险期限分类

（1）一年期意外伤害保险。该保险为保险期限为一年的意外伤害保险业务。在意外伤害保险中，一年期意外伤害保险一般占大部分。保险公司目前开办的个人人身意外伤害保险、附加意外伤害保险等均属一年期意外伤害保险。

（2）极短期意外伤害保险。该保险是保险期限不足一年，往往只有几天、几小时甚至更短的意外伤害保险。我国目前开办的公路旅客意外伤害保险、旅游保险、索道游客意外伤害保险、游泳池人身意外伤害保险、大型电动玩具游客意外伤害保险等，均属极短期意外伤害保险。

（3）多年期意外伤害保险。该保险是保险期限超过一年的意外伤害保险。

把意外伤害保险分为一年期、极短期、多年期的意义在于，不同的保险期限，计算未到期责任准备金的方法不同。

5．按险种结构分类

（1）单纯意外伤害保险。该保险一张保险单所承保的保险责任仅限于意外伤害保险。保险公司目前开办的个人人身意外伤害保险、公路旅客意外伤害保险和驾驶员意外伤害保险等，均属单纯意外伤害保险。

（2）附加意外伤害保险。此种保险包括两种情况：一种是其他保险附加意外伤害保险；另一种是意外伤害保险附加其他保险。由于意外伤害保险保障大、收费少，一般以人寿保险附加意外伤害保险的做法比较普遍。

（二）团体意外伤害保险

团体意外伤害保险是以团体方式投保的人身意外伤害保险，其保险责任、给付方式均与个人投保的意外伤害保险相同。该保险为一个团体内的全部或大部分成员集体向保险公司办理投保手续，以一张保险单承保的意外伤害保险。团体是指投保前即已存在的机关、学校、社会团体、企业、事业单位等，而不是为了投保而结成的团体。

与人寿保险、健康保险相比，意外伤害保险最有条件、最适合采用团体投保方式。这是因为，人寿保险的保险费率依被保险人的年龄而不同，健康保险的保险费率也与被保险人的年龄有关，虽然以团体方式投保的人寿保险和健康保险一般不检验被保险人的身体，但保险人仍要慎重地进行选择。意外伤害保险的保险费率与被保险人的年龄和健康状况无关，而是取决于被保险人的职业。而在一个团体内部，团体成员从事风险性质相同的工作，应该采用相同的保险费率。个人人寿保险或健康保险一般应是长期保险，而个人意外伤害保险本来就是一年期或短期保险。此外，企业雇员遭受意外伤害，大都是在工作中发生的，雇主要负一定的责任，所以雇主乐于为其雇员投保团体意外伤害保险。

由于意外伤害保险最适合以团体方式投保，所以在意外伤害保险中，以团体意外伤害保险居多。由于团体意外伤害保险的保险费率很低，所以在企业中一般是由企业或雇主支付保险费为雇员投保。在机关、学校、事业单位中，也可以由单位组织投保，保险费由被保险人个人负担。

团体投保的意外伤害保险与个人投保的意外伤害保险在保险责任、给付方式等方面相同，只是保险单效力有所区别。在团体意外伤害保险中，被保险人一旦脱离投保的团体，保险单效力对该被保险人即行终止，投保团体可以为该投保人办理退保手续，保险单对其他被保险人仍然有效。

小资料

老年人意外伤害保险

目前，我国已快速步入人口老龄化社会。根据国家统计局统计数据，2018年我国人口从年龄构成来看，16～59周岁的劳动年龄人口为89 729万人，占总人口的比重为64.3%；60周岁及以上人口为24 949万人，占总人口的比重为17.9%，其中65周岁及以上人口为16 658万人，占总人口的比重为11.9%。2016年6月，全国老龄办、民政部、财政部、保监会四部门联合印发《关于开展老年人意外伤害保险工作的指导意见》，在全国范围内正式推出老年人意外伤害保险，构筑老年人风险抵御防线，惠及广大老年人群。

老年人意外伤害保险是投保人与保险人签订保险合同，在被保险人因遭受外来、突发、非本意、非疾病的事件直接导致老年人身体伤害或死亡时，依照合同约定，给付受益人保险金的一种商业保险。被保险人一般60周岁以上，最小不低于50周岁。保险的责任范围包括老年人在生产生活的各个场所，包括在居家生活、乘坐公共交通工具、参加公共场所活动、外出旅游时发生的各种伤害事故。开展老年人意外伤害保险意义重大：老年群体作为特殊人群，由于身体机能和自理能力的下降，更容易受到意外伤害的侵袭，老人遭受意外事故时，高昂的医疗费用通常会给家庭带来沉重的经济负担。建立和完善老年人意外伤害保险制度，对于缓解老年家庭经济压力，增强老年人抵御风险能力具有重要作用，也是建立健全社会养老保障网络的重要环节。

国务院《关于加快发展养老业的若干意见》中提出“引导和规范商业银行、保险公司、证券公司等金融机构开发适合老年人的理财、信贷、保险等产品。”目前我国已步入快速老龄化社会，推动养老服务业与现代保险业的深度融合，开发诸如老年人意外伤害保险等养老保险产品，是促进现代保险业发展壮大，提升保险产业发展实力的重要途径。

子情境2　人身意外伤害保险操作实务

知识解读

一、人身意外伤害保险责任的内容及特点

（一）人身意外伤害保险的可保风险分析

人身意外伤害保险承保的风险是意外伤害，但是并非一切意外伤害都是意外伤害保险所能承保的。按照是否可保划分，意外伤害可以分为不可保意外伤害、特约保意外伤害和一般可保意外伤害三种。

1．不可保意外伤害

不可保意外伤害也可理解为意外伤害保险的除外责任，从保险原理上讲，是指保险人不应该承保的意外伤害，如果承保，则违反法律的规定或违反社会公共利益。不可保意外伤害一般包括：

（1）被保险人在犯罪活动中所受的意外伤害。意外伤害保险不承保被保险人在犯罪活动中受到的意外伤害是由于两个原因：①保险只能为合法的行为提供经济保障，只有这样，保险合同才是合法的，才具有法律效力。一切犯罪行为都是违法的行为，所以，被保险人在犯罪活动中所受的意外伤害不予承保。②犯罪活动具有社会危害性，如果承保被保险人在犯罪活动中所受意外伤害，即使该意外伤害不是由犯罪行为直接造成的，也违反社会公共利益。

（2）被保险人在寻衅殴斗中所受的意外伤害。寻衅殴斗是指被保险人故意制造事端挑起的殴斗。寻衅殴斗不一定构成犯罪，但具有社会危害性，属于违法行为，因而不能承保，其道理与不承保被保险人在犯罪活动中所受意外伤害相同。

（3）被保险人在酒醉、吸食毒品后发生的意外伤害。酒醉或吸食（或注射）毒品（如海洛因、鸦片、大麻、吗啡等麻醉剂、兴奋剂、致幻剂）对被保险人身体的损害，是被保险人的故意行为所致，当然不属意外伤害。

（4）由于被保险人的自杀行为造成的伤害属于不可保风险。

对于不可保意外伤害，在意外伤害保险条款中应明确列为除外责任。

2．特约保意外伤害

特约保意外伤害是指从保险原理上讲虽非不能承保，但保险人考虑到保险责任不易区分或限于承保能力，一般不予承保，只有经过投保人与保险人特别约定，有时还要另外加收保险费后才予承保的意外伤害。特约保意外伤害包括：

（1）战争使被保险人遭受的意外伤害。由于战争使被保险人遭受意外伤害风险过大，保险公司一般没有能力承保。战争是否爆发、何时爆发、会造成多大范围的人身伤害，往往难以预计，保险公司一般难以拟订保险费率。所以，对于战争使被保险人遭受的意外伤害，保险公司一般不予承保，只有经过特别约定并另外加收保险费以后才能承保。

（2）被保险人在从事剧烈的体育活动或比赛中遭受意外伤害。被保险人从事登山、跳伞、滑雪、江河漂流、赛车、拳击、摔跤等活动或比赛时，会使其遭受意外伤害的概率大大增加。因而保险公司一般不予承保，只有经过特别约定并另外加收保险费以后才能承保。

（3）核辐射造成的意外伤害。核辐射造成人身意外伤害的后果，往往在短期内不能确定，而且如果发生大的核爆炸时，往往造成较大范围的人身伤害。从技术上和承保能力上考虑，保险公司一般不承保核辐射造成的意外伤害。

（4）医疗事故造成的意外伤害。意外伤害保险的保险费率是根据大多数被保险人的情况制定的，而大多数被保险人身体是健康的，只有少数患有疾病的被保险人才存在因医疗事故（如医生误诊、药剂师发错药品、检查时造成的损伤、手术切错部位等）遭受意外伤害的危险。为了使保险费的负担公平合理，保险公司一般不承保医疗事故造成的意外伤害。

对于上述特约保意外伤害，在保险条款中一般列为除外责任，经投保人和保险人特别约定承保后，由保险人在保险单上签注特别约定或出具批单，对该项除外责任予以剔除。

拓展阅读

户外运动多人遇险，登山户外运动保险推出

目前户外活动、登山已经成为一种时尚体育活动，但是由于专业性以及各种不可抗御因素，户外活动、登山存在一定的危险性，容易发生人身事故。

过去非专业体育部门、非登山协会组织的活动，存在投保困难等难题，特别是个人和一些公司组织的活动更是难以提供必要的保障。

2009年出现了几次重大的户外事故。例如：秦皇岛出现坠山，导致3死5伤；山东某拓展训练5死5伤；重庆出现旅游者穿越峡谷被冲走19人等。一些外国的登山探险队在华也发生了事故，甚至惊动了外交部，出动了直升机营救。

因此，为了健康发展户外运动，针对喜爱登山、户外穿越、攀岩攀冰、漂流等活动的人群，很多保险公司现已推出专门的户外运动保险。这些户外运动保险专门针对户外运动人群设计，特别承保滑雪、滑水、潜水等水上娱乐运动，以及骑马、急流划艇、登山、极地探险，还包括洞穴探险、蹦极、自由式潜水、漂流、野外生存、山地越野轮滑、山地自行车越野、溯溪等户外项目。

3. 一般可保意外伤害

一般可保意外伤害是指在一般情况下可承保的意外伤害。除不可保意外伤害、特约保意外伤害以外，均属一般可保意外伤害。

（二）人身意外伤害保险责任的内容

保险责任是保险单上载明危险发生时造成保险标的损失或约定的保险事故（或约定的保险期限届满）发生后，保险人所应承担的保险金赔付责任，也就是保险人对被保险人承担保险金支付责任的事项。人身意外伤害保险的保险责任项目包括死亡给付、残疾给付、医疗费给付等几项，在实践中可以只保其中的一项或几项。从理论上讲，人身意外伤害保险的保险责任还可以包括停工保险给付。但在我国目前的保险实践中，有关人身意外伤害保险停工保险的规定很少，只有极个别的险种规定了停工保险金。

（三）人身意外伤害保险责任的特点

根据我国《保险法》，人身保险包括人寿保险、人身意外伤害保险和健康保险三类。其中，人寿保险包括生存保险、死亡保险、两全保险三种最基本的类别。生存保险是以被保险人于保险期满或达到某一年龄时仍然生存为保险金的给付条件，死亡保险是以被保险人在保险期限内死亡为保险金的给付条件，两全保险则无论被保险人在保险期内死亡或保险期满时生存都可领取保险金。人身意外伤害保险与死亡保险、两全保险虽然都有死亡保险金的给付责任，但各自具体的保险责任是有区别的：人身意外伤害保险的保险责任是被保险人因遭受意外伤害而导致的残疾或死亡，不负责因疾病所导致的残疾或死亡；死亡保险的保险责任则是被保险人因疾病或意外伤害事件所导致的死亡，不负责意外伤害引起的残疾；而两全保险的保险责任是被保险人因疾病或意外伤害所致的死亡以及被保险人生存到保险期限期满。

二、人身意外伤害保险责任的判定

人身意外伤害保险的保险责任必须由三个必要条件构成，缺一不可，即：被保险人在保险期限内遭受了意外伤害；被保险人在责任期限内死亡或残疾或支付了医疗费用；意外伤害是死亡或残疾或支付医疗费用的直接原因或近因。

1．被保险人在保险期限内遭受了意外伤害

被保险人在保险期限内遭受意外伤害是构成人身意外伤害保险责任的首要条件。这一条件包括以下两方面的要求：

（1）被保险人遭受意外伤害必须是客观发生的事实，而不是臆想的或推测的。

（2）被保险人遭受意外伤害的客观事实必须发生在保险期限之内。

如果被保险人在保险期限开始以前曾遭受意外伤害，而在保险期限内死亡或残疾，不构成保险责任。

2．被保险人在责任期限内死亡或残疾或支付了医疗费用

被保险人在责任期限内死亡或残疾或支付了医疗费用，是构成人身意外伤害保险保险责任的必要条件之一。这一必要条件包括以下两方面的要求：

（1）被保险人死亡或残疾。死亡即机体生命活动和新陈代谢的终止。在法律上发生效力的死亡包括两种情况：一是生理死亡，是指生物学意义上的死亡，即已被证实的人的机体死亡；二是宣告死亡，即按照法律程序推定的死亡。《民法总则》第四十六条规定：“有下列情形之一的，利害关系人可以向人民法院申请宣告该自然人死亡：①下落不明满四年的；②因意外事件，下落不明满二年。因意外事件下落不明，经有关机关证明该自然人不可能生存的，申请宣告死亡不受二年时间的限值。”残疾包括两种情况：一是人体组织的永久性残缺（或称缺损），如肢体断离等；二是人体器官正常机能的永久丧失，如丧失视觉、听觉、嗅觉、语言机能等。

（2）被保险人的死亡或残疾发生在责任期限之内。责任期限是意外伤害保险和健康保险的特有概念，是指自被保险人遭受意外伤害之日起的一定期限（如 90 天、180 天、360 天等），如果被保险人发生死亡或残疾等保险事故的，保险人仍然应承担保险责任。在人寿保险和财产保险中，没有责任期限的概念。

如果被保险人在保险期限内遭受意外伤害，在责任期限内死亡，则显然已构成保险责任。但是，如果被保险人在保险期限内因意外事故下落不明，自事故发生之日起满 2 年、法院宣告被保险人死亡后，责任期限已经超过。为了解决这一问题，可以在意外伤害保险条款中订有失踪条款或在保险单上签注关于失踪的特别约定，规定被保险人确因意外伤害事故下落不明超过一定期限（如 3 个月、6 个月等）时，视同被保险人死亡，保险人给付死亡保险金；如果被保险人以后生还，受领保险金的人应将保险金返还给保险人。

责任期限对于意外伤害造成的残疾实际上是确定残疾程度的期限。如果被保险人在保

险期限内遭受意外伤害，治疗结束后被确定为残疾，且责任期限尚未结束，当然可以根据确定的残疾程度给付残疾保险金。但是，如果被保险人在保险期限内遭受意外伤害，责任期限结束时治疗仍未结束，尚不能确定最终是否造成残疾以及造成何种程度的残疾，那么，就应该推定责任期限结束时这一时点上被保险人的组织残缺或器官正常机能的丧失是永久性的，即以这一时点酌情确定残疾程度，并按照这一残疾程度给付残疾保险金。以后，即使被保险人经过治疗痊愈或残疾程度减轻，保险人也不追回全部或部分残疾保险金。反之，即使被保险人加重了残疾程度或死亡，保险人也不追加给付保险金。

同理，对于持续性治疗所产生的医疗费用也应在责任期限范围内，并且以保险金额为最高限额，即医疗保险金累积给付已经达到保险金额时，保险合同责任终止。

身边的保险

在保险期内出险而在期满后死亡给付案

案情：2018年秋季，刚上小学二年级的黄某参加了由她所就读学校出面投保的“学生团体平安保险”（以下简称“学平险”），交付保险费5元，保险金额1万元，保险期限1年，保险单上写明：从2018年9月1日起，至2019年8月31日止。2019年秋季开学后，黄某升入三年级，继续参加“学平险”，此时，保险费提高为10元，保险金额也相应升至2万元，保险期限则是自2019年9月1日起，至2020年8月31日止。

2019年10月初，黄某突然发病，全身抽搐，病势来得凶猛，经医院抢救无效，于同年10月8日死亡。医生诊断病人死亡的原因是狂犬病，此时黄某父亲方才回想起，他女儿的确被狂犬咬伤过，但被咬的时间是在2019年7月15日。当时因女儿被咬后并无症状，他也未在意，也未与肇事人交涉。

事后，黄某的父亲作为被保险人黄某的法定继承人，要求保险公司按照“学平险”合同所约定的保险金额给付保险金2万元。保险公司通过调查、审理以后，认定被保险人黄某的死亡属于“学平险”的承保责任范围，但只同意给付1万元保险金。双方因此产生争议。

保险公司认为，被保险人黄某虽然是在三年级投保的保险期限内死亡，但并未在这一期限内遭受意外伤害，所以不属于三年级投保的保险期限内的保险责任，保险公司不能按2万元保险金额给付。

分析：责任期限是意外伤害保险和健康保险中特有的概念。意外伤害保险中的责任期限条款规定，被保险人从可保意外伤害发生之日开始的一段时间内（如90天、180天、1年等）如果发生了死亡、残疾等保险事故的，意外伤害保险的保险人仍然承担保险责任。在本案中，被保险人黄某遭受意外伤害即被狂犬咬伤是在二年级投保的保险期限内（2018年9月1日至2019年8月31日），而这一伤害事故最终的后果却产生在三年级投保的保险期限内（2019年9月1日至2020年8月31日）。因此，保险公司应当将这一事故作为发生在二年级投保的保险期限内的保险责任来处理，按被保险人在这一保险期限内所投保的金额给付1万元死亡保险金。经当地一审法院判决：保险公司给付被保险人1万元保险金。

3. 意外伤害是死亡或残疾或支付医疗费用的直接原因或近因

在人身意外伤害保险中，被保险人在保险期限内遭受了意外伤害，并且在责任期限内死亡或残疾，并不意味着必然构成保险责任。只有当意外伤害与死亡、残疾之间存在因果关系，即意外伤害是死亡或残疾的直接原因或近因时，才构成保险责任。意外伤害与死亡、残疾之间的因果关系包括以下三种情况：

（1）意外伤害是死亡或残疾的直接原因，即意外伤害直接造成了被保险人死亡或残疾，成为被保险人死亡或残疾的直接原因时构成保险责任，保险人应该按照保险金额给付死亡保险金，或按照保险金额和残疾程度给付残疾保险金。

（2）意外伤害是死亡或残疾的近因，即意外伤害是造成被保险人死亡或残疾事件或一连串事件的最初原因，根据近因原则规定，保险人必须对承保责任范围内的近因导致被保险人死亡或残疾承担保险责任。这也是人身意外伤害保险与其他人身保险业务理赔方面的重要区别。

（3）意外伤害是死亡或残疾的诱因，即意外伤害使被保险人原有的疾病发作，从而加重后果，造成被保险人死亡或残疾。当意外伤害是被保险人死亡或残疾的诱因时，保险人不是按照保险金额和被保险人的最终后果给付保险金，而是比照身体健康者在遭受这种意外伤害后可能造成的后果给付保险金。

总之，被保险人在保险期限内遭受了意外伤害，被保险人在责任期限内死亡或残疾，意外伤害是死亡或残疾的直接原因或近因，是构成意外伤害保险保险给付责任的三个必要条件，缺一不可。

身边的保险

药物过敏能否给付意外伤害保险金

案情：某人投保了人身意外伤害保险，同时附加了意外伤害医疗保险。一天，被保险人因支气管发炎，去医院求治。医院按照医疗规程操作，先为被保险人进行青霉素皮试，结果呈阴性。然后按医生规定的药物剂量为其注射青霉素。治疗两天后，被保险人发生过敏反应，虽经医院全力抢救，但医治无效死亡。医院出具的死亡证明是：迟发性青霉素过敏。

分析：首先，就“意外伤害”的定义而言，是指外来的、突然的、非本意的使被保险人身体遭受剧烈伤害的客观事件。对于被保险人来说，医院按照医疗规程为其注射的青霉素药物，可以认定为“外来的”物质，即具有“外来的”因素；因皮试反应正常，被保险人于接受治疗两天后突发过敏反应，不仅被保险人自己难以预料，而且医院也是在被保险人发生过敏反应后才知道。尽管医院方懂得人群中有人会发生青霉素过敏反应，但究竟何人发生、何时发生，尤其是首次使用青霉素药物，并产生迟发性青霉素过敏反应的人，对于医院方来说也是一个未知数。因此，该事件对于被保险人来说，具有“突然的”因素；被保险人去医院受治疗的目的，是医治支气管的炎症，没有料到会因青霉素过敏反应导致身亡，显然被保险人具有“非本意”的因素。综合上述三个因素，被保险人的死亡完全符合“意外伤害”的定义。

其次，就“意外伤害”的因果关系而言，只有当意外伤害与死亡、残疾之间存在因果关系时，即意外伤害是死亡或残疾的直接原因或近因时，才构成保险责任。本案中，如果被保险人当初使用的不是青霉素，而是其他药物，很可能既医治好了支气管炎，又平安无事。但由于被保险人不知道自己对青霉素过敏，而且医院方也认为可以正常使用青霉素。青霉素过敏反应是导致被保险人死亡的直接原因，也是意外伤害的原因。这是因为，我国医疗卫生部门至今没有统一确认：对于某种物质具有过敏反应体质的人，这种过敏反应是一种疾病。如果青霉素过敏反应不是疾病，我们通过排除法，可以得出结论，即被保险人的死亡，肯定不是自杀，也不是他杀，也不属于疾病死亡，也不是医院方的医疗责任事故，更不是自然死亡，只有意外死亡。因此，被保险人因青霉素过敏反应导致死亡，符合“意外伤害”的因果关系。

三、人身意外伤害保险责任的确认

在实际工作中，保险公司也正是循着如下这样一条思路来考察是否属于人身意外伤害保险保险人的保险责任的。

1. 确定被保险人身体有无遭受外来伤害的事实

这里又包括几个方面，首先确定有否伤害的事实存在，即是否有死亡、残疾或其他需要治疗的事件发生，或者说是否身体的健康、健全受损，出现异常的行为能力、言谈举止等；如果确定已发生了伤害，就要判明受伤害人是否就是保险合同中所指示的被保险人，该合同是否仍在效力期间内；如果答案是肯定的，就要判别造成伤害的原因是否来自外界，这里要贯彻“近因原则”来找出致伤原因，根据“伤害”的定义，只有来自外界的致害物的侵害，并对被保险人的身体造成侵害事实的，才认为构成伤害，否则不属于意外险保险责任。

2. 确认被保险人所受伤害是否源自意外

这就需要根据被保险人的客观行动以及致害当时的客观环境等因素来探寻被保险人的主观行为，以判断这种伤害事实是否称得上是“意外伤害”，从而成为应保的“保险事故”。首先推断是否是被保险人的故意行为，如果不是，再讨论伤害能否为被保险人所预见得到，如果无法预见，就构成意外伤害；如果可以预见，就分辨是否被保险人因疏忽而未预见，是则构成意外伤害；反之，如果确实可以预见而且也已预见到伤害的发生，就讨论被保险人不躲避伤害的原因。如果是来不及躲避，仍构成意外伤害；如果是因为法律、职责的规定不得躲避或是出于道义、公德等高尚的动机甘冒风险而致伤害，都视为意外伤害，相反的情况则一般不认定为“意外伤害”处理。

拓展阅读

大学生勇斗歹徒

2009年12月31日晚10点半左右，当所有人都在迎接新年的时候，浙江工业大学学生杨某与同学外出途经杭州德胜路小吃店门口时，遭到小偷偷窃。杨某立即与同学一起将正在行窃的小偷抓获。该小偷在挣扎过程中，用随身携带的匕首将杨某捅伤。

2010 年 1 月 1 日 1 时许，杨某经医治无效，不幸牺牲。他临危不惧、勇斗歹徒的英雄事迹在社会上引起强烈反响。1 月 2 日，杨某被杭州市见义勇为基金会追授为杭州市"见义勇为积极分子"，学校追授他"优秀学生干部"荣誉称号。

经核实，杨某在中国人寿保险公司杭州市分公司投保了学生平安险（是一种为幼儿园孩子直到大学生提供意外伤害、疾病医疗保险等多种保障的保险产品。因保险费低，保障全，曾被称为学生的护身符），身故保险金 10 万元。中国人寿保险公司杭州市分公司启动快速理赔机制，优化服务，快速理赔，得到了社会各界的好评。

四、人身意外伤害保险的保险金给付

（一）死亡保险金的给付

1．死亡保险金的给付方式

在意外伤害保险合同中，死亡保险金的数额是保险合同中规定的，被保险人在保险有效期内因发生保险单规定的意外事故而死亡时，保险人按照保险合同规定如数给付保险金。按照我国人身意外伤害保险条款的规定，死亡保险金为保险金额的 100%。

2．死亡保险金给付的注意事项

（1）当保险人承担身故保险金给付责任后，保险责任即告终止。

（2）如果在给付死亡保险金之前，已经给付过残病保险金，则应当从死亡保险金中扣除已支付的伤残保险金。

（3）如果被保险人因意外事故而被依法宣告失踪或死亡，保险人给付死亡保险金后，被保险人生还，则被保险人应当向保险人退还死亡保险金。

（4）如果意外伤害保险中附加了医疗保险，则保险人在给付保险金时，应当分别计算医疗保险金与死亡或伤残保险金。

（二）残疾保险金的给付

1．残疾保险金的给付方式

残疾保险金的给付比较复杂，保险公司要将残疾分为暂时性残疾和永久性残疾，并只对永久性残疾负给付责任。所以，在给付前要对被保险人的残疾状况进行认定，然后再确定残疾程度，残疾程度一般以百分率表示。残疾保险金的数额由保险金额和残疾程度两个因素确定，其计算公式为

$$残疾保险金=保险金额\times残疾程度百分率$$

在人身意外伤害保险合同中，应列举残疾程度百分率，列举得越详尽，给付残疾保险金时，保险人和被保险人就越不易发生争执。但是，残疾程度百分率列举得无论如何详尽，也不可能包括所有的情况。对于残疾程度百分率中未列举的情况，只能由当事人之间按照公平、合理的原则，参照列举的残疾程度百分率协商确定，协商不一致时可提请有关机关仲裁或由人民法院审判。

2. 残疾保险金给付的最高限额

人身意外伤害保险的保险金额不仅是确定死亡保险金、残疾保险金数额的依据，而且是保险人给付保险金的最高限额，即保险人给付每一被保险人的死亡保险金和残疾保险金，累计以不超过该被保险人的保险金额为限。当一次意外伤害造成被保险人身体若干部位残疾时，保险人按保险金额与被保险人身体各部位残疾程度百分率之和的乘积计算残疾保险金；如果各部位残疾程度百分率之和超过100%，则按保险金额给付残疾保险金；被保险人在保险期限内多次遭受意外伤害时，保险人对每次意外伤害造成的残疾或死亡均按保险合同中的规定给付保险金，但给付的保险金以累计不超过保险金额为限。

3. 残疾保险金给付的注意事项

（1）残疾保险金的受益人是被保险人本人，应由被保险人或其委托代理人作为保险金的申请人。如为代理人，应提供授权委托书、身份证明等相关文件。

（2）被保险人的身体残疾程度鉴定，应提供由保险公司指定或认可的医疗机构出具的残疾程度鉴定书。

（3）被保险人的身体损伤在医疗终结时间内彻底治愈的不予以伤残给付；在医疗终结时间结束后仍不能治愈，留有不同程度后遗症的，可按180天时的有效鉴定，对照给付标准给付伤残保险金。这里的180天是残疾鉴定的等待期，等待期的设置可以减少理赔纠纷，保障了客户的利益，也为保险公司的实务操作提供了便利。

（4）《人身保险伤残评定标准》（行业标准）规定了人身保险伤残程度的评定等级以及保险金给付比例的原则和方法，人身保险伤残程度分为一至十级，保险金给付比例分为100%至10%，适用于意外险产品或包括意外责任的保险产品中的伤残保障，用于评定由于意外伤害因素引起的伤残程度。

（三）医疗保险金的给付

1. 医疗保险金的给付方式

在综合性的人身意外伤害保险中，被保险人因遭受意外伤害事故支出医疗费用时，由保险人按合同约定予以补偿。

意外伤害医疗保险金给付应同时具备遭受意外伤害和因此而发生了医疗费用两个条件。由于同时具备这两个条件，因此，意外伤害险医疗保险金的给付较健康险医疗保险金给付的比例要宽一些，但往往也设立了绝对免赔额来控制医疗保险金，如100元。损失在免赔额内保险人不负赔偿责任，对免赔额以上部分通常进行比例给付，比例为50%～80%。所以，大多人身意外伤害保险条款都有这方面的规定：被保险人因遭受意外伤害在县级以上（含县级）医院或保险公司认可的医疗机构诊疗所支出，符合当地社会医疗保险主管部门规定可报销的医疗费用，在扣除人民币100元免赔额后，在意外医疗保险金额范围内，按其实际支出的医疗费用的80%给付保险金。

2. 医疗保险金的给付范围

医疗保险金给付的范围包括治疗费、药费、抢救费、住院费等。医疗保险金的发生必须从意外伤害发生后的若干日内开始，以避免无法认定医疗费用发生的直接原因。严格地说，意外伤害医疗保险金的给付一般不属于人身意外伤害保险的责任范围，大多数情况下须经当事人同意，以特约条款方式附加于人身意外伤害保险合同中。

3．医疗保险金给付的注意事项

意外伤害医疗保险金给付的注意事项主要包括：

（1）发生意外事故的证明材料，如由医疗事故鉴定部门出具的医疗事故鉴定书、由劳动部门出具的工伤事故鉴定书、由公安部门出具的交通事故认定书或处理意见、由公安行政部门出具的刑事案件证明书、由医疗单位出具的中毒事故证明材料等。

（2）确认被保险人所遭遇的意外伤害为保险事故。

（3）因意外事故在外地或非指定医院诊治的，需出具就诊医院的急诊证明。

（4）所承担意外医疗保险金的给付责任以意外医疗保险金额为限，一次或累计给付保险金达到意外医疗保险金额时，该项保险责任终止。

拓展阅读

《人身保险伤残评定标准》内容和结构

该标准参照《国际功能、残疾和健康分类》有关功能和残疾的分类理论与方法，建立“神经系统的结构和精神功能”“眼，耳和有关的结构和功能”“发声和言语的结构和功能”“心血管，免疫和呼吸系统的结构和功能”“消化、代谢和内分泌系统有关的结构和功能”“泌尿和生殖系统有关的结构和功能”“神经肌肉骨骼和运动有关的结构和功能”和“皮肤和有关的结构和功能”8 大类，共 281 项人身保险伤残条目。

本标准对功能和残疾进行了分类和分级，将人身保险伤残程度划分为一至十级，最重为第一级，最轻为第十级。

与人身保险伤残程度等级相对应的保险金给付比例分为十档，伤残程度第一级对应的保险金给付比例为 100%，伤残程度第十级对应的保险金给付比例为 10%，每级相差 10%。

小　结

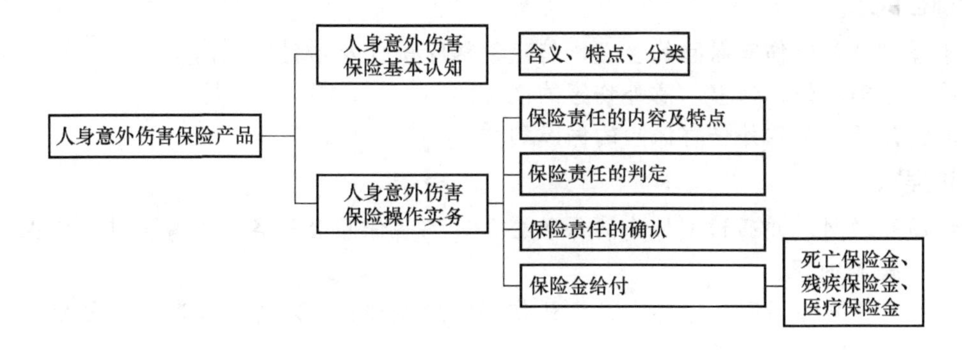

复习思考题

一、简述题

1. 简述人身意外伤害保险的分类。
2. 简述人身意外伤害保险与人寿保险的联系与区别。
3. 简述人身意外伤害保险的可保风险。
4. 简述人身意外伤害保险中残疾保险金的给付方式。
5. 简述意外伤害的构成条件。
6. 简述人身意外伤害保险的特点。
7. 简述人身意外伤害保险保险责任的判定。

二、案例分析题

1. 郭某之父，于某年6月8日因患心肌梗死到某医科大学附属第一医院住院治疗，入院时与某人寿保险公司签订了住院病员医疗责任及人身意外伤害保险单。保险单中约定，病员在保险有效期间因意外伤害事故或医疗事故导致死亡的，保险公司给付保险金1万元。在住院期间，郭某父亲病情稳定准备出院，却因关灯琐事与同室患者发生争执而猝然死亡。郭某即向某人寿保险公司申请保险金，而保险公司却认为郭某父亲的死亡原因不属保险责任，拒绝给付保险金。郭某一纸诉状将保险公司告上了法庭。

问题：请分析该案例中保险公司是否应该负保险责任？

2. 两年前，某工厂为单位所有职工投保了团体意外伤害保险，每人保险金额2万元，保险期限为1年。3个月后，该厂职工孙某患急性化脓性梗阻性胆管炎。在医院进行手术治疗的时候，孙某突然出现心跳过速、呼吸骤停。医生采取紧急措施使其复苏后，孙某一直处于脑缺氧状态，一个星期后死亡。医疗事故鉴定委员会对这一事故进行了鉴定，结论是属于医疗意外死亡。事后，孙某的家属持医院证明向保险公司提出索赔，保险公司以孙某并非遭受意外伤害，而属于疾病死亡为理由拒绝赔付。

问题：请问保险公司的观点是否正确？为什么？

挑战自我—— 实践训练

实训目的

●掌握人身意外伤害保险的含义、特点、保险责任及给付方式。

●要求了解意外、伤害、意外伤害的概念。

●能够分析人身意外伤害保险的保障利益。

实训要求

●借助互联网，并通过实地走访保险公司，了解保险公司各类人身意外伤害保险的具体险种，明确其内容。

●能够对不同公司同类型的人身意外伤害保险险种进行对比，找出不同之处。

●能够总结险种的保障利益。

实训步骤

- 通过互联网搜索工具，查找各大保险公司人身意外伤害保险的种类。
- 阅读保险条款。
- 对不同公司同类型险种做出对比分析。
- 总结强制性人身意外伤害保险的内容。
- 选择有代表性的人身意外伤害保险，总结保障利益。
- 认真整理调查资料，整理完成实训报告。

技能大比武

题目演讲——结合国内外最新事件谈谈人身意外伤害保险的意义与功用

你平时关心时事吗，最近有没有什么新闻事件让你联想到了保险的意义？请结合时事，说一说人身意外伤害保险的意义与功用。

情境5 为冬天准备足够的粮食——健康保险产品

学习目标

能力目标

- ☑ 能够解释健康保险的基本含义。
- ☑ 能够正确应用健康保险的特殊条款。
- ☑ 能够处理健康保险的承保和理赔实务。

知识目标

- ☑ 掌握健康保险的概念、特点和种类。
- ☑ 掌握健康保险的特殊条款。
- ☑ 理解健康保险的各主要险种及责任范围。

素质目标

- ☑ 全面掌握健康保险产品结构特点，培养专业化服务能力与职业核心能力。
- ☑ 培养诚信、热情服务、从客户的角度考虑问题的良好职业素养。

情境演练

商业健康保险的现状与未来趋势

自2009年以来，我国政府一直高度重视商业健康险的发展壮大，各项政策频频出台，商业健康险行业春风劲吹、利好政策不断。2014年《国务院办公厅关于加快发展商业健康保险的若干意见》鼓励保险公司加大医疗险、疾病险、失能收入险等险种产品的研发力度，与基本医疗保险实现衔接互补。此外，保险公司应进一步将服务领域拓宽，提供慢性病管理、健康维护、疾病预防等差异化、高品质的健康管理服务，积极承办城乡居民大病保险，深度参与医药卫生体制改革。2017年1月，政府提出保险公司须大力发展消费型健康险，商业健康险的保障属性被进一步强化。政策环境趋好为商业健康险释放了政策红利，税收、用地等政策大大激发了商业健康险发展潜力，指明了商业健康险产品创新、服务创新的方向。

原保监会数据显示，2017年中国保险市场总体原保险费收入为36 581.01亿元，其中健康险原保险费收入为4 389.46亿元，占比12.0%，从2013年至2017年的中国保险市场原保险费收入复合增长率看，整体增速为20.7%，健康险增速为40.6%，远高于其他险种。经过5年持续增长，2017年中国的健康险密度为316元/人，健康险深度为0.53%。从险种方面看，2017 年健康险市场中，疾病险占比最高、增速最快，全年实现保险费 2 494 亿元，同比增长 46.9%，占比达 56.8%，主要为长期重疾险；医疗险其次，占比为 32.3%；护理险占比 10.8%。2017 年参与健康险经营的公司共 149 家，较 2016 年新增 12 家，较 2015 年新增 23 家。

通过对社会及客户需求的分析，健康险市场将是一个需求旺盛、前景广阔的市场，其未来的业务发展趋势将会是如下四种情形：①健康险将逐步走向以满足个人客户医疗需求为中心、以家庭为单位的服务闭环；②健康险经营会脱离传统产/寿险业务模式，向生态化、专业化、智能化经营转变；③支付方和服务方的高效合作是促进健康险服务闭环形成的关键；④商业健康险与政府医保因地制宜地有机结合，是实现互利共赢的关键；积极配合政府各部门参与医疗体系改革是深入服务方的重要切入点。

子情境 1 健康保险基本认知

知识解读

死亡曾经是人们公认的第一人身危险。然而，随着生产力水平的不断提高，人类的物质生活日益丰裕，人们眼中的人身危险不再只有死亡，身体的健康和健全开始成为人们普遍关注的问题，于是疾病和残疾就相继被纳入主要的人身危险之列。健康是人类最大的财富，疾病或残疾不仅暂时或永久地剥夺了人们健康快乐生活的权利，给人们带来心理、生理的压力，而且看病治疗永远意味着要支付一笔费用开支，“经济越发达的社会，医疗费用越昂贵”已经成为不争的事实，医疗费用也成为个人和家庭一种相当严重的经济负担；更为不幸的是，很多病人或因病致残的人在忍受疾病的同时，还要承受不能继续原来工作的压力，由此产生的收入上的损失无疑是雪上加霜。健康保险就是以人的身体为保险对象，以发生疾病或因病、因生育而致残、致亡给个人和家庭造成的不确定费用开支以及收入损失为保险事故，由保险公司给付或补偿保险金的人身保险。

一、健康保险的含义

健康保险简称健康险，是指被保人因意外伤害或疾病引起的住院、医疗费用开支及因此不能工作造成的收入损失，由保险人负责赔偿的保险。但并不是每一健康保险的承保责任都包含所有费用和损失，否则成本过高。通常健康保险承保的责任范围主要包括两方面：一是由于疾病或意外事故所产生的医疗费用；二是疾病或意外事故所致的收入损失。

现代社会带给人类丰富的物质资料的同时，也使工作节奏加快，生活方式改变，环境污染加重，各种疑难病症接踵而至。高额的医疗费用往往在很短的时间内便使一个家庭陷入经济困境，许多重病患者由于难以负担高额的医疗费用而放弃治疗，因此健康保险越来越为人们所关注。为适应消费者的需求，各寿险公司也相继推出了名目不同的保险产品，如重大疾病终身保险、住院医疗保险和老年看护保险等，以满足人们转嫁健康风险所致经济损失的需要。

健康保险的保险费率与被保险人的年龄、健康状况密切相关，保险公司往往要求被保险人体检，并规定观察期约定自负额，承保条件比较严格。因此，趁年轻、健康时购买健康保险相对较为有利。等到年龄增大、健康状况恶化时再购买，则往往面临不利的局面：要么被拒保，要么被加收保险费承保，增加了经济负担。

二、健康保险的承保责任

笼统地讲，健康保险的承保责任范围包括：工资收入损失、业务利益损失、医疗费用、残疾补贴以及丧葬费及遗属生活补贴等。从总体上看，健康保险承保的主要内容可以分为两大类：一类承保的是由于疾病、分娩等所致的医疗费用支出损失，这种健康保险一般被称为医疗保险或医疗费用保险。另一类承保的是由于疾病或意外事故致残所致的收入损失，如果被保险人完全不能工作，则其收入损失是全部的；如果无法恢复所有工作，只能从事比原工作收入低的工作，那么收入损失是部分的，损失数额就是原收入与新收入的差额，一般称这种健康保险为残疾收入补偿保险。

目前，我国健康保险中的残疾收入补偿保险较为少见，健康保险的保险责任范围主要包括：疾病、分娩、因分娩或疾病所致的残疾和因分娩或疾病所致的死亡四项。前两项以补偿医疗费用损失为目的，属单纯的健康保险。第三项除医疗费用外，还补偿被保险人生活收入的损失，属于残疾保险。第四项弥补丧葬费用并给付遗属生活费用，类似以死亡为条件的人寿保险。因此，也有人说健康保险是一种综合保险。事实上，健康保险单独承保的情况比较少，大多数时候都是作为人寿保险的附加险出现，即附加疾病保险和附加分娩保险。

三、健康保险的特点

（一）承保条件

由健康保险的含义可知，影响人们健康的各种疾病是构成健康保险保险金给付的首要条件，但对于保险公司来说，出于经营的需要，健康保险的可保疾病必须要符合一定的条件。

1．必须是由于明显非外来原因所造成的

由于外来的、剧烈的原因造成的病态视为意外伤害，而疾病是由身体内在的生理原因所致。但若因饮食不慎、感染细菌引起疾病，则不能简单视为外来因素，因为外来的细菌只有经过体内抗体的抵抗以后，才能最终形成疾病。因此，要以是否是明显外来的原因，作为疾病和意外伤害的分界线。

2．必须是非先天的原因所造成的

健康保险仅对被保险人的身体由健康状态转入病态承担责任。由于先天原因，使身体发生缺陷，如视力、听力的缺陷或身体形态的不正常，这种缺陷或不正常不能作为疾病由保险人负责。

3．必须是由于非长存的原因所造成的

在人的一生中，要经历生长、成年、衰老的过程，因此，在机体衰老的过程中，也会显示一些病态，这是人生必然要经历的生理现象。对每一个人来讲，衰老是必然的，但在衰老的同时诱发出其他疾病却是偶然的，需要健康保险来提供保障。而属于生理上长存的原因，即对人到一定年龄以后出现的衰老现象，则不能称为疾病，也不是健康保险的保障范围。

（二）保险期限

除重大疾病等保险以外，绝大多数健康保险尤其是医疗费用保险常为一年期的短期合同，原因在于医疗服务成本不断上涨，保险人很难计算出一个长期适用的保险费率；而一般的个人寿险合同则主要是长期合同，在整个交费期间可以采用均衡的保险费率。

（三）定价、准备金及费率的计算

健康保险产品的定价基础和准备金计算与其他人身保险业务，特别是与寿险业务相比有较大的不同。人寿保险在制定费率时主要考虑死亡率、费用率和利息率，而健康保险则主要考虑疾病率、伤残率和疾病（伤残）持续时间。健康保险费率的计算以保险金额损失率为基础，年末未到期责任准备金一般按当年保险费收入的一定比例提存。此外，健康保险合同中规定的等待期、免责期、免赔额、共保比例和给付方式、给付限额也会影响最终的费率。

（四）健康保险的给付

关于“健康保险是否适用补偿原则”问题，不能一概而论，补偿原则是指“被保险人获得的补偿不能高于其实际损失”。费用型健康保险适用该原则，是补偿性的给付；而定额给付型健康保险则不适用，保险金的给付与实际损失无关。对于前者而言，强调对被保险人因伤病所致的医疗花费或收入损失提供补偿，类似于财产保险，与人寿和意外伤害保险在发生保险事故时给付事先约定的保险金不同。

因为健康保险的特性，一些国家把健康保险和意外伤害保险列为第三领域，允许财产保险公司承保，我国也遵从国际惯例，放开短期健康保险和意外伤害保险的经营限制，财产保险公司也可提供短期健康保险和意外伤害保险。

（五）经营风险的特殊性

健康保险经营的是伤病发生的风险，其影响因素远较人寿保险复杂，逆选择和道德风险都更严重。为降低逆选择风险，健康保险的核保要比人寿保险和意外伤害保险严格得多，道德风险导致的索赔欺诈也给健康保险的理赔工作提出了更高的要求。精算人员在进行风险评估及计算保险费时，除了要依据统计资料，还要获得医学知识方面的支持。此外，健康保险的风险还来源于医疗服务提供者，医疗服务的数量和价格在很大程度上由他们决定，作为支付方的保险公司很难加以控制。

（六）成本分摊

健康保险的基本责任主要是指医疗给付责任，即对被保险人的意外伤害和疾病医治所发生的医疗费用支出，保险人按规定给付相应的医疗保险金。由于健康保险有风险大、不易控制和难以预测的特性，因此在健康保险中，保险人对所承担的医疗保险金的给付责任往往带有很多限制或制约性条款。

（七）合同条款的特殊性

健康保险的基本责任是为被保险人提供医疗费用和残疾收入补偿，基本以被保险人的存在为条件，所以无需指定受益人，且被保险人和受益人常为同一个人。健康保险合同中，除适用一般寿险的不可抗辩条款、宽限期条款、不丧失价值条款等外，还采用一些特有的条款，如既存状况条款、转换条款、协调给付条款、体检条款、免赔额条款、等待期条款等。此外，健康保险合同中有较多的名词术语，有关保险责任部分的条款也显得比较复杂。

（八）健康保险的除外责任

健康保险的除外责任一般包括战争或军事行动，故意自杀或企图自杀造成的疾病、死亡和残疾，堕胎导致的疾病、残疾、流产、死亡等。健康保险中将战争或军事行动除外，是因为战争所造成的损失程度，一般来讲是较高的，而且难以预测，在制定正常的健康保险费率时，不可能将战争或军事行动的伤害因素以及医疗费用因素计算在内。而故意自杀或企图自杀均属于故意行为，与健康保险所承担的偶然事故相悖，故亦为除外责任。

四、健康保险的特殊条款

在健康保险合同中，除适用一般人寿保险的不可抗辩条款、宽限期条款、不丧失价值条款等条款之外，由于健康保险的危险具有变动性和不易预测性，赔付危险大，保险人对所承担的保险金给付责任还规定了一些特殊的条款，即健康保险所独有的条款。

（一）一般特殊条款

一般特殊条款是指个人健康保险和团体健康保险共同采用的一些特别规定。

1．年龄

不同年龄的人具有不同的健康状况，年龄过大或过小都存在较常人更高的健康方面的危险，因此年龄大小是保险人在决定是否承保时所要考虑的一个重要因素。一般，健康保险的承保年龄多为3岁以上、60岁以下，个别情况下可以放宽到0～70岁。此外，人的性别也有很大关系。通常，女性的期望寿命要长于男性，健康状况也要好于男性，从而男性投保健康保险时的保险费率要较同龄女性高。

2．体检条款

它允许保险人指定医生对提出索赔的被保险人进行体格检查，目的是使保险人对索赔的有效性做出鉴定。体检条款适用于残疾收入补偿保险。

3．观察期条款

仅仅依据病历等有限资料很难判断被保险人在投保时是否已经患有某种疾病，为了防止已有疾病的人带病投保、保证保险人的利益，保险单中要规定一个观察期（大多是半年）。在此期间，被保险人因疾病支出医疗费或收入损失，保险人不负责，只有观察期满之后，保险单才正式生效。也就是说，观察期内发作的疾病都假定为投保之前就已患有，保险人根据最大诚信原则可以拒绝承担责任。如果在观察期内因免责事由造成保险标的灭失的（如被保险人因病死亡），则保险合同终止，保险人在扣除手续费后退还保险费；如果保险标的没有灭失，则由保险人根据被保险人的身体状况决定是否续保，也可以危险增加为由解除保险合同。

身边的保险

观察期和犹豫期不能混为一谈

案情：2013 年，小王为自己投保了某保险公司的重大疾病保险及附加住院费用保险，投保 2 个月后，小王因肠胃疾病住院治疗，病愈出院后，小王来到保险公司申请理赔。因为小王所患疾病不属重大疾病范围，且病发时间在保险单生效后 90 天内，因此根据保险责任，保险公司不承担重大疾病赔偿责任。

小王对此非常不满，以既然保险公司在保险单生效 90 天内不承担保险责任，就应当可以当作犹豫期退保处理为由，要求全额退保。

由于小王接收保险单已经 2 个月，因此保险公司不能为小王做犹豫期退保处理。保险公司客服人员为小王解释了观察期与犹豫期的区别，并向其讲解了投保健康保险的重要性，小王最后决定不再退保。

分析：一般健康保险中均有健康观察期的条款规定，在保险单生效的一段时间内（一般为 90～180 天），保险公司不承担保险责任。这段免责期是为了防范道德风险、规避逆选择而设计的，与犹豫期退保并无必然联系。

而犹豫期的设计是为了使消费者能够更加仔细、冷静地研究自己购买的保险是否能够满足自己的需求，如果所购保险并不是自己真实意愿的反映，可以在犹豫期内要求全额退保。犹豫期根据签收保险单的日期来确定。依合同约定，投保人在签收保险单 10 日内要求退保的，保险人在扣除不高于 10 元工本费后退还保险费。

因此，犹豫期和观察期是两个不同的概念，不能混为一谈。

4. 等待期条款

所谓等待期，也称免赔期间，是指健康保险中由于疾病、生育及其导致的疾病、残疾、死亡发生后到保险金给付之前的一段时间。健康保险的保险合同在“保险金的申请和给付”条款中一般都要加上“等待期”的约定，时间长短不一，短的只有三五日，长的可达 90 日。例如，疾病保险的保险单中都明确规定，“被保险人自患病之日起，直到约定的等待期届满以前，不能从保险人处获得任何给付”。一些意外伤害保险的保险单中也有这种等待期的约定，但一般等待的期限比疾病保险要短。等待期的提出，可为保险金申请人准备资料、申请保险金提供充足而有效的时间。对保险人而言，“等待期”的约定，首先，可以防止被保险人借轻微的疾病或小的医疗费支出坐享给付，同时可以防止道德危险发生引起严重的自伤行为。在等待期内一切经济上的负担要由被保险人自己承担，这就避免了被保险人以暂时性疾病或以其他不当手段制造保险事故骗取保险金，给保险人的经营带来不利的影响。其次，保险人可以充分利用这段时间进行调查、核实，杜绝不良现象发生，以保证保险业务健康有序地展开。

此外，健康保险条款一般还会约定：一旦发生投保人要求增加保险金额度的情况，要重新安排一段观察期（如90天）。在增加保额后的这一段观察期内，如果发生责任范围内的保险事故，保险公司不承担所增部分的保险金的给付义务，这显然是出于杜绝“逆选择”的需要。等待期满，如果保险人调查结果显示保险事故真实无误，则根据合同约定给付或补偿保额给受益人或被保险人本人。在被保险人全部领取保险给付后保险责任终止。如果被保险人意欲再次投保此种健康保险，必须经过指定医院检查，确认治疗康愈后才允许办理再保手续。

5. 免赔额条款

在健康保险合同中，一般均对医疗费用采用免赔额的规定，即在一定金额下的费用支出由被保险人自理，保险人不予赔付。免赔额有两层含义：一是指规定一个固定额度（如100元或200元），当被保险人在保险事故中遭受的损失没有达到此限额时，保险人不履行保险责任，只有当损失额达到这一限额时才予以全额赔偿，即“相对免赔额”；二是指不管被保险人的实际损失多大，保险人都要在扣除免赔额之后才支付保险金，即“绝对免赔额”。在健康保险中多采用绝对免赔方式。免赔额条款，一方面可以促使被保险人加强自我保护、自我控制意识，减少因疏忽等原因导致的保险事故的发生和损失的扩大，避免不必要的费用支出，减少道德危险；另一方面由被保险人承担可以承担的较低的医疗费用支出，可以减少保险人大量的理赔工作，从而降低成本，对保险人和被保险人都有利。

6. 比例给付条款

比例给付条款又称为共保比例条款。比例给付是保险人采用与被保险人按一定比例共同分摊被保险人的医疗费用的方式进行保险赔付的方式。此种情形下，相当于保险人与被保险人的共同保险。例如，共保比例为80%，意味着对被保险人的医疗费用，保险人负担80%，被保险人要自负20%。如果同一份健康保险合同既有共保条款又有免赔额条款，则是指保险人对超出免赔额以上部分的医疗费用支出，采用与被保险人按一定比例共同分摊的方法进行保险赔付。健康保险是以人的身体为标的，不存在是否足额投保的问题。但由于其承保的危险不易控制，因此，在大多数健康保险合同中，保险人对医疗保险金的给付有比例给付的规定。当然，通常是保险人承担其中的大部分费用。这样，既有利于被保险人对医疗费用的控制，也有利于保障被保险人的经济利益，达到保险保障的目的。

7. 给付限额条款

在补偿性质的健康保险合同中，保险人给付的医疗保险金有最高限额规定，如单项疾病给付限额、住院费用给付限额、手术费用给付限额、门诊费用给付限额等。健康保险的被保险人的个体差异很大，其医疗费用支出的金额差异也很大，因此，为保障保险人和大多数被保险人的利益，规定医疗保险金的最高给付限额，可以控制总的支出水平。而对于具有定额保险性质的健康保险，如大病保险等，通常没有赔偿限额，而是依约定的保险金额实行定额赔偿。

身边的保险

医疗费用比例给付办法参考样例

1．分级累进比例给付

分级累进比例给付是将全部医疗费用分成不同的等级，按不同等级的给付比例标准计算给付金额，累计给付金额不得超过保险合同规定的保额。

分级累进计算方法，是多种医疗保险经常采用的比例计算方法。计算办法见表 5-1。

表 5-1　分级累进计算方法

实际支付的合理费用	给付医疗费用的比例
0～1 000 元	50%～55%
1 001～4 000 元	60%～65%
4 001～7 000 元	70%～75%
7 001～10 000 元	80%～85%
10 001～30 000 元	90%
30 001 元及以上	95%

对于团体住院医疗保险的给付有时有更简单的比例给付方式。

2．分项比例给付

分项给付比例是将全部医疗费用分成不同的项目，按不同项目的给付比例标准给付金额，累计给付金额不得超过保险合同规定的保额。

例如，在某住院医疗保险条款中将医疗费用分为药品费、住院费、治疗费、检查费、材料费五项，按实际费用的相应比例给付，并不超过保额的固定比例限额。

分项给付的比例关系见表 5-2。

表 5-2　分项给付的比例关系

	实际支出费用的比例	保险金额的比例
药品费	75%	45%
住院费	85%	6%
治疗费	80%	30%
检查费	75%	14%
材料费	75%	5%

其中：

（1）药品费。药品费包括中药费、西药费、中成药费，按各公司当地医疗社保公布的药品目录执行，目录以外的药品不予给付。

（2）住院费。住院费包括护理费、普通床位费。普通床位费根据卫生和物价部门按不同等级医院的普通病床制定的收费标准确定。

（3）治疗费。

1）常规治疗费：肌肉注射费、静脉注射费、皮下注射费、抽血皮试费、换药费、各类牵引费、胃肠减压以及心电监护费、理疗费、输血费、抢救监护费、氧气费（如与当地社保规定不同，以当地社保规定为准）。

2）麻醉、手术费：麻醉操作费、麻醉用品费、材料费、药品费等。

3）特殊治疗费：放疗费、化疗费、介入治疗费（溶栓、扩冠、射频消融）、体外起搏器费、血液透析费、腹膜透析费。

4）特殊处置费：手术间处置费、器械处置费、传染病消毒费等。

（4）检查费。

1）常规检查费（化验、X光、心电图）。

2）特殊检查费（CT、B超、动态心电图、纤维内窥镜等项目应与当地社保规定相符）。

（5）材料费。

1）普通材料费：各种敷料、引流管、腹带、胸带、各种导管等一次性用品费。

2）特殊材料费：国产材料人工关节、人工瓣膜、各种假体、介入治疗导管、造影剂等费用。

（二）个人健康保险的特殊条款

个人健康保险是保险公司与保险单所有人之间订立的一种合同，是对某一个人或某几个人提供保障的保险。这类保险的被保险人不能选择保障范围，但可以就给付水平、可续保条款等与保险人进行协商。在医疗保险中，被保险人还可以选择自负额的计算方式，是每次保险事故自负额还是日历年度自负额；在残疾收入补偿保险中，被保险人可以选择免赔期、观察期和给付期的不同组合。不同的选择，保险费率也不同。

个人健康保险包含以下一些特殊条款：

1. 可续保条款

一般的健康保险都是一年期的。初次投保无论对保险人还是投保人而言，都意味着复杂的手续和各项杂费，对于希望长期投保健康险的客户，反复投保一年期保险显然是不方便的，也是不现实的。通过在保险单条款中加以说明，使健康险保险单变成连续有效的保险单是解决这一问题的好方法。一般可以在保险单中加入这样的内容：

（1）定期条款。该条款规定了有效期限，如一年期保险单。承诺在保险期内保险人不能提出解除或终止合同，也不能要求变更保险费或保险责任。这就避免了被保险人被迫每年重复检查身体办理投保手续等定式，同时也在一定程度上延长了平均投保期限，保险人也会因此而获益。

（2）可取消条款。这种条款的灵活性较强，被保险人或保险人在任何时候都可以提出终止合同或改变保险费、合同条件保障范围。规定这样的条款，保险人承担的风险小，所以成本也低，当然承保条件就不那么严格，但对保险人在售出保险单之后的工作要求较高。

（3）续保条款。续保条款一般有两种：①条件性续保，即被保险人在符合合同规定的条件的前提下，可以续保直至某一特定时间或年数；②保证性续保，也称无条件续保，即只要被保险人继续交费，合同就可以持续有效，直到一个既定的年龄。在此期间，保险人不能单方面变更合同中的任何条件。

（4）不可取消条款。这一条款同时针对被保险人和保险人双方，双方都不得要求取消保险合同，被保险人也不能要求退费。但如果被保险人不能交纳保费时，保险公司可自动终止合同。

可见，虽然健康保险的保险合同大多是短期的，但可以根据保险条款中的相应规定使所持保险单成为连续有效保险单，从而满足投保人获得长期健康保障的要求，也能保证健康保险人的业务总量和保险费收入。

身边的保险

附加险不存在“复效”

案情：吴小姐投保了一份长期寿险，并附加了一份住院医疗保险。第二年该交费时，吴小姐虽然收到了保险公司提醒交费的通知，但是因为工作忙，一直没有交纳续期保险费，直到3个月后吴小姐才到保险公司申请保险单复效。保险公司审核后同意了吴小姐的复效申请。

之后不久，吴小姐因为急性胆囊炎住院治疗，出院后，她到保险公司索赔住院医疗保险，而工作人员遗憾地告诉吴小姐：因为该事故发生在观察期内，是属于住院医疗保险的除外责任，所以不能理赔。吴小姐很奇怪：不是已经办理了保险单复效吗，怎么还有观察期呢？

分析：失效是指由于投保人没有在宽限期内交纳续期保险费而使保险单丧失效力。长期寿险的宽限期一般为2个月，虽然吴小姐的长期寿险保险单失效了，但在失效后2年内她可以向保险公司申请复效，同时履行复效时的告知义务，如果符合承保条件且经保险公司审核同意后，可以恢复保险单的效力。但是复效是针对长期险的，附加险通常保险期间是1年，到期后合同即终止，是不存在复效问题的。

如果吴小姐还希望获得附加险的保障，就需办理“新增附险”手续，即重新投保附加险，自然需要从投保时起重新计算观察期或免责期等。在复效之前以及复效之日后的观察期内所患的疾病，都不属于保险责任范围内。当然如果吴小姐在每次交纳长期寿险保险费时都按期交纳附加险保险费，就不会出现长期险保险单失效问题，当然也不存在需要重新投保附加险的问题，也就不会重新计算观察期或免责期。

2．既存状况条款

既存状况条款规定，在保险单生效的约定期间内，保险人对被保险人的既往病症不给付保险金。既往病症是指在保险单签发之前被保险人就已患有，但却未在投保单中如实告知的疾病或伤残。通常保险单规定被保险人必须告知保险单签发前2年或更多年内所患过的疾病。对被保险人因既往病症而发生属于保险责任范围内的损失时，保险人只在保险单生效2年以后才给付保险金。既存状况条款防止被保险人出现逆向选择，避免那些得过某些疾病但有复发危险或未痊愈的人通过购买健康保险获得保险给付。

在这里，我们有必要解释一下既存状况条款与不可抗辩条款之间的区别。在健康保险合同中，虽然二者都与投保人对被保险人的健康状况不实告知有关，但不可抗辩条款针对的是属于重大不实告知的病症，它保证保险人在保险单生效未满2年期间可以以此终止合同；而既存状况条款针对的不实告知的事实属于比较轻的病症，如被保险人有关节痛、有时厌食等。

3. 职业变更条款

在健康保险中，被保险人的职业发生变动将会直接影响发病率、遭受意外伤害的危险，所以通常在职业变更条款中规定，如果被保险人的职业危险性提高，保险人可以在不改变保险费率的前提下降低保险金额。

4. 理赔条款

该条款规定，理赔申请人有及时将损失通知保险人的义务，保险人有迅速理赔的责任。

5. 超额保险条款

由于健康保险的保险金具有补偿性质，因此为防止被保险人因疾病或残疾后获利，在合同中可规定超额保险条款，即对于超额保险，保险人可减少保险金额，但要退还超额保险的保险费部分。

6. 防卫原因时间限制条款

防卫是指投保书上所列明的重大不实告知事项。根据此条款，保险单生效经过一定时间后，除非被保险人有欺诈行为，否则保险人不得以重大不实告知为由决定保险单无效或拒绝赔付。典型的防卫原因时间限制条款如下：

“保险单生效两年后，仅限于欺诈性的不实告知，保险公司才可终止合同；否则，不能以保险单生效前的既存状况而拒绝赔付，除非既存状况属于保险单列举的除外责任。”

该条款与不可抗辩条款具有相似之处，但不可抗辩条款规定，保险单经过不可抗辩期后，即使投保书内重大不实告知属于欺诈行为，保险公司也不得拒赔。

（三）团体健康保险的特殊条款

团体健康保险是保险公司与团体保险单持有人（雇主或其他法定代表）之间订立的健康保险合同，它对主契约下的人群提供保障。为此，保险人可以在一份团体健康保险单中提供多种团体保障，也可以为每一种保险保障签发独立的团体保险单。团体健康保险的特殊条款有：

1. 既存状况条款

该条款的具体内容与个人健康保险有所不同。在团体险中，该条款规定除非被保险人享受保险保障已达到约定的期限，保险人不负对被保险人的既存状况给付保险金的责任；但被保险人如果对某一既存状况已连续3个月未因此而接受治疗，或者参加团体保险的时间已达12个月，则该病症不属于既存状况，由此而发生的医疗费用支出或收入损失可以向保险人提出赔付申请。

2. 转换条款

转换条款允许团体被保险人在脱离团体后若购买个人医疗保险，可不提供可保证明。但是，被保险人不得以此进行重复保险。将团体健康保险转换为个人健康保险时，被保险人通常要交纳较高的保险费，有关保险金的给付也有更多的限制。

3．协调给付条款

该条款在美国和加拿大的团体健康保险中较常见，因为在这些国家，有资格享受多种团体医疗保险的被保险人较普遍，如双职工家庭可能享有双重团体医疗费用保险。该条款主要是为解决享有双重团体医疗费用的团体被保险人获得的双重保险金给付问题，而将两份保险单分别规定为优先给付计划和第二给付计划。优先给付计划必须给付它所承诺的全额保险金；若其给付的保险金额小于被保险人所应花费的全部合理医疗费用，被保险人就可要求第二给付计划履行赔付差额部分保险金的责任，同时告知保险人优先给付计划的给付金额，第二给付计划根据协调给付条款支付保险金。

关于优先给付计划的确定，协调给付条款规定：两份团体保险单中不包含协调给付条款的作为优先给付计划，另一份则作为第二给付计划；如果两份保险单都含有此条款，则以雇员身份而非受抚养者身份作为被保险人的那份团体保险单是优先给付计划；如果受抚养者持有多份团体保险单，优先给付计划可按生日规则或性别规则确定，即以生日较早的雇员或男性雇员所享有的计划作为受抚养者的优先给付计划。

五、健康保险的分类

1．按保障内容划分

健康保险按保障内容的不同可划分为疾病保险、医疗保险、失能收入损失保险和护理保险。

（1）疾病保险：指以保险合同约定的疾病的发生为给付保险金条件的保险。

（2）医疗保险：指以保险合同约定的医疗行为的发生为给付保险金条件，为被保险人接受诊疗期间的医疗费用支出提供保障的保险。

（3）失能收入损失保险：指以因保险合同约定的疾病或者意外伤害导致工作能力丧失为给付保险金条件，为被保险人在一定时期内收入减少或者中断提供保障的保险。

（4）护理保险：指以因保险合同约定的日常生活能力障碍引发护理需要为给付保险金条件，为被保险人的护理支出提供保障的保险。

2．按保险期限划分

健康保险按保险期限的不同可划分为长期健康保险和短期健康保险。

（1）长期健康保险：指保险期间超过 1 年，或者保险期间虽不超过 1 年但含有保证续保条款的健康保险。

（2）短期健康保险：指保险期间在 1 年及 1 年以下且不含有保证续保条款的健康保险。

3．按投保方式划分

健康保险按投保方式的不同可划分为个人健康保险与团体健康保险。

（1）个人健康保险：指保险人与保险单所有人之间达成的合同，是保险人以一个或数个自然人为保险对象提供健康保险保障的保险。

（2）团体健康保险：指保险人与团体保险单持有人（投保人一般为雇主或法人代表）

之间达成的合同，是保险人对于主契约下的群体提供保险。但该团体不能是为购买团体健康保险而组成的团体。

4. 按保险金给付方式划分

健康保险按保险金给付方式的不同可划分为定额给付型保险、实报实销型保险与津贴给付型保险。

（1）定额给付型保险：指保险人在被保险人发生合同约定的保险事件（如罹患合同约定的某种疾病）时，按照合同约定的保险金额和方法一次或分次给付保险金的保险。

（2）实报实销型保险：指保险人针对被保险人因患疾病或发生意外伤害实际支出的医疗费用按照保险合同的约定报销其费用，补偿其经济损失的保险。

（3）津贴给付型保险：指保险人按照被保险人的实际住院天数和合同约定的每天住院补贴的标准额度给付保险金的保险。

5. 按组织性质划分

健康保险按组织性质的不同可划分为商业健康保险、社会健康保险、管理式医疗保险和自保计划。

（1）商业健康保险：指投保人与保险人双方遵循自愿原则，以双方所达成的保险合同为基础，在被保险人出现合同中约定的保险事故时，由保险人给付保险金的一种保险。

（2）社会健康保险：指国家通过立法形式，采取强制的方式对劳动者因患病、生育、伤残等原因所支出的费用和收入损失进行物质帮助而实施的一种制度。

（3）管理式医疗保险：指一种将提供医疗服务和提供医疗服务所需资金相结合的一种医疗保险管理模式或管理系统。

（4）自保计划：指企业或事业单位的雇主，通过部分或完全自筹资金的方式承担其职工或雇员的医疗费用开支，并为此承担部分或全部损失赔偿责任。

6. 按续保方式划分

健康保险按续保方式的不同可划分为保证续保的健康保险和非保证续保的健康保险。

（1）保证续保的健康保险：指只要被保险人继续交费，合同就可以成立，直至约定年龄为止的保险。这时被保险人有选择保险公司的权利，而保险公司却没有选择被保险人的权利。按我国《健康保险管理办法》第三条和第二十条的规定。“保证续保条款，是指在前一保险期间届满后，投保人提出续保申请，保险公司必须按照约定费率和原条款继续承保的合同约定。”“含有保证续保条款的健康保险产品，应当明确约定保证续保条款的生效时间。含有保证续保条款的健康保险产品不得约定续保时保险公司有调整保险责任和责任免除范围的权利。”

（2）非保证续保的健康保险：指在每一次续保时保险公司有选择是否给予续保的权利的保险，一般包括可撤销保险和条件续保保险。可撤销保险是指在每一次续保时，保险公司可以任何理由拒绝续保、变更保险费或责任范围的健康保险。对于这种保险，保险公司可以发出拒绝续保通知书，原保险合同到期终止。而条件续保保险是指保险人仅可根据保险单载明的特定理由拒绝续保，如果拒绝续保，需要提前30天发出拒绝续保通知书。对于条件续保保险，保险人还保留对同类保险进行费率变更和给付变更的权利。

子情境 2　医 疗 保 险

知识解读

一、医疗保险的含义

医疗保险是指以约定的医疗费用为给付保险金条件的保险，即提供医疗费用保障的保险，是健康保险的主要内容之一。医疗费用是病人为了治病而发生的各种费用，不仅包括医生的医疗费和手术费用，还包括住院、护理、医院设备等的费用。医疗保险就是医疗费用保险的简称。

医疗保险的保障范围很广，一般依照其医疗服务的特性来区分，主要包括医生的门诊费用、药费、住院费用、护理费用、医院杂费、手术费用、各种检查费用等。各种不同的医疗保险所保障的费用一般是其中的一项或若干项的组合。

二、医疗保险的特点

1．出险频率高，保险费率高

人类健康既要受到生理、社会等多种因素的影响，也要受个人行为、群体行为等的影响。具体来说，影响健康的因素主要有四个：①环境因素，许多疾病的发生与自然环境有关，特别是随着环境污染的加剧，环境对健康的影响更加突出；②行为和生活方式；③生物因素，主要是遗传因素；④卫生保健因素。随着人们生活的日益富裕，生存已不是问题，疾病成为人类健康最频繁的危险之一，几乎每个人每年都会因患疾病而需要得到医疗服务，由此决定了医疗保险具有高出险率、高损失率的特点。再加上医疗保险的技术性强，其费用总额也要高于其他人身保险，保险费率自然也要高于其他险种。

2．赔付不稳定且不易预测

虽然保险公司可以通过历年的统计资料对某一地域某一时期人群的发病率、患病率、住院率以及门诊住院医疗费等事项做出大致预测，但正如前文所述，人的健康状况受到诸多因素的影响，其中许多因素是不确定的，难以准确预测。另外，医疗条件的改善和医疗技术的日益发展，医疗费用开支中不能排除的人为因素，使得医疗费用总额的合理与否难以区分。因此，保险人的赔付也具有不易预测性。

3．保险费率厘定困难，误差大

首先，决定医疗保险费率的因素比人寿保险以及其他险种要多，而且这些因素很难进行可靠、稳定的测量，除了年龄、性别、健康状况、职业与嗜好等因素外，还包括疾病发生率、残疾发生率、疾病持续时间、利息率、费用率、死亡率、损失率等因素。其次，同其他险种一样，类似保险单失效率、展业方式、承保习惯、理赔原则以及保险公司的主要经营目标等都影响着费率的高低。最后，由于医疗保险承保内容的特殊性，确定保险费时对诸如医院的管理、医疗设备以及经济发展、地理环境等条件的依赖程度较大，这些方面的些许变化都会使保险人对未来的赔付预测产生较大的影响。总之，影响因素是多方面的，各个因素又不易完整而准确地预测，从而给确定医疗保险保险费带来一定的困难。

4．补偿性

在医疗保险中，疾病发生导致被保险人遭受实际的医疗费用损失可以用货币来衡量，所以医疗保险具有补偿性，即被保险人在保险金额的限度内补偿被保险人实际支出的医疗费用。当然，医疗保险也可以采用定额给付方式，但仅适用于某些特定保障项目，如住院医疗费、手术费、护理费等。当医疗保险采用补偿方式时，保险人通常按实际医疗费用进行补偿。

三、医疗保险的内容

1．保险期限和责任期限

保险期限是指保险人对保险合同约定的保险事故所造成的损失承担给付保险金责任的时间段。责任期限则是指被保险人自患病之日起的时间段，如果被保险人患病治疗超过保险期限，则保险人只负责责任期限内的医疗费用开支。也就是说，只有发生在保险期限内的保险事故才能享受责任期限的待遇，被保险人在保险期内患病但在保险期内还未治愈，则从患病之日期起的不超过责任期限内所消耗的医疗费用由保险人提供补偿保险金。责任期限一般可定为90日、180日、360日不等，以180日居多。

2．保险金额

医疗保险一般规定一个最高保险金额，保险人在此限额内支付被保险人所发生的医疗费用，无论被保险人是一次还是多次患病治疗；但超过之后，保险人就停止支付。除此之外，在实践中还可采取规定每次门诊费的保险金额、规定每日住院金额数（平均数）、即时限额补偿、疾病限额补偿等方式确定医疗保险的保险金额。

3．保障项目

被保险人患病治疗过程中，医疗费用涉及的范围很广，既有治疗疾病的直接费用，如药费、手术费，又有与治病无关但患者必须支出的费用，如假肢费、整形费。对于这些名目繁多的费用，究竟是否属于保障范围，是保险人在进行赔付之前必须仔细区分的。原则是直接费用予以赔付，间接费用可赔可不赔，无关费用一律不予赔付。一般来说，保险人均会列入保障范围的费用有：药费、手术费（包括麻醉师费和手术室费）、诊断费、专家会诊费、化疗费、输血输氧费、检查费（包括心电图、CT、核磁共振等）、拍片透视费、理疗费、处置费、换药费及X光费、放射疗费等。有些费用是否属于保障范围，则视保险单的具体规定而异，如住院床位费、家属陪护费、取暖费、异地治疗交通费。另外，还有一些费用是作为除外责任的，如病人的膳食费，滋补药品费，安装假肢、义齿、假眼费，整形整容费。但对于上述费用，不同保险人提供的医疗保险，其保障范围和除外责任范围也不大相同。

4．医疗费用分摊

医疗费用分摊条款是医疗保险常用条款之一，通常采取免赔额和比例分担两种形式。除此之外，还有给付比例与免赔额结合法、限额给付法、免责期限（即在合同生效的最初一段时间内，保险人对被保险人发生的保险事故不负赔付责任，以减少带病投保现象，降低保险人的经营风险）等方式。

四、医疗保险的品种

不同的医疗保险产品所保障的费用项目和补偿内容各不相同。常见的医疗保险有以下几种：

（一）普通医疗保险

普通医疗保险又称基本医疗保险，负责补偿被保险人因为疾病或意外伤害所导致的直接费用，主要包括门诊费用、医药费用、手术费用等，是一种适用于一般公众的险种。目前我国健康保险市场上大多数的个人或团体住院医疗保险为此种类型。由于对医药费用和检查费用的支出控制有一定的难度，这种保险一般都有免赔额和费用分担的规定。这样，普通医疗保险为合理的医疗费用提供的保障变得非常有限。普通医疗保险的保险责任一般包括：

1．门诊医疗费用保障

门诊医疗费用保障多见于团体医疗保险，仅限于对被保险人住院前后一段时间内的门诊和治疗费用进行补偿。少数个人普通医疗保险中也包含对门诊医疗费用的补偿，但一般都仅限于一些特殊的门诊费用。

2．住院医疗费用保障

住院医疗费用保障，即对住院期间的各种医疗费用进行补偿，一般包括每天住院的床位费、医生诊疗费、药费、实验室及仪器检查费、各种治疗和护理费等。住院床位费和膳食费一般都规定有每日给付限额，而检查和治疗费则一般规定有每次住院最高限额。

3．手术医疗费用保障

手术医疗费用保障，即对住院期间的外科手术费用进行补偿，补偿范围包括手术费、麻醉费、各种手术材料费、器械费和手术室费。普通医疗保险条款中一般列有手术项目表，对表中所列的手术项目都规定有相应的手术保险金给付的最高限额。对表中未列出的手术项目，保险公司有权参照类似项目来确定给付时的最高限额。

上面几种类型的医疗保障既可以由单独的普通医疗保险承保，也可以包含于同一个普通医疗保险产品中。但如前所述，普通医疗保险一般都规定有保险金支付限额和免赔额，使得普通医疗保险提供的保障非常有限，在个人和团体追求高保障时，这种保险也渐渐失去了其吸引力。

（二）综合医疗保险

综合医疗保险是保险人为被保险人提供的一种全面保障的医疗费用的保险，其费用补偿的范围包括医疗、住院和手术等一切费用。与基本医疗保险不同，综合医疗保险一般不对医疗服务费用设置单项限额，且除外责任比基本医疗保险少很多，但一般都有总的赔付限额。综合医疗保险是近几年发展较为迅速的一类健康保险，适用于没有社会医疗保险的个人和团体。综合医疗保险对各种住院和门诊费用都提供了广泛的保障，其保险责任一般包括住院床位费、检查检验费、手术费、诊疗费等。除此之外，综合医疗保险还对某些康复治疗的费用（如假肢、人工关节和轮椅及救护车费用等）进行补偿。

（三）补充医疗保险

基本医疗保险和综合医疗保险都可以作为社会医疗保险的替代品，但有些时候，投保人只需要特定的医疗费用保障，补充医疗保险正是顺应这种需要而产生的。补充医疗保险常见的产品形式包括以下几种：

1. 住院津贴保险

住院津贴保险的保险金给付不以被保险人的实际住院费用为基础，而是根据被保险人实际住院的天数按日给付住院津贴，或根据手术等治疗项目的使用次数给付治疗津贴。

2. 补偿型高额医疗费用保险

补偿型高额医疗费用保险主要为社会医疗保险或其他基本医疗保险支付限额以上的合理且必需的医疗费用提供保障。

3. 特殊疾病医疗保险

特殊疾病医疗保险以被保险人患有特定的疾病为保险事故，当被保险人被确诊为患有某种特定疾病时，保险人按约定的金额给付保险金或对被保险人治疗该疾病的医疗费用进行补偿，以满足被保险人的经济需要。该保险可以仅承保一种特定疾病，也可以承保若干种特定疾病。

（四）特种医疗保险

在健康保险中，有些保险是为了专门补偿被保险人因特种疾病发生的费用而出售的，即所谓特种医疗费用保险，主要包括：

1. 牙科费用保险

牙科费用保险是为牙齿的常规检查、牙病预防及口腔疾病治疗提供费用补偿的保险。这类费用在一般的基本医疗保险和综合医疗保险中作为除外责任。之所以把常规检查和预防治疗纳入保障范围，是因为牙齿的早期预防和治疗可以显著降低牙科的医疗费用总额。

2. 眼科保健保险

眼科保健保险是为被保险人提供接受眼科检查和视力矫正过程中发生的费用予以补偿的保险，具体包括常规眼科检查费用，给付一定金额的眼镜片、镜架和隐形眼镜费用。

3. 生育保险

（1）母婴安康保险。保险对象为身体健康状况正常的孕妇及婴儿，保险责任是对保险有效期内产妇因分娩、疾病或意外事故死亡，婴儿因疾病或意外事故死亡，给付保险金；保险期限自产妇入院办理住院日起到出院为止，或产妇怀孕 36 周起至办妥出院手续时止。

（2）健康婴儿保险。该险种主要为产下畸形儿的妇女提供优厚的养育费用。

（3）多胞胎保险。该保险条款规定：被保险妇女如果生了多胞胎，可以从保险公司得到全部分娩费用或一定金额的保险金。但一般有严格的限制条件，即产妇所生婴儿中至少有一个生存至 24 小时。

4．艾滋病保险

艾滋病保险是我国继推出承保因医疗输血造成感染和医护人员在工作期间感染艾滋病的保险事故的保险品种之后，又专门为艾滋病提供风险保障的产品。这是一种专门针对普通团体提供的专项艾滋病保险产品，承保因输血导致的艾滋病病毒感染或其他因工作中的意外感染、受犯罪侵害感染等情况引起的赔偿责任。保险期间为 1 年，每份保险的保险金额为每份 1 万元，总保险金额最高不超过 30 万元。

5．传染性疾病专门保险

如我国曾经开办的非典型肺炎疾病保险是以机关、团体、企业、事业等单位为投保人，为其在职人员向中国人寿保险公司投保该保险。投保单位成员必须 80%以上投保，而且符合投保条件的人数不低于 8 人。保险期间为 1 年，每份保险的保险金额为 1 万元。保险人主要承担被保险人经确诊罹患传染性非典型肺炎，在县级以上(含县级)医院或保险公司认可的医院住院治疗的或者经住院治疗并在住院期间身故的疾病保险金、身故保险金。民生人寿保险公司还推出专门针对禽流感的民生关爱特种疾病定期寿险（B 款）。保险人对被保险人在保险合同生效 10 日后被确诊患有禽流感，且因此身故的给付身故金，被保险人年龄在 18 岁以上的保险金额为每份 10 万元，保险期间为 1 年。

拓展阅读

平安住院医疗保险

适用人群　18～40 周岁身体健康人群。

保险期限　1 年（到期可续保，将以邮件、短信等形式提醒）。

投保须知

（1）在保险期间内，被保险人因遭受意外事故或疾病，经医院确诊必须住院治疗的，就其每次住院发生的、符合当地社会医疗保险规定的合理医疗费用，在扣除免赔额 100 元后，按约定的赔付比例给付补充住院医疗保险金。

（2）投保住院医疗，疾病住院 90 天等待期，意外住院无等待期；投保住院津贴，一般住院津贴以及住院手术津贴等待期为 30 天；癌症住院医疗津贴等待期为 90 天。如续保时保额增加，新增保额重新计算等待期。其中一般住院医疗津贴，每次住院的第 4 日起每日按照保险单载明的津贴日额给付，每次事故赔付天数以 15 天为限，在本合同有效期内，赔付天数合计限 180 天。

（3）本方案为保险产品组合（见表 5-3）。

表 5-3 保险产品组合

保障项目	保险金额	保障范围
住院医疗费用报销	0.5 万～2 万元	90 天等待期后，在保险期间内，被保险人因遭受意外事故（意外住院无等待期）或疾病，经医院确诊必须住院治疗的，就其每次住院发生的、符合当地社会医疗保险规定的合理医疗费用
住院津贴（可选）	一般住院津贴 30～80 元/天	30 天等待期后，被保险人不幸遭受意外伤害事故或疾病在医院住院治疗，我们按照条款及保险单载明的一般住院津贴日额给付保险金（既往症属于一般住院津贴责任免除事项）。我们将自被保险人每次住院的第 4 日起给付一般住院医疗津贴，每次事故赔付天数以 15 天为限，累计给付日数最多为 180 日
	癌症住院津贴 50～100 元/天	90 天等待期后，被保险人经医院确诊初次患癌症，必须住院治疗，我们按照条款及保险单载明的癌症住院津贴日额给付保险金（既往症属于癌症住院津贴责任免除事项）。累计给付日数最多为 180 日
	住院手术津贴 5 000 元	30 天等待期后，被保险人不幸遭受意外或疾病经医院确诊且施行手术，我们按照条款及保险单载明的住院手术津贴给付保险金（既往症属于住院手术津贴责任免除事项）。手术医疗津贴给付金额以 5 000 元为限
医疗服务		（1）24 小时电话医疗咨询服务：提供医疗咨询和建议，推荐对客户较为适合的医疗机构及相应专家 （2）重疾二诊疗意见：针对客户当前的病情诊断提供的第二次专业医学意见。每个客户每年最多累计使用 2 次 （3）特需门诊预约：根据服务对象的疾病诊断、既往就诊记录及相关医学检查资料，协助其在北京环球制定的 67 家网络医院内甄选匹配的专家（三级甲等医院副主任以上医师），并为其预约该专家的特需门诊

注：1. 合理医疗费用：若被保险人已从其他途径获得补偿，对于与当地社会医疗保险支付范围相符的合理医疗费用，我们在扣除已获得的补偿后，对于剩余部分费用根据约定给付住院医疗保险金。

2. 赔付比例：投保有社保，住院医疗费用我们就其每次住院发生的、符合当地社会医疗保险规定的并经当地社会医疗保险管理部门进行结算后剩余合理医疗费用，在扣除免赔额 100 元后，按赔付比例 80%给付补充住院医疗保险金；投保无社保，在扣除免赔额 100 元后，按赔付比例 50%给付补充住院医疗保险金。

3. 社保：本产品所指的“社保”是社会医疗保险。指包括城镇职工基本医疗保险、城镇居民基本医疗保险、新型农村合作医疗等政府举办的基本医疗保障项目。

保险责任请参考《住院医疗保险适用条款》，并敬请特别留意条款中的“责任免除”部分。

特别提醒

本保险每位被保险人限投保一份，多投无效。

保单生效日可自由选择，但最早只能是投保当日起的第 2 天。

意外住院医疗责任承保 1 类至 3 类职业类别人员。若被保险人从事 4 类及 4 类以上职业或拒保职业的，不属于保险责任范围。查看职业分类表，职业类别不明请咨询 40088-95512 转 2。

住院医疗疾病住院等待期 90 天，意外住院无等待期。一般住院津贴以及住院手术津贴等待期为 30 天；癌症住院医疗津贴等待期为 90 天。如续保时保额增加，新增保额重新计算等待期。

既往症指被保险人在本合同生效日之前所患的已知的有关疾病或症状。

被保险人所在地区应为除西藏、香港、澳门、台湾地区以外的中华人民共和国境内其他地区。

就诊医院 中华人民共和国境内（港、澳、台地区除外）合法经营的二级以上（含二级）公立医院普通部（外宾病区、特诊病区和特诊病房除外）。

子情境 3　失能收入损失保险

知识解读

一、失能收入损失保险的含义和保险责任

（一）失能收入损失保险的含义

失能收入损失保险是指在保险合同有效期内，被保险人因疾病或意外事故导致残疾，丧失部分或全部工作能力（失能），以致失去收入或收入减少时，由保险人给付保险金的保险。

失能收入损失保险的主要目的是为被保险人因丧失工作能力导致收入方面的损失提供经济上的保障，缓解被保险人自身及家庭面临的经济压力。它并不承保被保险人因疾病或意外伤害所发生的医疗费用。失能收入损失保险要求被保险人在投保时必须有固定的全职工作；否则，如果原来就没有固定收入，也就没有保险的必要了。

拓展阅读

迟到的失能收入损失保险

在西方发达国家，失能收入损失保险出现较早。1884 年，英国医疗疾病社提出失能收入损失保险。一年以后，爱丁堡世纪保险公司开始发售个人失能保险。经过一个多世纪的发展，此保险在欧洲和北美发展较为完善，不仅补偿了因疾病或意外伤害而致残的收入损失，更保障了失能后的生活水平。

失能收入损失保险在国内还是新险种。据了解，失能收入损失保险在国内之所以出现较晚，主要是因为经营该险种的公司，需要在产品开发、业务运营、风险控制、理赔服务等各个经营环节都有专业化的技术能力。

2008 年，人保健康和中宏人寿相继推出失能收入损失保险，前者是专属于企业员工福利计划的团险渠道产品，后者是作为附加险配合寿险主合同的个险产品。人保健康的失能收入损失保险，分别针对被保险人因工伤、非工伤事故导致的完全失能或部分失能状态，按不同额度进行给付；被保险人可以根据财务保障需求，选择按月领取或一次性领取两种方式。其中，对被保险人因工伤导致的完全失能，可给予最高 240 个月、100%保险金的赔付；对被保险人因非工伤导致的部分失能，给予最高 24 个月、50%保险金的赔付。

中宏人寿的失能收入损失保险能够与各种寿险产品、重大疾病险、养老险、分红险等险种灵活搭配，提供一个确定的、有保证的和可依靠的失能收入保障。在保障期限内，被保险人一旦罹患癌症、意外残疾或身故，本人或家人即可每月领取固定收入补偿金，弥补家庭的收入损失，延续经济来源。

（二）失能收入损失保险的保险责任

失能收入损失保险的保险责任是被保险人因病或遭受意外伤害而丧失工作能力。丧失工作能力是指被保险人在最初的一段时间内（也称等待期，如2年）无法从事其原有的工种，并且没有从事其他任何工作；在等待期后仍然无法从事任何与其以往接受的教育和培训合适的工作。

理解失能收入损失保险的保险责任需要强调以下相关内容：

1. 意外伤害

在失能收入损失保险中，一般规定造成被保险人失能的身体伤害，必须是外来原因导致的，而且是被保险人不可预见的。

2. 疾病

大多数失能收入损失保险都规定引起被保险人失能的疾病，必须是被保险人在保险合同有效期内首次发生的疾病。实际中，为了防止被保险人的不如实告知和故意隐瞒既往存在的病症，一般都有既往病症除外的条款。

3. 全残

在失能收入损失保险中，最关键的一点是对全残的界定。每一份失能收入损失保险都要明确给出全残的定义，并规定相应的全残保险金。被保险人只有符合全残规定时，才能领取保险金。传统失能收入损失保险对全残所下的定义属于绝对全残，即要求被保险人由于意外事故或疾病而不能从事任何职业。但这一要求过于严格，它使得大多数被保险人不能领取残疾收入保险金。目前，国外大多数保险公司已经放宽了全残的限制条件。有关全残的定义，大致有如下几种：

（1）原职业全残。原职业全残是指被保险人丧失从事其原先工作的能力。依据此定义，只要被保险人因残疾不能从事其原职业，就可以领取约定的残疾收入保险金，而不论其是否从事其他有收入的职业。原职业全残定义是最广义的全残定义。

（2）现时通用的全残。美国大多数残疾收入保险单规定，如果在致残初期，被保险人不能完成其惯常职业的基本工作，则可认定为全残，领取全残收入保险金。致残以后的约定时期内（通常为2～5年），若被保险人仍不能从事任何与其所受教育、训练或经验相当的职业时，还可认定为全残，领取相应保险金。

例如，张某在一乐团担任钢琴师，在一次意外事故中失去了左手两个手指，不能继续从事钢琴演奏，后来被一所学校聘为音乐教师。运用通用的全残定义对此进行分析：张某由于伤残不能继续从事钢琴演奏工作，他符合保险单中规定的全残界定，从而有资格领取残疾收入保险金，期限不能超过2年。2年后，张某还可以从事与其所受教育和训练相当的教育工作，保险单提供的残疾收入保险金将停止。

（3）收入损失全残。20世纪70年代末，美国和加拿大产生了一种特殊的失能收入损失保险，它将全残定义为被保险人因病或遭受意外伤害致残而使收入遭受损失的情况。具体又分为两种情况：① 被保险人因全残而丧失工作能力，并且无法从事任何可获取收益的职业；② 被保险人虽尚能工作，但因残疾导致收入减少。也就是说，被保险人在因全残而丧失工作能力，或者即使尚能工作但因伤残致使收入减少时，均可从保险人处获得保险金的赔付。

4．推定全残

推定全残有两种不同的定义：一是指被保险人患病或遭受意外伤害后，在短期内还无法确定其是否会残疾，为此，保险人在保险条款中规定了定残期限，即被保险人如果在定残期限届满时仍无明显好转的征兆，将自动推定为全残；二是被保险人发生了保单所规定的伤残情况时，将被自动作为全残，如完全永久失明、任意两肢失去活动能力、语言或听力丧失等。发生推定全残后，保险人将一次性给付全额保险金，即使该被保险人以后痊愈且恢复了原职业也不例外。

二、失能收入损失保险的相关条款

1．免责期间

为了避免对能够迅速恢复原工作的被保险人进行不必要的调查，从而减少保险成本，保险人在保险单中规定了免责期间。免责期间越长，相应保险费越便宜。在许多保险人提供的失能收入损失保险中允许免责期间中断，即在 6 个月的时间内，被保险人因为相同或不同原因而再度失能，保险公司将两段免责期间合并计算。

2．豁免保险费条款

豁免保险费是指对被保险人在连续失能超过一定天数或超过免责期间，豁免其应交纳的保险费。只要被保人还是失能状态，保险费豁免可以一直到一定年龄。有些保险公司还可豁免在康复之后 90 天之内的保险费。

3．生活指数调整给付条款

失能收入损失保险是为了对被保险人的收入损失进行有效的补偿。对于永久失能者来说，保险金的支付是长期性的，在一个比较长的时期内，通货膨胀发生的概率较大，为防止被保险人因物价上涨造成生活困难，其保险金的给付要与物价指数同步调整。在确定保险费率时，在保险单中常附加有生活指数调整给付条款，在这一条款下，按生活费用调整保险金的给付额，其保险金根据消费者物价指数的增长或保险单中规定的比例而增加。一般为每 5 年以一个固定比率增加，该比率通常为 5%～6%。而其所增加部分的年交保险费将以其增加时的年龄来计算。有些保险单提供此条款却无须交纳额外保险费。同时，被保险人要求增加保险金给付的申请必须是在残疾保险金给付 1 年之后提出。

三、失能收入损失保险的保险金给付

失能收入损失保险提供的保险金并不是完全补偿被保险人因残疾导致的收入损失，补偿保险金有一定的限额，一般要低于被保险人在残疾前的正常收入。

（一）失能收入损失保险给付金额的确定

一般情况下，保险人在确定保险金额时，要参考保险人过去的专职工作收入水平或社会平均年收入水平。但还要考虑其他因素，如被保险人的兼职收入、残疾期间的其他收入来源，以及现时适用的所得税率。

失能收入损失保险的保险金给付金额从不同的角度有不同的给付方法。

1．定额给付和比例法给付

从给付金额是否固定看，有定额给付和比例法给付。

（1）定额给付。定额给付是保险双方在订立保险合同时，根据被保险人的收入状况协商约定一个固定的保险金额（一般按月份定）。被保险人在保险期间发生保险事故而丧失工作能力时，保险人按合同约定的金额定期给付保险金。无论被保险人在残疾期间是否还有其他收入来源及收入多少，保险人都要根据合同约定给付保险金。这种给付有利于防止道德风险的发生。

（2）比例法给付。比例法给付是指保险事故发生后，保险人根据被保险人的残疾程度，给付相当于被保险人原收入一定比例的保险金。

2．比例法给付中的全残给付和部分残疾给付

根据残疾程度的不同，比例法给付可分为全残给付和部分残疾给付。

（1）全残给付。保险人给付的保险金额一般为被保险人原收入的一定比例，如 70%或 80%。

（2）部分残疾给付。保险人给付的保险金为全残保险金的一定比例，其计算公式一般为

部分残疾给付金=完全残疾给付金×[（残疾前收入−残疾后收入）÷残疾前收入]

例如，某被保险人为高级裁剪工，因意外事故而失去三根手指造成部分失能而改行。他目前的收入为每月 1 000 元，而其原来的收入则是每月 4 000 元。同时，假设其完全失能时每月给付保险金为 2 800 元（4 000 元×70%=2 800 元），其部分残疾给付金计算式如下：

部分残疾给付金=2 800元×[（4 000−1000）元÷4 000元]=2100元

（二）失能收入损失保险金的给付方式

1．一次性给付

（1）被保险人全残，保险公司通常按照合同约定的保险金额一次性给付被保险人。

（2）被保险人部分残疾，保险公司一般根据被保险人的残疾程度及其对应的给付比例支付保险金。

2．分期给付

（1）按月或按周给付。保险人根据被保险人的选择，每月或每周提供合同约定金额的收入补偿。由保险公司在等待期末开始给付，直至最长给付期限。

（2）按给付期限给付。给付期限分为短期和长期两种。短期给付补偿是被保险人在身体恢复以前不能工作的收入损失补偿，期限一般为 1～2 年。长期给付补偿是被保险人因全部残疾而不能恢复工作的收入补偿，具有较长的给付期限，通常规定给付至被保险人年满 60 周岁或退休年龄；若此期间被保险人死亡，保险责任即告终止。

（3）按推迟期给付。被保险人残疾后的一段时期为推迟期，一般为 90 天或半年，在此期间被保险人不能获得任何给付补偿。超过推迟期，被保险人仍不能正常工作的，保险人才开始承担保险金给付责任。推迟期的规定，是由于被保险人在短期内通常可以维持一定的生活；同时设定推迟期也可以降低保险成本，有利于为确实需要保险帮助的人提供更好的保障。

子情境 4　其他健康保险

知识解读

一、疾病保险

疾病保险是指以疾病为给付保险金条件的保险。某些特殊的疾病往往会给病人带来沉重的经济负担。例如癌症、心脏疾病等，这些疾病一经确诊，必然会产生高额的医疗费用支出。因此，通常要求这种保险的保险金额比较大，以足够支付这些疾病产生的各种费用。疾病保险的给付方式一般是在确诊为特种疾病后，立即一次性支付保险金额。

（一）疾病保险的基本特点

（1）个人可以任意选择投保疾病保险，作为一种独立的险种，而不必附加于其他某个险种之上。

（2）疾病保险条款一般都规定了一个等待期或观察期，等待期或观察期一般为 180 天（不同的国家规定可能不同），被保险人在等待期或观察期内因疾病而支出的医疗费用及收入损失，保险人概不负责，观察期结束后保险单才正式生效。

（3）疾病保险为被保险人提供切实的疾病保障，且程度较高。疾病保险保障的重大疾病，均是可能给被保险人的生命或生活带来重大影响的疾病项目，如急性心肌梗死、恶性肿瘤。

（4）保险期限较长。疾病保险一般都能使被保险人“一次投保，终身受益”。保险费交付方式灵活多样，且通常设有宽限期条款。

（5）疾病保险的保险费可以按年、半年、季、月分期交付，也可以一次交清。

（二）重大疾病保险

重大疾病保险在国内比较流行，保障的内容一般有心肌梗死、冠状动脉绕道手术、癌症、脑中风、尿毒症、严重烧伤、急性重型肝炎、瘫痪和重要器官移植手术、主动脉手术等。

1．重大疾病保险按保险期间划分

（1）定期重大疾病保险。定期重大疾病保险为被保险人在固定的期间内提供保障，固

定期间可以按年数确定（如10年）或按被保险人年龄确定（如保障至70岁）。有的保险公司将定期重大疾病保险设计为“两全”的形态，即被保险人在保险期间内未患重大疾病且生存至保险期末也可获得保险金，有的还提供等额的身故和高度残疾保障。

（2）终身重大疾病保险。终身重大疾病保险为被保险人提供终身保障。“终身保障”的形式有两种：一种是重疾保障，为被保险人终身提供保障，直至被保险人身故；另一种是指定一个“极限”年龄（如100周岁），当被保险人健康生存至这一年龄时，保险人给付与重大疾病保险金额相等的保险金，保险合同终止。终身重大疾病保险都会含有身故保险责任，费率相对比较高。

2. 按给付形态划分

（1）提前给付型重大疾病保险。提前给付型重大疾病保险的保险责任包含有重大疾病、死亡和（或）高度残疾，保险总金额为死亡保额，但包括重大疾病和死亡保额两部分。如果被保险人罹患保险单所列重大疾病，被保险人可以将一定死亡保额比例的重大疾病保险金提前领取，用于医疗或手术费用等开支；身故时由身故受益人领取剩余部分的死亡保险金。如果被保险人没有发生重大疾病，则全部保险金作为死亡保险金，由受益人领取。

（2）附加给付型重大疾病保险。附加给付型重大疾病保险通常作为寿险的附加险，保险责任也包含重大疾病和死亡高残两类。与提前给付型的不同之处在于，该型产品有确定的生存期间。生存期间是指从被保险人身患保障范围内的重大疾病开始至保险人确定的某一时刻为止的一段时间，通常为30天、60天、90天、120天不等。如果被保险人死亡或高残，保险人给付死亡保险金；如果被保险人罹患重大疾病且在生存期内死亡，保险人给付死亡保险金；如果被保险人罹患重大疾病且存活超过生存期间，保险人给付重大疾病保险金，被保险人身故时再给付死亡保险金。此种产品的优势在于死亡保障始终存在，不因重大疾病保险金的给付而减少死亡保险金的给付。

（3）独立主险型重大疾病保险。独立主险型重大疾病保险包含的死亡和重大疾病责任是完全独立的，各自的保额为单一保额。如果被保险人身患重大疾病，保险人给付重大疾病保险金，死亡保险金为零；如果被保险人未患重大疾病，则给付死亡保险金。此类产品较易定价，即单纯考虑重大疾病的发生率和死亡率，但对重大疾病的描述要求严格。

（4）按比例给付型重大疾病保险。按比例给付型重大疾病保险针对重大疾病的种类而设计，同时可应用于以上诸型产品中，主要考虑某一种重大疾病的发生率、死亡率、治疗费用等因素，被保险人罹患某一种重大疾病时，按照重大疾病保险金总额的一定比例给付，其死亡保障不变。

（5）回购式选择型重大疾病保险。回购式选择型重大疾病保险针对前文述及的提前给付型重大疾病保险存在的因领取重大疾病保险金而导致死亡保障降低的不足，规定保险人给付重大疾病保险金后，如被保险人在某一特定时间后仍存活，可以按照某固定费率买回原保险总额的一定比例（如25%），使死亡保障有所增加；如被保险人再经过一定的时间仍存活，可再次买回原保险总额的一定比例。最终使死亡保障可以达到购买之初的保额。此类产品最早出现在南非，在澳大利亚和英国非常普遍，在我国尚属空白。回购式选择带来的逆选择是显而易见的，因此对于“回购”的前提或条件的设定至关重要。

拓展阅读

新华保险多倍保障重大疾病保险

投保年龄 满18周岁，男性不满51周岁，女性不满56周岁。

保险期间 被保险人终身。

交费方式 5年交、10年交、20年交。

在合同保险期间内，本公司承担下列保险责任：

一、疾病保险金

合同疾病保险金包括轻症疾病保险金和重大疾病保险金。疾病保险金保障的疾病范围包括合同所指的轻症疾病和合同所指的重大疾病，所有疾病分为五组。在合同保险期间内，本公司按下列规定承担给付疾病保险金责任：

1．疾病保险金单一组别给付限额和累计给付限额

在合同保险期间内，本公司对《疾病分组与给付限额表》中单一组别内所有疾病（包括该组别中的轻症疾病和重大疾病，下同）累计给付的疾病保险金（包括轻症疾病保险金和重大疾病保险金之和，下同）以该组别对应的单一组别给付限额为限；本公司对单一组别内所有疾病累计给付的疾病保险金达到该组别对应的单一组别给付限额时，本公司对该组别内的各项疾病不再承担给付疾病保险金责任。

单一组别给付限额是指在合同保险期间内，本公司按照合同疾病保险金给付规定，对某一组别内所有疾病（包括该组别中的轻症疾病和重大疾病）累计给付的疾病保险金（包括轻症疾病保险金和重大疾病保险金之和）的上限，各组别对应的单一组别给付限额具体见《疾病分组与给付限额表》。

在合同保险期间内，本公司对《疾病分组与给付限额表》中所有疾病的疾病保险金累计给付限额，按下列规定确定：

（1）被保险人85周岁保单生效对应日之前，本公司累计给付的疾病保险金以各组别对应的单一组别给付限额之和为限，本公司累计给付的疾病保险金达到各组别对应的单一组别给付限额之和时，合同终止；

（2）被保险人85周岁保单生效对应日及以后，本公司自合同生效之日起累计给付的疾病保险金（包括被保险人85周岁保单生效对应日之前和之后给付金额之和）以基本保险金额为限，本公司自合同生效之日起累计给付的疾病保险金达到基本保险金额时，合同终止。

被保险人85周岁保单生效对应日零时，如本公司自合同生效之日起累计给付的疾病保险金已达到或超过基本保险金额，合同自被保险人85周岁保单生效对应日零时终止。

2．轻症疾病保险金

被保险人于合同生效（或合同效力恢复）之日起90日内因疾病原因，由本公司认可医院的专科医生确诊初次发生合同所指的轻症疾病（无论一项或多项），本公司不承担给付轻症疾病保险金责任，合同继续有效。

被保险人于合同生效（或合同效力恢复）之日起90日内因意外伤害原因，或于合同生效（或合同效力恢复）之日起90日后，由本公司认可医院的专科医生确诊初次发生合同所指的轻症疾病（无论一项或多项），本公司按基本保险金额的 20%给付轻症疾病保险金，且应符合合同疾病保险金单一组别给付限额和累计给付限额的规定。

在合同保险期间内，本公司对每项轻症疾病给付次数以一次为限，每项轻症疾病保险金给付金额不超过20万元人民币。

3．重大疾病保险金

被保险人于合同生效（或合同效力恢复）之日起 90 日内因疾病原因，由本公司认可医院的专科医生确诊初次发生合同所指的重大疾病（无论一项或多项），本公司给付重大疾病保险金，其金额为本保险实际交纳的保险费的1.1倍，合同终止。

被保险人于合同生效（或合同效力恢复）之日起90日内因意外伤害原因，或于合同生效（或合同效力恢复）之日起90日后，由本公司认可医院的专科医生确诊初次发生合同所指的重大疾病（无论一项或多项），本公司按下列规定给付重大疾病保险金，且应符合合同疾病保险金单一组别给付限额和累计给付限额的规定:

（1）若该项重大疾病确诊初次发生日期在被保险人 85 周岁保单生效对应日之前，本公司按基本保险金额与该项重大疾病所属组别对应的单一组别给付限额的余额二者之较小者，给付重大疾病保险金。

单一组别给付限额的余额指单一组别给付限额减去该组别疾病累计已给付的疾病保险金后的余额。

（2）若该项重大疾病确诊初次发生日期在被保险人85周岁保单生效对应日及以后，本公司按基本保险金额减去自合同生效之日起累计给付的疾病保险金(包括被保险人85周岁保单生效对应日之前和之后给付金额之和）后的余额，给付重大疾病保险金，合同终止。

4．疾病保险金给付特别约定

（1）在合同保险期间内，被保险人多次确诊初次发生合同所指的重大疾病，对于相邻两次确诊初次发生的重大疾病，当且仅当后项重大疾病确诊初次发生日期满足以下条件时，本公司按重大疾病保险金给付规定对后项重大疾病承担保险责任:

1）如前项重大疾病为合同所指的恶性肿瘤，后项重大疾病属于《疾病分组与给付限额表》中所列第四组重大疾病（与主要器官及功能相关的疾病）之一，后项重大疾病确诊初次发生日期自前项重大疾病确诊初次发生日期已届满5年;

2）除上述第（1）项情形之外，后项重大疾病确诊初次发生日期自前项重大疾病确诊初次发生日期已届满1年。

被保险人在保险期间内确诊初次发生合同所指的恶性肿瘤之后，再次确诊恶性肿瘤且后次确诊满足5年恶性肿瘤等待期的，则后次确诊恶性肿瘤视同初次发生；如后次确诊恶性肿瘤不满足5年恶性肿瘤等待期的，则后次确诊不视同初次发生。

（2）被保险人由于同一疾病原因、同次医疗行为或同次意外伤害事故，确诊初次发生一项或多项合同所指的轻症疾病或合同所指的重大疾病，本公司按轻症疾病保险金或重大疾病保险金规定，仅给付其中金额最高的一项保险金。

二、身故保险金

被保险人于合同生效（或合同效力恢复）之日起 90 日内，因疾病原因身故，本公司给付身故保险金，其金额为本保险实际交纳的保险费的 1.1 倍，合同终止。

被保险人于合同生效（或合同效力恢复）之日起 90 日内因意外伤害原因身故，或于合同生效（或合同效力恢复）之日起 90 日后身故，本公司按基本保险金额减去累计已给付的合同规定的疾病保险金后的余额（如果基本保险金额低于累计已给付的疾病保险金的，余额视同为零）给付身故保险金，合同终止。

三、前 10 年关爱保险金

被保险人于合同生效（或合同效力恢复）之日起 90 日内且于第 10 个保单生效对应日零时之前因意外伤害原因，或于合同生效（或合同效力恢复）之日起 90 日后且于第 10 个保单生效对应日零时之前，由本公司认可医院的专科医生确诊初次发生合同所指的重大疾病（无论一项或多项）并按合同规定给付重大疾病保险金的，本公司将同时给付前 10 年关爱保险金，其金额为基本保险金额的 50%，本项保险责任终止。

被保险人于合同生效（或合同效力恢复）之日起 90 日内且于第 10 个保单生效对应日零时之前因意外伤害原因，或于合同生效（或合同效力恢复）之日起 90 日后且于第 10 个保单生效对应日零时之前身故，并且符合条身故保险金给付条件的，本公司将同时给付前 10 年关爱保险金，其金额为基本保险金额的 50%，本项保险责任终止。

在合同保险期间内，前 10 年关爱保险金给付次数以一次为限。

四、特定严重疾病保险金

被保险人于合同生效（或合同效力恢复）之日起 90 日内因意外伤害原因，或于合同生效（或合同效力恢复）之日起 90 日后，由本公司认可医院的专科医生确诊初次发生合同所指的重大疾病并按合同规定给付重大疾病保险金的，如果上述所确诊的重大疾病同时符合合同所指的特定严重疾病（无论一项或多项），本公司将同时给付特定严重疾病保险金，其金额为基本保险金额的 20%，本项保险责任终止。

在合同保险期间内，特定严重疾病保险金给付次数以一次为限。

五、豁免保险费

在合同交费期间内，如本公司按合同规定累计给付的疾病保险金达到基本保险金额时，您可免交后续保险费，合同继续有效。

责任免除

1. 轻症疾病、重大疾病、特定严重疾病保险责任免除

被保险人因下列 1～8 项情形之一发生合同所指的轻症疾病、合同所指的重大疾病或合同所指的特定严重疾病的，或在第 9 项期间遭受意外伤害导致上述疾病的，本公司不承担保险责任：

（1）投保人对被保险人的故意杀害、故意伤害。

（2）被保险人故意自伤，但自伤时为无民事行为能力人的除外。

（3）被保险人故意犯罪或抗拒依法采取的刑事强制措施。

（4）被保险人主动吸食或注射毒品。

（5）战争、军事冲突、暴乱或武装叛乱。

（6）核爆炸、核辐射或核污染。

（7）遗传性疾病，先天性畸形、变形或染色体异常。

（8）被保险人感染艾滋病病毒或患艾滋病。

（9）被保险人酒后驾驶、无合法有效驾驶证驾驶或驾驶无有效行驶证的机动车期间。

2．身故保险责任免除

被保险人因下列1～6项情形之一身故的，或在第7项期间遭受意外伤害导致身故的，本公司不承担保险责任：

（1）投保人对被保险人的故意杀害、故意伤害。

（2）故意犯罪或抗拒依法采取的刑事强制措施。

（3）自合同成立或合同效力恢复之日起二年内自杀，但自杀时为无民事行为能力人的除外。

（4）主动吸食或注射毒品。

（5）战争、军事冲突、暴乱或武装叛乱。

（6）核爆炸、核辐射或核污染。

（7）酒后驾驶、无合法有效驾驶证驾驶或驾驶无有效行驶证的机动车期间。

发生上述第1项情形导致被保险人身故的，合同终止，对于未发生保险金给付的，本公司向被保险人继承人退还保险单的现金价值。

因上述第2～6项情形或在第7项期间被保险人身故的，合同终止，对于未发生保险金给付的，本公司向您退还保险单的现金价值。

投保示例

被保险人：30岁，女

产品名称：多倍保障重大疾病保险

保险期限：至被保险人终身

基本保额：30万元

交费方式：20年交

年交保费：9 390元

保障责任

（1）轻症疾病保险金：给付6万元，合同继续有效。（给付金额与该项疾病所属组别对应的单一组别给付限额的余额二者之较小者）

（2）重大疾病保险金：给付30万元，合同继续有效。（给付金额与该项疾病所属组别对应的单一组别给付限额的余额二者之较小者）

（3）身故保险金：给付30万元-累计已给付的疾病保险金（最低为0元）。

（4）特定严重疾病保险金：在给付重疾保险金的同时额外给付6万元。

（5）前10年关爱保险金：在给付重疾保险金的同时额外给付15万元。

（6）豁免保险费：疾病保险金赔付达到100%基本保额，豁免余期未交保费，合同继续有效。

以上多倍保障重大疾病保险的保险责任为合同生效（或合同效力恢复）之日起90日（不含）后。

单一组别给付限额的余额：单一组别给付限额减去该组别疾病累计已给付的疾病保险金后的余额。

二、长期护理健康保险

（一）长期护理健康保险的概念

长期护理健康保险又名长期看护健康保险、老年护理健康保险或老年看护健康保险。它是指为那些因年老、疾病或伤残而需长期照看的被保险人提供护理服务的费用补偿的健康保险。它是一种用来负担老年人专业护理和其他相关服务费用支出的新型健康保险产品。长期护理健康保险是为老人提供的一种重要经济保障，具有为商业健康保险的发展提供契机和减轻社会负担的双重功效。

（二）长期护理健康保险产生和发展的原因

1. 老年护理方面的需求增加

首先，人口老龄化问题日益突出，在许多工业化国家，老年人口已占其全国人口总数的 10%以上，需要通过家庭护理或其他护理机构照料的生病老人逐渐增多。此外，随着医疗技术的进步，许多慢性疾病的病程增加，病死率降低，但有关的花费，特别是长期护理的费用却非一般人所能承担。

2. 缺乏老年人护理方面的保障

实际上，虽然某些商业健康保险（如定额给付、津贴给付类的产品）或残疾失能收入保险也可以作为被保险人支付长期护理费用的来源之一，但是有一些保险公司的健康保险是将长期护理排除在保险责任以外的。

（三）长期护理健康保险的特点

1. 保险责任主要是满足被保险人的各种护理需要

与医疗费用保险中对医疗服务费用的补偿不同，长期护理健康保险主要是为被保险人接受各类护理服务的费用提供补偿。医疗费用保险费的产生主要在医生的诊所或医院，长期护理健康保险费则发生在老年护理中心和其他一些康复机构，甚至是被保险人的家中；被保险人接受医疗服务的原因是对疾病和各种身体损伤的治疗，而护理服务的原因除了伤病的恢复外，还包括年老体弱造成的生活不能自理。

2. 保险金给付中一般都有抵御通货膨胀的措施

长期护理健康保险的保险金给付中一般都有专门抵御通货膨胀的措施，以尽可能地避免通货膨胀的不利影响。有的长期护理健康保险不规定保险金给付的总额，只规定随着通货膨胀而增加的每日给付的金额。有的长期护理健康保险按每年 3%或者 5%的比率调整给付额。虽然这种保险较贵，但在护理费用不断上涨的趋势下，这种措施对被保险人来说是非常有用的，尤其对年轻购买者而言显得更为重要。有的长期护理健康保险允许被保险人可以在将来不必提供可保证明的条件下定期增加保险金额。

3. 保障的长期性

所有的长期护理健康保险都保证对被保险人续保到某一特定年龄，如79岁，有的保险甚至保证对被保险人终身续保，即只要被保险人按期交纳保险费，保险人不得取消这种可续保性的保障。保险人可以在保险单更新时提高保险费率，但费率的提高不得针对具体的某个人，必须一视同仁地对待同样风险情况下的所有被保险人。

4. 保险单的现金价值

由于长期护理健康保险的保险费通常都是平准费率，与医疗费用保险大多采用自然保险费制不同，长期护理保险中保险合同拥有一定的现金价值，此权利不因保险效力的变化而丧失。当被保险人做出撤销其现存保险单的决定时，保险人可向其提供不丧失价值的选择。

（四）长期护理健康保险的保险条款

1. 长期护理健康保险的保险责任

长期护理健康保险的保险责任为对被保险人在康复机构的专门护理或在家中进行的各项日常家庭护理服务提供保险金给付。专门护理是指由专业护理人员，如注册护士或执业护士进行的或在他们的指导下进行的护理服务。家庭护理是指在病人家中为病人提供的日常生活照顾，如洗澡、做饭等，而不是医务人员的专业护理。不同保险公司的保险单中对家庭护理的要求不尽相同，有的须经过医生的鉴定方可给付，有的则要在被保险人丧失一定生活能力时才可进行给付。

2. 长期护理健康保险的除外责任

长期护理健康保险的除外责任一般包括各种精神疾患导致的护理服务，但老年人中常见的老年性痴呆症不属于除外责任，如投保前已患有此病的则属除外责任。如果是由于投保时健康不良导致的护理服务，则在保险单生效之后的6～12个月内不属保险责任。

3. 长期护理健康保险的给付条款

长期护理健康保险中保险金的给付期限有一年、数年和终身等几种不同的选择，同时也规定有20天、30天、60天、90天、100天或180天等多种免责期，从保险人开始接受承保范围内的护理服务之日起算，如有20天免责期的长期护理保险，被保险人在看护中心接受护理的前20天不属保障范围。免责期的规定实质上是免赔额的一种，目的是消除小额索赔，减少保险人员的工作量。

4. 长期护理健康保险的保险费豁免条款

在长期护理健康保险中一般都有保险费豁免条款，即当保险人开始履行给付保险金责任一定时间（通常几个月）后，被保险人无需再交纳保险费。

5. 长期护理健康保险的不没收价值条款

长期护理健康保险的不没收价值条款规定，当被保险人做出撤销其现存保险单的决定时，保险人向其退还保险单的不没收价值，即将保险单积累的现金价值退还给投保人，投保人也可以选择将现金价值作为净保险费，用以购买减额交清保险的保障。

6. 长期护理健康保险的通货膨胀保护条款

长期护理健康保险的通货膨胀保护条款，要求保险单根据通货膨胀指数对给付额进行调整，或者按每年 3%或 5%的比率调整给付额。在护理费用不断上涨的情况下，通货膨胀保护条款对于被保险人而言就显得尤为重要。

拓展阅读

利用长期护理保险体面养老

依照联合国 60 岁以上人口占比超过 10%的标准，我国在 2000 年已经正式进入老龄化社会。以 2000 年为起点，21 世纪将会持续是中国老龄化时代。2017 年，全国人口中 60 周岁及以上人口 24 090 万人，占总人口的 17.3%，其中 65 周岁及以上人口 15 831 万人，占总人口的 11.4%。60 周岁以上人口和 65 周岁以上人口都比上年增加了 0.6 个百分点。预计到 2020 年，老年人口达到 2.48 亿，老龄化水平达到 17.17%，其中 80 岁以上老年人口将达到 3 067 万人；2025 年，60 岁以上人口将达到 3 亿，成为超老年型国家。考虑到 20 世纪 70 年代末，计划生育工作力度的加大，预计到 2040 我国人口老龄化进程达到顶峰，之后，老龄化进程进入减速期。

中国劳动和社会保障科学研究院院长金维刚认为，随着人口的持续增长和老龄化的不断加快，失能和半失能以及其他失智、精神障碍者的人数还会进一步增加，对于这类群体的长期照护，社会需求在不断增长。因此，迫切需要建立完善相关制度。

2016 年，人社部发布《关于开展长期护理保险制度试点的指导意见》，之后，河北承德、吉林长春、黑龙江齐齐哈尔、上海市徐汇区等三个区、江苏南通、江苏苏州、浙江宁波、安徽安庆、江西上饶、山东青岛、湖北荆门、广东广州、重庆、四川成都、新疆生产建设兵团石河子市 15 个市区率先开展长期护理保险制度试点。到 2017 年，青岛、长春、南通、承德、上饶、荆门、上海、安庆、成都、石河子、苏州、齐齐哈尔、广州等地均已出台相关文件，先后开始实施长期护理保险制度，保险覆盖人数超过 3 800 万。

《新时代积极应对人口老龄化发展报告（2018）》指出，在我国，长期护理保险开展的时间还很短，真正较大范围开展的试点仅仅两年的时间，但从试点开展的内容、覆盖人群、保障标准和服务项目设定等若干方面来看，对抵御长期护理风险建立起了一道屏障。这在过去是缺失的，因此试点具有开创意义，是我国积极应对人口老龄化方面取得的一项巨大进步。

据悉，试点进行以来，试点地区建立起的长期护理保险制度对推动资源优化组合，特别是促进社区、居家照护能力、推动养老机构和护理机构等产业的发展产生了直接效果。很多试点地区初步形成了“家庭养老、社区助老和机构照护”相结合的体系。

从我国老年人对长期护理的需求趋势以及稳固的资金保障来考虑，建立商业长期护理保险是一种很好的方式。从资金筹措的公平性、可靠性和可持续性来考虑，长期护理保险应该以社会保险为主，商业保险作为补充。

三、管理型医疗保险

（一）管理型医疗保险的特点

在以往的数十年里，美国的医疗费用保险的提供方式发生了重大变化。如今，美国大多数医疗费用保险属于管理型医疗保险计划。所谓管理型医疗保险计划是一种把医疗服务的筹资和提供结合在一起的方法，用来管理医疗服务的成本、取得和质量。

管理型医疗保险和传统的医疗费用保险有若干区别：

1．医疗服务

在传统的医疗费用保险计划中，被保险人可以根据自己的医疗需要，自由选择任何医生或医院，而在管理型医疗保险中，主办机构与经选择的医疗服务提供者签订合同，把被保险人安排到这些医疗服务提供者的网络。

2．医疗费用

在传统的医疗费用保险中，医疗费用的风险是由被保险人和保险人分担，被保险人看病次数越多，医疗服务提供者的收入也越多，医生或医院不承担财务风险。在管理型医疗保险中，医疗服务提供者参与风险分担，通过与医疗服务提供者做出收费安排和鼓励费用节约的其他合同安排来实现风险分担。这些收费的具体安排取决于管理型医疗保险的种类。

3．利用管理

在所有管理型医疗保险中，都不同程度地使用利用管理。利用管理是指对被保险人医疗服务的利用管理，以保证被保险人以成本节约的方式获得必要、适当和高质量的医疗服务。利用管理包括利用检查和病案管理两种方法。利用检查是指审查一个病人取得医疗服务的必要性和质量。利用检查计划包括以下几项：

（1）住院证明。在不是急诊的情况下，被保险人必须先从利用检查机构取得住院证明。利用检查机构的人员根据被保险人及其医生提供的情况决定是否住院治疗和应该住院的天数。在急诊住院的情况下，被保险人或其医生必须在住院后48小时内通知该机构。

（2）会诊。当被保险人住院后，利用检查机构人员通过与医生讨论病人的治疗和愈后情况来管理病情，并着手计划病人出院的日期。

（3）追查。在被保险人出院之后，利用检查机构的人员再检查医疗费用开支是否合理，帮助检查人识别收取过多医疗费用的项目和医疗服务提供者。

病案管理是利用检查的一种延伸，除了检查住院的必要性外，还检查医疗方案。一般在病情需要很高费用的情况下使用病案管理，一般由护士来管理病案，要求护士熟悉病人的保险计划，与病人、病人家属和医生一起制订一个治疗计划，实现最适当的治疗目标。

（二）保健组织

保健组织是一种为医疗服务筹资和提供医疗服务的组织，它向加入该组织的成员提供综合的医疗服务。保健组织是接近纯粹管理型医疗保险的一种组织形式。保健组织具有保险人和医疗服务提供者双重身份。虽然保健组织早在1929年就出现了，但在近数十年才得到迅速发展。保健组织可以由不同种类的组织拥有或主办：如全国性的保健组织、商业保险公司、医院和医学院。虽然营利的保健组织远多于非营利的保健组织，但参加非营利的保健组织的成员远多于参加营利的保健组织的成员。

1．保健组织的特点

虽然有多种类型的保健组织，但大多数保健组织具有以下共同特点：

（1）综合的医疗服务。保健组织向参加者提供综合的医疗服务，除了住院和院外治疗外，为了减少疾病的发生率和程度，保健组织还致力于预防工作，包括定期体检，胎儿期和婴儿期的护理、免疫等。相比之下，传统的医疗费用保险不太重视预防工作。

（2）预先付费。保健组织的参加者一般按月交付一笔固定费用，在预先付费之后可以获得任意数量的医疗服务。大多数保健组织另规定，获得某些医疗服务的成员必须交付一笔附加费，如每次门诊交付10美元。

（3）医疗服务提供者网络化。保健组织通过与一些医生和医院订立合同组成一个医疗服务提供者网络。该保健组织的成员必须在这个网络中就医。医疗服务提供者网络化的优点是：保健组织可以较好地控制医疗服务的质量，并通过与医疗服务提供者协商付费标准来减少医疗费用。

（4）协商付费。保健组织要与属于网络的医疗服务提供者协商付费标准。补偿医疗服务提供者的付费标准有以下几种：①按人收费。不论保健组织的参加者接受多少医疗服务或花费多少，保健组织对每一个参加者向医疗服务提供者每月支付相同金额。但对保健组织的参加者也可以进行分类，如对婴儿的收费标准要高于青少年。②薪金。有些保健组织以发给薪金作为医生的报酬，另外提供激励工资或奖金。③折扣的服务收费。医生或医院对保健组织按向病人的正常收费收取费用，但给予一定的折扣，如九折。这种付费方法类似于传统的医疗费用保险，大部分财务风险仍由保险人承担。④收费明细表。保健组织在医疗项目和手术明细表的限额内向医生和医院付费。

（5）注重使用管理型医疗服务技术。保健组织要求每个参加者从网络中选择一个主治医师，主治医师作为参加者的私人医生，与保健组织保持联系。如果参加者需要其他医疗服务，由该主治医师介绍网络中的其他医生或专科医生，主治医师又被称为“看门人”。此外，保健组织普遍使用利用管理。

2．保健组织的种类

对保健组织不容易分类，因为有一些保健组织具有数种保健组织的特点。保健组织大致可以分为两类：开放式医师小组和封闭式医师小组。在一个开放式的医师小组中，凡符合保健组织特定标准的医生和医院都可以通过与保健组织订立合同向其成员提供医疗服务。在封闭式的医师小组中，医师必须属于一个与保健组织订立合同的专门团体，或者必须是保健组织的雇员。

（1）开放式医师小组。它可以分为两种模式：①个人开业医生协会。由该协会与保健组织订立合同，该协会是一个同意向保健组织的成员提供医疗服务的开业医生协会，这些独立的开业医生有自己的诊所和辅助人员，他们同时为自己的病人和保健组织提供医疗服务。因此，这类协会容易建立，需要较少的开办资本，并能提供广泛的医疗服务。保健组织通常根据按人收费方式补偿该协会，再由该协会负责补偿本协会的所有医生。对主治医师通常根据按人收费方式补偿，对专科医生按折扣的服务收费方式补偿。在这种模式中，财务风险大部分由该协会及其医生承担。②直接签约。由保健组织直接与提供医疗服务的主治医师和专科医生签约，无协会或其他中间人介入。这些医生也有自己的诊所和辅助人员，同时为自己的病人和保健组织的成员提供医疗服务。在大多数情况下，保健组织根据按人收费方式补偿这些医生。

（2）封闭式医师小组。它也可以分为两种模式：①雇员模式。在这种模式中，医生是保健组织的雇员，由保健组织添置诊所设施和配备辅助人员，医生以薪金为主要报酬。属于这种模式、规模大的保健组织拥有医院、化验室、药房等。在这种模式中，需要大量开办资本和支付薪金等大量固定费用。此外，财务风险主要由保健组织承担，但对医生提供的医疗服务有较大的控制权，可充分利用管理型医疗服务技术。②团体模式。其功能类似于雇员模式，主要区别是医生是一个医生团体中的开业医生，而不是保健组织的雇员。在这类团体中的开业医生，一般合用诊所、医疗设备和辅助人员。如果保健组织与多个医生团体订立合同，则被称为网络模式的保健组织。在这种团体模式中，保健组织一般使用按人收费方式补偿医生团体，该团体再以薪金、奖金方式补偿医生，因此财务风险主要由医生团体承担。除了以上两类、四种模式的保健组织外，还有一些保健组织具有数种模式的特点，被称为混合模式，混合模式的保健组织数量在不断增长。

（三）优先提供者组织

优先提供者组织是一种在医疗服务提供者和医疗服务购买者（诸如雇主、第三方管理人、保险公司和工会）之间洽谈合同的组织，它并不直接提供医疗服务，而是扮演一种经纪人或中介人的角色，促成订立医疗服务提供者向特定团体的被保险人提供医疗服务的合同。

优先提供者组织是接近传统医疗费用保险的一种组织形式，也具有保健组织的某些特点。优先提供者组织有些由医生团体或医院主办，有些由蓝十字会和蓝盾组织、第三方管理人或雇主主办，但更多的是由保险公司主办。

同保健组织一样，优先提供者组织也使用一个医疗服务提供者的网络。但与保健组织不同的是，它允许参加者选择使用网络外的提供者的医疗服务。为了鼓励参加者使用自己网络中的优先提供者的服务，对发生在自己网络内的医疗费用，该组织支付的比例要高于发生在网络外的医疗费用。例如，对网络内的费用支付90%，对网络外的费用只支付70%，并且规定免赔额和其他自费项目。优先提供者组织也要求医疗服务提供者采用管理型医疗服务技术。优先提供者组织对医疗服务提供者的补偿方式类似于传统的医疗费用保险，但理赔和支付赔款较为迅速。

（四）混合计划

如前所述，随着管理型医疗保险的不断发展，各种类型的计划之间的界限变得较为模糊，以下介绍两种混合计划。

1. 开口的保健组织

开口的保健组织既具有传统的保健组织的一些特点，又具有传统的医疗费用保险的特点。开口的保健组织允许参加者选择使用自己网络外的医疗服务，但参加者必须承担较高的免赔额和共同保险金额。

2．看门人优先提供者组织

看门人优先提供者组织规定参加者从自己的网络中选择一个主治医师（看门人），由其批准提供医疗服务，并把参加者介绍给网络中的其他专科医生。如同传统的优先提供者组织，参加者可以使用自己网络外的医疗服务，但他们通过看门人安排取得网络内的医疗服务只要承担最少的费用，有别于传统的优先提供者组织。另一方面是补偿医疗服务提供者的方式，它一般采取按人收费方式补偿，较之传统的优先提供者组织，把更多的财务风险转嫁给医疗服务提供者。

小资料

实现商业健康险与健康管理的深度融合

目前，医疗行业在我国健康服务业中居于领导地位、以事后治疗为主，医疗费用逐年增加。我国健康险主要通过事后理赔盈利，由于鲜少涉及客户患病前健康管理、患病后疾病管理，保险公司理赔费用支出居高不下，不少健康险公司出现亏损。为了扭转大众眼中固有的医疗费用报销者的形象，健康险公司可通过提供各类健康管理服务，由最初的事后理赔提升为全方位、全过程的健康管理，从“赔生病”发展到“治未病”。

1．积极开发健康管理服务产品

保险公司可为投保人提供增值服务，在健康险产品中融入异地就医、医疗护理、基因筛查、海外就医等服务，以书面的形式将健康管理服务责任在产品条款中附加，无缝对接医疗健康服务与保险保障，实现“健康保险+健康管理”模式。此项措施有助于满足中高端人群差异化的健康需求，同时有利于健康险公司的经营模式由被动的理赔服务向主动的管理式医疗服务转变，缓解市场“失灵”问题，赢得中高端客户。

2．建设专业健康管理平台

保险公司可以构建专业健康管理平台，为投保人提供“一站式”服务，如定期体检、健康教育、慢性病管理、健康干预指导等，融中医“治未病”理念于健康管理中，降低投保人获病概率。此举有利于解决投保人“看病贵”“看病难”的问题，同样有益于保险公司简化理赔流程、减少赔付支出，赢得客户。例如，平安保险公司实行医疗、医药、医保“三医联动”的模式，构造医疗“O2O”闭环，通过专业健康管理平台“平安好医生”APP为投保人提供管理式医疗服务。用户登录APP向平台全职医生团队进行免费的在线咨询、线上问诊和线下预约，平安保险承保所有服务项目，并在发生医患纠纷时补偿用户的损失。该平台的主要特征有：家庭医生，一对一的私人专属服务，实时解答疾病、用药、营养及运动等问题；问诊大厅，科室齐全，数百位自聘全职医生在线坐诊，图文语音，实时对话；名医馆，荟萃北上广三甲名医，疑难杂症，有问必答，在线咨询解答患者无法解决的问题，签约名医额外提供门诊加号、手术主刀服务；健康社区，加活动、看话题、玩圈子，定习惯，360°动起来，结识健康专家，共享健康信息；私人医生，为用户配备一对一专属私人医生，24小时提供用户在线问诊咨询、线下医院门诊预约等医疗健康服务。

小　　结

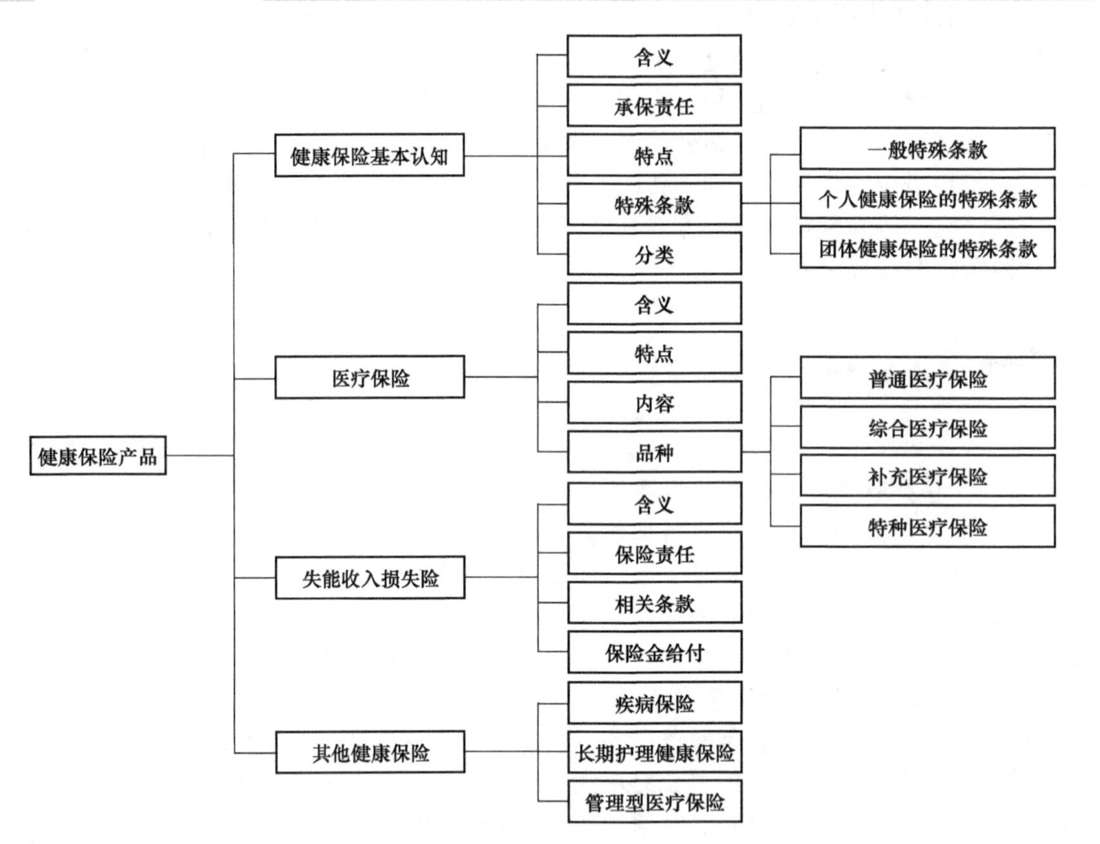

复习思考题

一、简述题

1. 什么是健康保险？健康保险都有哪些特殊条款？
2. 简述健康保险中疾病的含义。
3. 简述医疗保险的主要类型。
4. 简述失能收入损失保险的全残界定标准。
5. 简述长期护理保险的主要条款。

二、案例分析题

1. 2019年8月10日，张先生投保了一份住院医疗险，他于同年9月5日因肺炎住院治疗。结果保险公司以其保险事故发生在“观察期”内为由拒绝理赔。张先生非常不理解：保险的生效日为8月10日，而他是在9月5日住院的，保险公司为何拒绝理赔？

问题：

（1）保险公司的做法正确吗？

（2）何为“观察期”？为什么健康保险要设置观察期条款？

2. 王先生除了有社会医保以外，还拥有两份商业医疗保险：一份是单位投保的团体保险，另一份是自己购买的医疗保险。2019年3月份，王先生患病住院，花去医疗费用10 000元，其中医保统筹支付6 000元，自付费用4 000元。出院后，王先生拿着相关材料分别向两家保险公司申请理赔。结果是，团体保险支付赔款3 000元，但王先生购买的个人医疗保险却没有给予赔款。令王先生感到疑惑的是，本次治疗剩余自付的1 000元，为何不能得到保险理赔呢？

问题：

（1）请设想一下是什么原因导致剩余自付的1 000元不能得到保险理赔？

（2）请为王先生设计更为良好的医疗保险方案。

挑战自我—— 实践训练

实训目的

●掌握健康保险的定义、种类与基本险种、内容。

●掌握健康保险的条款，有处理实务的能力。

●能够对商业医疗保险保障利益进行分析。

实训要求

●借助互联网，并通过实地走访保险公司，了解保险公司各类健康保险的具体险种，明确其内容。

●能够对不同保险公司同类型的健康保险险种进行对比，找出不同之处。

●能够总结各险种的保障利益。

实训步骤

●通过互联网搜索工具，查找各大保险公司医疗保险、失能收入损失保险的种类。

●阅读保险条款。

●做出不同保险公司同类型险种的对比分析。

●选择具有代表性的医疗保险，总结其保障利益。

●认真整理调查资料，整理完成实训报告。

技能大比武

题目演讲——健康保险发展前景展望

健康服务业主要包括医疗服务、健康管理与促进、健康保险以及相关服务，涉及药品、医疗器械、保健用品、保健食品、健身产品等支撑产业，覆盖面广、产业链长。加快发展健康服务业，是政府大力巩固和扩大医药卫生体制改革成效，统筹稳增长、调结构、促改革，保障和改善民生的又一重大举措，对于满足人民群众多层次、多样化的健康服务需求，提升全民健康素质，提高服务业水平，有效扩大就业，促进经济转型升级和形成新的增长点，具有重要意义。请根据本章所学并结合相关资料，说一说我国未来健康保险的发展前景。

情境 6　播撒爱的种子——团体人身保险产品

学习目标

能力目标

- 能够进行团体人身保险的风险分析。
- 能够解释团体人身保险条款。
- 能够进行团体人身保险方案设计。

知识目标

- 掌握团体人身保险的概念、特点和种类。
- 掌握团体人身保险的投保团体要求。
- 了解目前存在的养老金计划的种类、筹资方法。

素质目标

- 全面掌握团体人身保险产品的结构特点，培养专业化服务能力与职业核心能力。
- 培养诚信、热情服务、从客户的角度考虑问题的良好职业素养。

情境演练

不足 8 人可否投保团体人身险

投保情况：W 饲料有限责任公司是由 5 名股东共同出资组建的企业，现共有员工 50 名，5 名股东的年龄在 33～43 岁之间。该公司向某保险公司提出投保申请，要求为 5 名股东投保“团体人身意外伤害保险”和“附加团体人身意外伤害医疗保险”，每人主险保额 8 万元，附加险保额 1 万元，受益人为被保险人的妻子；职业类别告知均为一类职业（主险保险费每人 120 元，附加险保险费每人 30 元，团体人身保险费共计 750 元）。

由于投保人数少，个人风险保额高，风险相对集中，为对投保团体有一个全面深入的了解，核保人员提请调查人员对此团体进行了生存调查。调查结果表明，投保人所述情况属实。以往该公司从未发生过安全事故，5 名被保险人在公司从事高级管理和部门管理工作，不参与一线生产作业，参保人员的年龄都处于青壮年时期，反应机敏，面色红润，体态正常，被保险人年龄结构很好。

情境思考：团体人身保险与个人人身保险有什么不同？团体人身保险有什么特殊性？为什么会出现团体人身保险，它有什么意义？团体人身保险有哪些种类？

子情境 1　团体人身保险基本认知

知识解读

一、团体人身保险简介

（一）团体的含义

理解团体的含义是理解团体人身保险的基础。在实践中，各国都将对团体的有关规定作为规范团体人身保险的重要内容，往往通过立法限定其范围以及投保团体人身保险的团体应具备的条件。具备条件的团体称为适格团体。

概括来看，保险监管机构对团体的界定一般是从团体组成、团体人数和参保比例、团体参保人员资格认定以及投保金额的规定等方面进行的。

1．团体组成的规定

参加团体人身保险的团体，不能是为投保团体人身保险而组成的团体，而必须是已经存在的、有特定业务活动、实行独立核算的正式法人团体。该项规定的目的在于，将以购买保险为目的而组成的团体排除在团体人身保险的承保范围之外，避免吸引大量高风险人组成团体，从而给保险公司带来“逆选择”风险。另外，在特定的险种中，被保险人除了雇员（成员）本人之外，还可包括员工的眷属（配偶、子女或父母）。

2．团体人数和参保比例的规定

在团体人身保险的实践中，往往规定参加团体人身保险的团体必须达到一定的人数，同时对参保比例也有一定的规定，其原因可以归结为两点：①团体人身保险是以团体作为投保人，通过减少管理费用来降低附加费用，从而达到降低保险费的目的，所以人数的多少自然有一定的影响。②为了防止逆选择的发生。对团体人数的规定一般为 5～8 人以上，若人数较少，一般要求团体内所有人都应投保；若人数较多，一般要求团体内成员投保的人数应达到一定比例（75%～80%）。我国对团体人身保险曾一度规定，投保团体的人数等于或少于 8 人时，所有成员必须全部投保；投保人数多于 8 人的，投保成员应占团体成员总数的 75%（含 75%）。保险公司可以在条款或合同中约定，被保险人数减少到团体成员总数的 75%以下时，保险公司提前 30 日书面通知投保人后，有权解除保险合同。《中国保监会关于促进团体保险健康发展有关问题的通知》中规定“团体保险的被保险人在合同签发时不得少于 3 人，特定团体成员的配偶、子女、父母可以作为被保险人。”这意味着对团体人身保险经营的限制进一步放宽，保险公司只要认真分析各类团体的保险需求，设计合适的产品，在营销上下功夫，团体人身保险将迎来一个春天。

3．团体参保人员资格认定的规定

团体人身保险虽然不对单个成员进行保险选择，但是为了合理地控制理赔成本和管理费用，避免逆选择，通常对投保团体人身保险中的成员参加保险的资格也有一定的限制。

如雇主为雇员提供团体人身保险的情况下，通常有如下规定：

（1）全职或专职工作的规定。大部分的团体人身保险通常只针对全职或专职员工，因为兼职员工除高离职率外，还有可能为了得到团体人身保险给付而寻找就业。季节性和暂时性的员工也存在同样的问题。而全职上班的员工，往往健康状况较好，工作与生活较为稳定，流动率较低。

（2）正常在职工作的规定。为了避免承保在团体人身保险合同生效前既已患疾病的专职成员，通常有正常在职工作的资格规定，即要求每一成员在保险生效日均能正常上班且实际参与工作才能取得参加保险资格。在某些特殊情况下，“正常在职工作”的界定可以放宽或稍做修订。例如，大型团体因为聘用制度较为健全，通常不会录用健康情况欠佳的员工，对此类团体可不必再要求“正常在职工作”的规定。

（3）试用期间的规定。试用期间的规定即要求新进入成员必须工作一段时间后才能参加团体人身保险，其长短依据投保团体的流动性高低有所不同。试用期间的规定可以减少一些跳槽者的逆选择，更可以排除一些带病应征者，或为了获得保险的保障而暂时隐匿病情者。

4. 投保金额的规定

一般来说，团体人身保险对每个被保险人的保险金额按照统一的规定计算，其目的主要在于消除逆选择的行为。具体做法有：整个团体的所有被保险人的保险金额相同；按照被保险人的工资水平、职位、服务年限等标准，分别制定每个被保险人的保险金额。此外，对单个被保险人的投保金额设有上限，一般以平均保险金额的数倍为上限（大多以3.5倍为上限）。这种做法是依据统一的标准制定每个人的保险金额，雇主或雇员均无权自己增减保险金额。

（二）团体人身保险的含义

团体人身保险是由保险公司用一份保险合同为团体内的许多成员提供保险保障的一种保险业务。在团体人身保险中，符合上述条件的“团体”为投保人，团体内的成员为被保险人，保险公司签发一张总保险单给投保人，为其成员因疾病、伤残、死亡以及离职退休等提供补助医疗费用、给付抚恤金和养老保障计划。

二、团体人身保险的特点

由于团体人身保险投保人和被保险人的特殊性，使其具有一些有别于个人人身保险的特点，主要表现为：

（一）风险选择特殊

团体人身保险最显著的特点就是用对团体的风险选择来取代对个人的风险选择。团体人身保险投保过程中无需提供团体中个人的可保证明，保险人只需对整个团体的可保性做出判断，即用团体核保来替代个人核保。保险人在对团体进行风险选择的过程中，一般需要依据上文所指出的对“团体”所提出的要求。

一般来讲，团体人身保险的风险比较稳定，主要原因包括：

1．“团体”的风险分散，逆选择风险小

团体规模较大自然产生风险分散作用，团体只需重点考虑该团体的人数以及团体人数累积将产生的可预测的死亡率和发病率。如果团体人数累积到一定数量，团体成员的同质性使死亡率和发病率可以预测，那么应用于个人的保险原理也可适用于团体人身保险。

2．团体人身保险合同再订

团体人身保险中风险程度高、保险保障要求高的人寿保险产品大多数是以短期险形式出现的。在保险期结束后，投保人和承保人往往会根据过去的赔付记录、被保险人的可保性证明来重新订立保险合同，调整费率。但是，像团体年金保险等长期人寿保险，保险期限一般很长（有些长达 30～40 年以上），保险公司对未来长期经济发展、资本市场发展、利率变动趋势等问题难以有准确的估计，面临较大风险，所以进行财务再保险安排或者参加养老金公司的再保险战略联盟，以降低经营风险。

（二）保险计划灵活

与普通个人人身保险的保险单不同，团体人身保险的保险单并非必须是事先印就且一字不可更改的。较大规模的团体投保团体人身保险，投保单位可以就保险单条款的设计和保险内容的制定与保险公司进行协商。当然，团体人身保险的保险单也应遵循一定的格式和包括一些特定的标准条款，但与个人人身保险单比较，则明显具有更大的灵活性。团体人身保险计划作为整个雇员福利项目的一部分，在绝大多数情况下，保险单充分体现投保团体的要求。对于这些要求，只要不使管理手续复杂化，不致引起严重的逆选择，不违反法律，保险人都会给予充分的考虑并在合同中加以体现。

在团体人身保险量身定制保险单的过程中，其作业流程一般要经过两个阶段：一是计划设计阶段；二是承保阶段。团体人身保险计划的灵活性充分表现在第一阶段，投保人在这一阶段可以就保险合同条款的设计和保险合同内容的制定同保险人进行协商。在经过团体人身保险部门审核后，保险合同最终得以确定，以最大限度地满足了不同团体投保人的不同要求。当然，团体人身保险合同也要按照规定的格式，使用一些特定条款。

（三）经营成本低廉

对于保险人而言，团体人身保险的经营成本会低于个人人身保险，这主要是因为：

1．单证印制和单证管理成本低

团体人身保险一般采取一张主保险单承保一个群体的做法，节省了大量的单证印制成本和单证管理成本，简化了承保、收费等手续，获得了规模效应。

2．附加佣金所占的比例较低

团体人身保险的佣金占总保险费收入的比率较个人人身保险的这一比率要低，因为它不像个人人身保险那样，对每一位被保险人相对应的个人代理人支付佣金。而且许多大型的团体投保人常常直接与保险人洽谈，免除了佣金支出，从而降低了保险公司的经营成本。

3. 核保成本低

由于团体中参加保险的人员比例较高，逆选择风险较小，体检和其他一些核保要求可以适当免除，节约了保险公司的体检费用。

（四）服务管理专业

团体人身保险的投保人是团体，其对保险的要求、谈判能力往往高于个人。因此，在团体人身保险市场的激烈竞争中，要获得更多的客户，就要求从业人员必须具有相关的社保、法律、财税、医疗、金融、管理等方面的知识，具有前瞻性、创造性的思维优势。团体人身保险的专业服务人员应成为投保团体的福利保险顾问，从保障、福利、法律、财税等方面向投保团体提出保险建议，为投保团体提供设计科学的员工福利、保险计划的专业服务。

（五）保险费分担灵活

团体人身保险的保险费可以有不同的分担方式：由雇主负担全部的保险费；由雇主和雇员共同承担保险费；由雇员单独负担保险费。不同的保险费分担方式，其投保比例的限制也有所不同。例如，某公司为排除逆选择做出如下规定：若保险费是双方承担的，则参保人数至少要占全部合格职工人数的 75%；若保险费全部由雇主负担，则全部职工必须100%参加保险。

三、团体人身保险的发展历程

（一）团体人身保险的起源与发展

1907 年，美国哥伦比亚大学教授海乐•锡格提出，在企业雇员遭受疾病、衰老、丧失工作能力、伤残、死亡、失业等社会问题时，雇主要承担一定的责任，最好的方式就是为雇员购买人身保险。

团体人身保险起源于 20 世纪初，最早的一例团体人身保险是美国 Equitable 人寿保险公司对新泽西州某家企业发行的团体人身保险。这种新的险种一经问世，就引起了人身保险界的广泛关注。第二次世界大战期间，由于政府对物价和工资的管制，许多经济组织为了提高员工福利，纷纷购买团体人身保险，从而导致了 1940～1945 年间团体人身保险的保险金额增加了 50%。第二次世界大战以后，西方资本主义国家为了改善雇主与雇员的关系，迎合工会的要求，同时也为了用较低的保险费获得较高的保险保障，对团体人身保险有了很大的需求。对团体人身保险的发展起巨大推动作用的因素则是 1949 年美国高等法院颁布的法令。该法令指出：雇员有权集体与雇主商议有关工资、工作时间、退休和有关购买保险的计划。各家保险公司纷纷推出此类保险业务以争取这块市场，因此团体人身保险日益发展。

自 1985 年以来，团体人身保险有效保险单的总保险金额几乎翻了一倍。20 世纪 90 年代初，美国有 56%的雇员通过雇主或工会参加了团体养老金计划，近 58%的美国公民获得了团体健康保险计划的保障。近年来，美国绝大多数大中型公司都以雇员福利的形式向其雇员提供团体人身保险，因此目前团体人身保险要占美国人身保险市场份额的 40%左右。在美国，团体人身保险与个人人身保险、社会保险并列为经济安全制度的三大支柱。团体人身保险之所以如此迅速地成长，就是它有助于社会福利政策的施行及经营上与个人人身保险的不同。

（二）我国团体人身保险的发展历程

我国团体人身保险的发展经历了以下三个阶段：

1．团体人身保险主导市场的发展阶段（从恢复保险业务到 1991 年）

在恢复保险业务的 20 世纪 80 年代，我国团体人身保险占整个市场 80%的份额，其经营模式主要是通过政府发文的形式，依靠行政力量的参与和推动。当时的中国人民保险公司开展的简易人身保险等更多的是采用这种方式。

当时的个人人身保险也参照团体人身保险的这种方式，企业负责代扣代交保险费，有些业务保留至今，如目前的学生平安保险。

由于大批销售的方式减少了营销费用和管理费用，加上特定条件下的行政介入，团体人身保险的费率一般较低，团体人身保险成为当时寿险市场十分重要的营销方式之一。

2．团体人身保险衰落的阶段（1992～2001 年）

外国保险公司经过多年努力，于 1992 年开始进入我国保险市场，率先开放的是试点城市上海，当时的《上海外资保险机构管理暂行办法》第十七条对外资保险机构的营业范围限定为："根据申请，中国人民银行批准外资保险机构经营除法定保险以外的下列业务的部分或全部：①境外企业的各项保险、境内外商投资企业的企业财产保险和与其有关的责任保险；②外国人和境内个人交费的人身保险业务；③上述业务的再保险业务；④经批准的其他业务。"这一规定明确将团体人身保险业务界定为外资不应进入的领域。

外资保险机构进入上海市场后，个险代理人营销模式开始大行其道，似乎经营保险就跟保险营销画上了等号。客观而言，个人代理制度推动了个险的繁荣，中资寿险公司紧随其后，把营销制度扩展到全国范围；但也带来了团险市场的急剧衰退，团险比例下降到了 20%。

由于团体人身保险缺乏监管规则和管理惯例，国内除把本属于团体人身保险的团体意外伤害保险、团体健康保险和团体定期寿险视同团体人身保险外，还把不属于团体人身保险，但属于养老保险，享受税收安排的企业年金和不享受税收制度安排的团体年金（以前统称之为补充养老保险）也视同团体人身保险，这就导致了团体人身保险定义的含混不清。由于长短期业务不分，从而使得很难有一套规则能够界定如此之大的范围，从而使得规则更加难以出台。

这一时期出现了几种市场现象：①外资保险公司为突破对其只能经营个人寿险的约束，开始打擦边球。国外早就存在职场销售，由于单位不交费，只是从个人投保人的工资账户中扣除，属于代扣代交，这时外资保险公司在上海引入这种方式，并且发扬光大，开始了变相的"团险个做"时代，尽管此种行为后来被监管部门叫停，却从来没有完全绝迹。由此，为适应中外资业务范围的不同，业内展开了对团体人身保险概念旷日持久的争论。②团体人身保险在行业内的地位急剧下降，由于保险公司之间团体经营理念的不科学，自我管理能力较弱，导致基层业务的恶性竞争，监管又没有设立底线，因而团体人身保险市场成为不被看好的市场，一度成为中资公司前行的负担。有些保险公司开始大幅度削减业务规模和人员；有些保险公司则借团体人身保险之名开始了追逐规模甚至洗钱的过程，出现了零管理费用等不可思议的现象。随之，监管部门叫停了团体两全寿险产品。

3．团体人身保险寻求新生的阶段（2002年至今）

以2002年作为划分团体人身保险转型的分水岭，是因为这段时间发生了几件大事：①2001年12月11日中国正式加入世界贸易组织，按照渐进开放的原则，中国政府为中资保险业设立了3年的保护期，到2004年年底即全面开放，体现在人身保险领域主要是团体人身保险的开放。②《保险法》第二次修改，2002年10月28日第九届人大常务委员会第三十次会议《关于修改〈中华人民共和国保险法〉的决定》正式颁布，修改后的《保险法》第九十二条对保险公司的业务范围进行了重新规定，即同一保险人不得同时兼营财产保险业务和人身保险业务。但是，经营财产保险业务的保险公司经保险监督管理机构核定，可以经营短期健康保险业务和意外伤害保险业务，从而使得该业务领域的竞争者扩大了一倍。

接下来的几年发生了一系列政策上的巨大变动：①2004年企业年金政策的出台。先是人力资源和社会保障部、中国银行业监督管理委员会、中国证券监督管理委员会、中国保险监督管理委员会联合制定的《企业年金基金管理试行办法》，随后人力资源和社会保障部、财政部出台了《企业年金试行办法》，使信托型业务逐渐成为主流，尽管这不符合国际惯例，但确实对现行商业补充养老保险造成了巨大的冲击，保险业团体人身保险的长期业务处于急剧萎缩状态，对商业团险有潜在需求的客户大都持币待购。②政府出台政策，限制不规范投保行为。2005年中央纪律监察委员会、监察部出台《关于党政机关及事业单位用公款为个人购买商业保险若干问题的决定》，开始对公款消费保险行为进行约束。③《中华人民共和国反洗钱法》（以下简称《反洗钱法》）的起草。2006年10月31日，第十届全国人大常委会第二十四次会议表决通过了《反洗钱法》，于2007年1月1日起执行。中国人民银行2007年11月14日下发《金融机构反洗钱规定》和《金融机构大额交易和可疑交易报告管理办法》。《保险业反洗钱工作管理办法》于2011年10月1日起实施。

以上政策和外部环境的急剧变化一定程度上表明了我国团体人身保险业务得到了进一步规范，但同时也增加了传统团体人身保险业务开展的难度，挤压了业务发展的空间，与此同时，保险公司自身管理也不规范。但保险业依然要直面这一现实，不能怨天尤人。近年来行业内众多有识之士一直在孜孜以求，寻找团体人身保险的新路，其中最重要的就是重新寻找行业的角色定位，即把员工福利计划市场的开展作为团体人身保险的主要发展方向。

2014年，国务院为推进全面深化市场化改革的目标，下发了《关于加快发展现代保险服务业的若干意见》（国发〔2014〕29号）（下称“新国十条”）。细看“新国十条”的内容，其中不仅直接涉及了以企业建立商业养老健康保障、企业年金、独生子女家庭保障、政府向商业保险公司购买服务、城乡居民大病保险、治安保险、社区综合保险、农村小额信贷保险、农民养老健康保险、农村小额人身保险等现行市场上已经发展或在正在探索中的团体人身保险产品与服务，更明确“对于商业保险机构运营效率更高的公共服务，政府可以委托保险机构经办，也可以直接购买保险产品和服务；对于具有较强公益性，但市场化运作无法实现盈亏平衡的保险服务，可以由政府给予一定支持”。所有这些，都为团体人身保险的发展提供了广阔的市场空间与良好的政策保障。2015年2月2日，原保监会正式下发《促进团体人身保险健康发展有关问题的通知》（保监发〔2015〕14号），该文件的下发意味着让团险真正发挥其在我国全面深化市场化改革的大潮中应有的社会管理、优惠公共服务的职能，团险将作为创新政府管理职能的重要抓手。

《2016～2021年中国团体保险行业发展分析及投资潜力研究报告》表明，当前我国团体保险逐渐进入垄断竞争的新格局，团体保险通过介入员工福利计划，成为商业保险和社会保障领域的一种“中间业务”，可以提高全体人民的整体福利水平，减缓人口老龄化的经济负担，充分发挥保险的社会管理功能。保险公司应当意识到员工福利计划的开展将会带来团体人身保险广阔的发展空间，将以前零散的团体人身保险业务发展思路转变到对企业全方位的员工福利团险保障计划的设计上来。在业务发展方面给予团体保险以科学的界定——管理员工福利，现代企业将员工福利视为人力资源管理制度中的重要一环。保险公司可以充分利用其专业优势，根据企业保险保障的具体需求，为其员工量身设计综合的团体员工福利保障计划，同时满足寿险、养老和健康以及失业保障的需要，使团体保险成为企业员工福利管理的有效工具。

拓展阅读

团体人身保险与反洗钱

洗钱是英文money laundering的直译，字面意义是把肮脏的钱洗干净。国家外汇管理局一份研究报告显示，每年通过各种渠道“洗”出去的黑钱或灰钱高达2 000亿元。

利用商业保险的制度缺陷实现洗钱的目的，是笼罩在以诚信为基石的保险行业的阴影。用团体人身保险“洗钱”的一般路径是，企业，特别是国有的企事业单位，利用企业或者单位的钱为个别员工购买特定的团体人身保险，然后在短时间内，通过退保套取现金，实现企业资金的“胜利大逃亡”。保险业内俗称这种现象为“团单个做”，或者“长单短做”。

而企业通过团体人身保险套取资金的目的一般可以分为两类，一类是为了避税，另一类就是为了私分公款。

按照一般保险单的规定，保险退保的时候并不能按照交纳的保险费全额退款，保险公司会按照一定的比例扣除一定费用。不过，只要扣除的比例小于所得税，企业的第一种目的就能够达到。

以一家保险公司的团体终身重大疾病保险（分红型）为例，假设投保人为一名30岁男性，保险金额为1万元，趸交保险费，交纳的保险费为4 708元。若一年后选择退保，退保金为4 329.2元（另有若干红利，暂时忽略）。退保金相对交纳保险费缩水378.8元。但是，如果这4 708元用于发年终奖金，按照20%的个人所得税，将会扣税941.6元。

两者比较，还是选择保险划算。

除了避税外，通过团体人身保险退保套取现金的方法甚至为某些企业所采用，成为其私分公款的工具。其用于投保的钱就是所谓的“小金库”。

子情境2 团体人身保险险种介绍

知识解读

实务经营中，人们常常按照团体人身保险合同的保障范围（即保险责任）对团体人身保险进行分类。这是团体人身保险较为常见的分类方法。根据这种传统的分类方法，团体人身保险可以划分为团体人寿保险（含团体养老保险）、团体健康保险、团体年金保险和团体人身意外伤害保险。

一、团体人寿保险

团体人寿保险主要分成两大类：一类是团体定期寿险，该险种是团体寿险中最早、最普遍，也是业务量最大的一种团体寿险，此种保险无现金价值，目的是提供早期死亡保险，对保障退休员工生活用处不大。另一类是团体终身寿险，是近年发展起来的，其目的在于保障退休职工生活，因产生较晚，所以份额不高。

（一）团体定期寿险

绝大部分团体定期寿险以年更新式的定期保险单方式承保，实际上是以团体方式投保的一年定期的死亡保险。由于保险期限只有一年，所以采用自然保险费，保险单没有现金价值。投保最初以及续保时无需进行体格检查。每年更新合同时，剔除已脱离企业的职员，增加新雇员，而且保险人有权根据投保团体的年龄结构、性别等方面的变化，调整费率。

团体定期寿险的保险费由企业负担的部分，在税收上一般可以得到优惠。在美国，若每位雇员的保险金额在50 000美元以内，并且保险费全部由雇主负担，则这部分保险费可作为费用处理，免交所得税。如果团体定期寿险的保险费，由被保险人个人负担，则对这部分保险费也可免交个人所得税。

每年更新的团体定期寿险保险单，期满一年时保险责任自动终止，而保险单又可自动更新续保且无需可保证明。与个人寿险一样，每年更新时费率水平是逐年增加的。但是，在保险费由团体、员工共同负担时，对个人而言，其所承担的部分可保持不变，投保人负担部分则逐年增加；就整个保险计划而言，由于团体中年龄结构、性别结构、保险金额等方面的变化，团体的总负担可能基本保持不变，甚至有所下降。

团体定期寿险衍生品之一就是团体信用人寿保险，这是基于债权人与债务人之间的债权债务关系而签订的保险合同，是债权人以其现在和未来的债务人的生命作为保险标的，以保险单持有人（债权人）为受益人（这与其他团体人寿保险有所不同，如团体定期寿险的保险单持有人，其投保团体并不是受益人）。被保险人死亡时，保险公司给付保险金来抵偿被保险人所负债务。其保险费可以由投保人单方面负担，也可由债务人或双方共同承担。法律一般规定，债权人不得以要求参加团体信用寿险作为扩张信用的条件或手段，以防止道德危险的发生，保证保险人的利益。

（二）团体终身寿险

团体终身寿险不享有前者的税收优惠，起步较晚，因此在发展速度和规模上远不如团体定期寿险。小型公司或企业通常购买这种保险，用来为职工退休时提供生活保障。团体终身寿险的主要险种有：

（1）团体交清保险，是由一年定期死亡保险和终身死亡保险相结合的险种。一年定期死亡保险由投保团体负担保险费，采取趸交保险费的方式。总保额由一年定期死亡保险保额和终身死亡保险保额构成。

团体交清保险的具体办法是：投保团体与员工约定一个死亡保险的总保险金额，不同职员可以有所差别。员工每年交纳一定保险费为自己投保终身寿险，采用趸交保险费方式，保险单均为交清保险单。员工每年的交费相同，但由于年龄变化，危险增加，其每年投保的终身险交清保险单的保险金额逐年不同，但累积保险金额逐年增加。团体每年为员工投保一年定期死亡保险，保险金额为约定总金额与终身死亡保险累积金额的差额。随着终身险累积保险金额的逐年增加，一年定期死亡险的保险金额逐年下降。一年定期死亡保险的保险费采用自然保险费，保险单无现金价值，由团体负担；由员工负担保险费的终身死亡保险保险单则具有现金价值。员工无论何时死亡，都可获得约定的保险总金额；而年老退休或脱离该企业时，也可以继续享受保险保障，或申请退保，领取退保金，以供退休或离职后生活所用。

团体交清保险中，团体负担的一年定期死亡保险的保险费在国外也享有税收优惠。虽然员工没有直接得到税收利益，但因保险契约在员工在职、离职、退休时均保持效力，所以整体上还是有益的。

（2）均衡保险费型的团体终身保险，一般是由公司、企业为员工投保限期交费的终身死亡保险，如限期交费至 60 岁退休时止，可以由此为员工提供退休福利。每个员工年龄不同，交费期限也不相同，但都采用均衡保险费方法。

若这种团体人身保险费完全由企业负担，则员工个人对保险单一般不具有既得利益；若为双方共同负担，则员工拥有由其自付部分的现金价值。至于由企业负担的保险费所产生的权益，是否也属于员工，要视退休金合约的规定而定。

（3）储金式团体终身保险，就是由保险人与企业共同设立一项特别基金，每年由分红累积或企业划拨资金交由保险人运用，待到员工退休时则可以运用此基金购买定期险或由保险人直接提供给付以保障退休生活。

拓展阅读

中英人寿一年期团体定期寿险

缴费期间　趸缴。

保险责任　因意外伤害事故导致身故、因疾病导致身故。身故保险金=保险金额。

投保范围　凡身体健康，能正常工作或劳动的团体成员，经本公司审核同意，可作为本合同的被保险人。被保险人之配偶或子女，经本公司审核同意，可作为本合同的附属被保险人。经被保险人同意，被保险人所在团体可作为投保人。

保险金额 保险金额由投保人和本公司约定并在保险单上载明。

保险期间 保险期间为一年，自保险单或批注所载明的合同生效日零时起至终止日二十四时止，合同另有约定的除外。

被保险人变动：投保人因团体成员变动需要增加或减少被保险人的，应以书面形式通知本公司。被保险人变更其职业或工作内容时，投保人或被保险人应在其变更职业或工作内容之日起10日内以书面形式通知本公司。

二、团体健康保险

团体健康保险主要有以下几种：

1．团体（基本）医疗费用保险

在这种团体健康保险中，当被保险人在保险责任开始后，因疾病而住院治疗时，保险人将负责给付其住院费、治疗费、医生出诊费、透视费和化验费等。其中，住院费的给付按照住院天数乘以每日住院给付金额进行计算，每日住院给付金额以及每次住院的天数在团体雇主与保险人签订的合同中都予以规定。治疗费的确定有两种方法：①表列法，即在合同附件中详细列明各项治疗的费用限额。不同的团体可根据其需要或员工所能承担的范围，将此费用金额乘上某一系数，以调整其限额。保险人按此确定的限额向被保险人给付保险金（或代为支付治疗费）。②根据合理习惯确定每次住院治疗的费用。医生出诊费、透视费和化验费，则通常在保险合同中予以明确规定。值得注意的是，团体医疗费用保险通常将被保险人的门诊医疗列为除外责任，对其发生的门诊医疗费用不予给付保险金。

2．团体补充医疗保险

团体补充医疗保险也称团体高额医疗保险。由于大部分基本医疗保险（包括团体医疗费用保险）对于药品、器材、假肢、义齿、血或血浆、诊断服务、预防性药物、门诊治疗、护理及其他很多费用均不予承保，而且基本医疗保险（包括团体医疗费用保险）对于各种医疗费用也有许多限制（包括时间以及金额的限制），这使得团体补充医疗保险这种以排除基本医疗保险中的诸多限制为主要目的的团体健康保险产品开始出现。团体补充医疗保险通常由团体或雇主与保险人共同协商医疗费用的限额。不过，保险人为了规避医疗费用过高的风险，在团体补充医疗保险合同中，还常常附加有免赔额条款及共同保险条款。

3．团体特种医疗费用保险

团体特种医疗费用保险主要包括团体长期护理保险、团体牙科费用保险、团体眼科保健保险等。

长期护理是帮助那些因为残障或老年痴呆症等慢性病而生活不能自理的人完成诸如吃饭、洗澡、穿衣和移动等日常活动。传统的医疗保险一般不对与长期护理相关的费用进行保障，而团体长期护理保险就是以团体或团体雇主为投保人，以团体下属员工（包括退休员工）及其眷属、年长的家庭成员为被保险人，承担被保险人的长期护理服务费用，保障他们退休后生活的一种团体健康保险。

在大多数国家，牙科保险是一个比较新鲜的事物。实际上，牙病的医疗费用要比其他疾病更高，对整体医疗支出有着直接和间接的影响。团体牙科保险是以团体或团体雇主为投保人，以团体下属员工为被保险人，为员工所需要的一些牙科服务（包括预防性护理，如定期口腔检查、清洗和早期诊断）和治疗提供保障的一种团体健康保险。

团体眼科保健保险是为团体成员的眼科保健服务与治疗服务费用提供保险保障的一种团体健康保险。

4．团体丧失工作能力收入保险

团体丧失工作能力收入保险又称为团体残疾收入保险或团体收入保障保险。它是以团体或雇主作为投保人，以团体下属员工为被保险人，由保险人承担补偿被保险人因遭遇意外伤害或疾病而丧失收入的责任的一种团体健康保险。一般情况下，团体丧失工作能力收入保险合同按月提供给付金额，此金额的高低与被保险人的正常收入呈一定比例。保险给付则开始于保险合同约定的缺职期之后，并延续至合同约定的最高期间或被保险人的极限年龄。

拓展阅读

员工团体综合医疗保险条款（A款）

产品特色　与社会基本医疗保险相衔接；全方位补充企业员工负担的合理医疗费用，有效解决员工的后顾之忧；涵盖门诊、住院保障内容。

投保条件　凡已参加当地社会基本医疗保险的团体，均可以作为投保人，为其员工投保本保险。

保险期间　一年期，从生效日的零时开始，到期满日的24时终止；一般与当地社会基本医疗保险的年度起止期间一致。

保险费　根据投保时选定的保险责任、投保团体退休人员占比、在职人员年龄结构确定保险费，保险费可以采取一次交清和月交的方式。

基本部分保险责任　被保险人在保险期间内所发生的符合当地社会基本医疗保险统筹基金（以下简称“统筹基金”）支付范围的医疗费用，保险公司对于统筹基金起付标准之上、统筹基金费用限额之下的医疗费用中需要被保险人个人负担的部分，按投保人在投保时约定的赔付比例给付基本医疗补充保险金。

可选部分保险责任　①被保险人在保险期间内所发生的符合当地统筹基金支付范围的医疗费用，保险公司对于统筹基金起付标准之下的医疗费用，按投保人在投保时约定的赔付比例给付基本医疗起付标准之下补充保险金。②被保险人在保险期间内所发生的符合当地统筹基金支付范围的医疗费用，保险公司对于统筹基金费用限额之上、大额医疗费用互助资金费用限额之下的医疗费用中需要被保险人个人负担的部分，按投保人在投保时约定的赔付比例给付大额医疗补充保险金。③被保险人在保险期间内所发生的符合当地统筹基金管理规定的医疗费用，如该笔医疗费用超过大额医疗费用互助资金费用限额，保险公司对于大额医疗费用互助资金费用限额之上、保险公司约定的超高额医疗费用限额之下部分，按投保人在投保时约定的赔付比例给付超高额医疗保险金。④被保险人在保险期间内所发生的符合当地社会基本医疗管理规定门（急）诊支付范围的门（急）诊医疗费用，保险公司对于约定起付标准之上、费用限额之下的门（急）诊医疗费用，按投保人在投保时约定的赔付比例给付门（急）诊保险金。⑤对于已经建立起社会医疗大额门（急）诊互助资金的地区，被保险人在保险期间内发生的符合当地大额门（急）诊互助资金支付范围的门（急）诊医疗费用，保险公司对于大额门（急）诊互助资金起付标准之上、大额门（急）诊互助资金费用限额之下的门（急）诊医疗费用中需要被保险人个人负担的部分，按投保人在投保时约定的赔付比例给付大额门（急）诊补充保险金。⑥对于已经建立起社会医疗大额门（急）诊互助资金的地区，被保险人在保险期间内发生的符合当地大额门（急）诊互助资金支付范围的门（急）诊医疗费用，保险公司对于大额门（急）诊互助资金起付标准之下、投保人与被保险人约定的起付标准之上的门（急）诊医疗费用，按投保人在投保时约定的赔付比例给付大额门（急）诊起付标准之下补充保险金。

被保险人因患有列入当地统筹基金支付范围的“门诊特殊病”所发生的门（急）诊医疗费用，不在可选部分第④、⑤、⑥款保险责任范围之内。

上述统筹基金支付范围、门（急）诊支付范围、大额门（急）诊互助资金支付范围、统筹基金起付标准、统筹基金费用限额、大额医疗费用互助资金费用限额、大额门（急）诊互助资金起付标准、大额门（急）诊互助资金费用限额等按当地现行《××市基本医疗保险规定》《××市基本医疗保险用药报销目录》《××市基本医疗保险诊疗项目报销目录》《××市基本医疗保险医疗设施目录》及其他相关医疗保险管理规定执行。

本保险属于费用补偿型医疗保险，如被保险人在保险期间所发生的本合同保险责任范围内的医疗费用，已经从其他商业医疗保险保障计划或其他途径获得补偿或赔偿，保险公司仅对剩余部分承担相应的保险责任。

三、团体年金保险

在我国当前的保险市场中，常见的团体年金保险主要有以下几种：

1. 团体延期年金保险

这是一种最古老的团体年金形式，由团体组织一次或每年按员工工资的一定比例交存保险费至保险公司，保险公司对投保的每一个团体分别建立一个账户，当团体中的成员生存至约定时间，保险公司一次或每年按约定的金额给付保险金。在此年金中，保险人对团体的人数有所要求，以降低管理费用。团体的规模越大，管理费用比例越低。保险人一般对团体年金所积存的资金进行长期资金应用，投资风险由保险人承担。

2. 预存管理年金保险

投保的团体每年向保险公司交纳保险费，在该团体的账户下形成一笔基金（即预存管理基金），这笔基金由保险公司对其加以投资运用并保证其收益不低于某一约定的利息。当该团体的某个员工退休时，从基金中划出一定比例作为其趸交保险费，为该员工投保个人即期终身年金保险。

3. 团体分红年金保险

投保团体在签订保险合同时与保险人约定，投保人所交纳的保险费扣除管理费后记入交费账户，保险人对其进行投资，当账户的投资出现盈利时，保险单所有人享有红利的处分权。红利可以退还给投保人，也可转入交费账户，在被保险人领取年金时，其个人账户中既有单位交费也有个人交费积累的资金，按照被保险人所选择的年金领取形式和所对应的年金转换标准，决定其每年按年领取或者按月领取的金额。目前团体分红年金保险以其灵活性和有账户保证收益的优势，受到团体客户的广泛欢迎。

4．团体投资年金保险

投保团体在签订保险合同时与保险人约定，投保人所交纳的保险费扣除营业费用后记入投资账户，保险人对其进行投资，保险人对投资收益率不做任何保证，把所有投资风险都转嫁给保险单所有人。在团体投资年金保险中，保险人除按保险费的一定比例收取营业费外，还按被保险人的人数每月收取保险单管理费和投资账户管理费。与团体分红年金保险相比，账户的透明性更高，但风险相对也更大。

四、团体人身意外伤害保险

在我国，团体人身意外伤害保险是人身意外伤害保险的主要形式，常见的险种主要有：

1．运输工具旅客意外伤害保险

以运输工具的所有者作为投保人，对旅客在搭乘交通工具过程中，由于意外伤害事故所致伤害或死亡，由保险人提供给付。我国现有公路旅客意外伤害保险、铁路旅客意外伤害保险、航空旅客意外伤害保险和轮渡旅客意外伤害保险等险种。

运输工具旅客意外伤害保险实质是以持有效车票搭乘运输工具的旅客为保险对象的一种超短期人身保险。保险有效期自旅客验票进站或中途上车购票开始，到旅客抵达旅程终点验票出站或中途下车、下船为止。

保险手续由运输工具的所有者代为办理，对每一旅客不另签发保险凭证。旅客所乘运输工具在途中因故障停驶而改乘承运部门指定的其他运输工具的，保险合同仍然有效。这一类保险的保险费一般由各种运输企业代收后汇交保险机构，也有单独购买的，如目前的汽车长途运输旅客意外伤害保险、航空旅客意外伤害保险等都是自愿购买，乘运部门代售。

拓展阅读

平安团体交通意外险

一、本保险承保区域：全球。

团体交通意外险每位被保险人每个保险期间限投一份，多投无效。

二、本保险保险期限：7 天、30 天、1 年。保险起期可自由选择，投保次日即可生效。

三、本保险适用人群：本产品适用被保险人年龄在 18～80 岁具有完全民事行为能力的自然人，且 3 人以上方可投保。

该保险保障情况见表 6-1。

表 6-1 团体交通意外险保障情况

保障类型	保障范围	保险金额	保障解读
意外保障	飞机意外伤害身故/伤残	50万元～800万元	在保险期间内，以乘客身份乘坐民航客机期间因意外伤害事故身故/伤残，我们将按"飞机意外伤害保险金额"给付保险金
	火车意外伤害身故/残疾	10万元～100万元	在保险期间内，以乘客身份乘坐商业运营的火车、高铁、地铁、轻轨期间因意外伤害事故身故/伤残，我们将按"火车意外伤害保险金额"给付保险金
	轮船意外伤害身故/残疾	10万元～100万元	在保险期间内，以乘客身份乘坐商业运营的轮船期间因意外伤害事故身故/伤残，我们将按"轮船意外伤害保险金额"给付保险金
	汽车意外伤害身故/残疾	10万元～30万元	在保险期间内，以乘客身份乘坐商业运营的汽车期间因意外伤害事故身故/伤残，我们将按"汽车意外伤害保险金额"给付保险金
	驾乘意外伤害身故/残疾	10万元～30万元	在保险期间内,被保险人因乘坐或驾驶10座以下非营运客车，以及乘坐旅游大巴车、景区观光车时发生意外伤害事故，我们将按"驾乘人员意外伤害保险金额"给付身故保险金和伤残保险金

2．旅游者人身意外伤害保险

旅游者人身意外伤害保险是以旅行社、机关、团体、企事业单位组织的团体旅游者为保险对象，为旅游者旅行过程提供人身危险方面的保险保障。保险期限根据旅行期间而定，从被保险人乘上由旅行社等单位指定的汽车、火车、轮船或飞机时开始，至本次旅游结束离开相应的交通工具时为止。如遇旅游中因故延长日期，可以补交保险费，保险责任继续有效。

3．住宿旅客人身意外伤害保险

住宿旅客人身意外伤害保险是以在工商行政管理部门登记的旅馆、饭店、招待所投宿的旅客为保险对象的一种人身意外伤害保险。保险期限自被保险人办理完住宿手续开始，直至其办妥退宿手续并按退宿规定可停留在住宿地的时间结束为止。每一被保险人的保险金额按住宿标准不同而有差异。住宿费用高的，保险金额也高；反之，保险金额就低。住宿单位每月按住宿营业额的一定比例计算后向保险人交纳保险费，保险费实质上已包含在旅客客房的租金内。

4．外出人员平安保险

这是以机关、团体、企事业单位以派遣赴外省市临时出差或短期工作、学习及参加投保单位组织的赴外省市集体活动的职工为保险对象的一种人身保险。凡18～70周岁，身体健康能正常外出工作或劳动的职工，均可由其所在单位向保险人投保外出人员平安保险，期限1年，也可根据双方协商后确定，期满可续保。保险人只承保被保险人外出期间的意外伤害，而与其日常在原单位、原活动范围遭受的意外伤害事故无关。

小 结

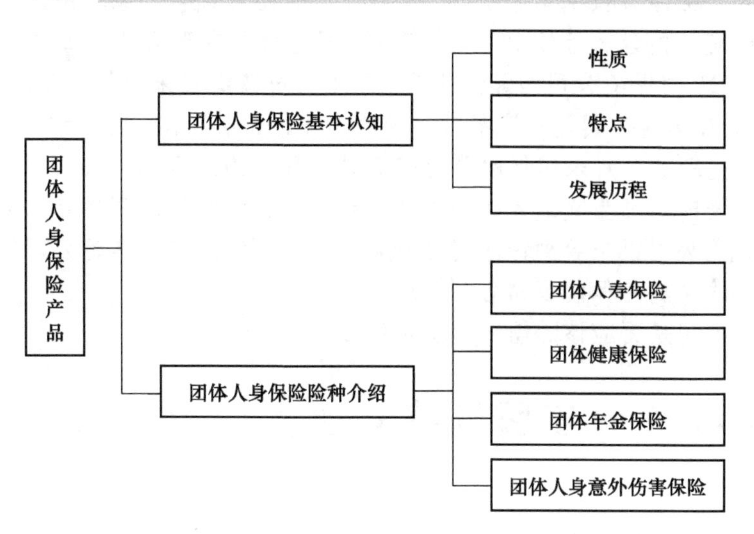

复习思考题

一、简述题

1. 简述团体人身保险的性质。
2. 简述团体人身保险的特点。
3. 简述团体人身保险的种类。
4. 简要说明各种团体人身保险的基本含义。

二、案例分析题

1. 2013年6月28日，某公路养护有限公司就其承包的某路面整修工程，按工程造价方式向某保险公司投保建筑施工人员团体意外伤害保险，其中每人每次事故保险金额10万元，并附加建筑施工人员团体意外伤害医疗保险，其中每人每次事故保险金额1万元。

保险期限为2013年6月29日至2014年6月28日，保险合同无受益人约定条款。7月28日，该公路养护有限公司路面整修工程施工部人员A在现场施工过程中，不幸被一重型货车碰撞而受伤，后经医院抢救无效后死亡，期间发生抢救医疗费用4万多元。事故发生后，该公路养护有限公司路面整修工程项目经理部与A的家属签订了赔偿协议，该公司赔偿给死者家属包括丧葬费、死亡补偿费、子女抚养费、误工费及家属生活补助费等共22万元，余下的交通事故赔偿款由公司方获得。根据交警责任认定书，A负本次事故的同等责任。调解时，交通事故第三者车辆的驾驶人承担本次事故全部费用的60%，即向该公路养护有限公司支付12万元。

交通事故调解结案后，该公路养护有限公司就其投保的建筑施工人员团体意外伤害保险及附加的建筑施工人员团体意外伤害医疗保险，向某保险公司索赔。保险公司接到该公路养护有限公司的索赔通知书后，认为事故发生地点、发生时间、保险责任都符合保险合同约定的条件，但对索赔申请人身份、保险赔款适用原则、保险赔款金额产生了不同的意见。

问题：保险公司是否应该赔偿，理由是什么？

2. 2014年3月，某市A客运公司与该市保险公司签订了一份关于代办保险的协议。

协议规定，保险公司委托A客运公司代办公路旅客意外伤害保险承保手续，以持票乘车的旅客为被保险人，保险费按基本票价的 2%计收，保险费包含于票价中，车票即为保险凭证，在车票上印有“内含保险费 2%”的字样。客运公司应于每月 5 日以前，通过银行按上月售票收入的 2%向保险公司结算保险费，保险公司按实收保险费的 5%向客运公司支付“代办手续费”。A 客运公司是一家经营不善的企业，长期亏损。为了维持营业，A 客运公司挪用保险费，连续 3 个月未向保险公司转交保险费。2014 年 8 月 1 日，A 客运公司的一辆大型客车在行驶时，发生交通事故，事故发生后，伤亡旅客的家属要求保险公司按规定给付保险金。保险公司以未收到保险费并且它已单方面终止了与客运公司的代理合同为由予以拒付。伤亡的家属将保险公司告到法庭。

问题：保险公司是否应该赔偿，理由是什么？

挑战自我—— 实践训练

实训目的

●掌握团体人身保险的特点与类型。

●要求了解团体人身保险的优缺点和符合承保条件的团体类型。

●能够分析团体意外伤害保险、团体人寿保险、团体健康保险的保障利益。

实训要求

●借助互联网，并通过实地走访保险公司，了解保险公司各类团体人身保险的具体险种，明确其内容。

●能够对不同公司同类型的团体人身保险险种进行对比，找出不同之处。

●总结保险公司对团体类型的条件要求有哪些。

●能够总结险种的保障利益。

实训步骤

●通过互联网搜索工具，并实地走访保险公司，查找各大保险公司团体人身保险的种类。

●阅读保险条款。

●做出不同公司同类型险种的对比分析。

●总结团体投保的条件要求。

●分析团体人身保险的开展情况，以及未来发展趋势。

●选择有代表性的团体人身保险，总结保障利益。

●认真整理调查资料，完成实训报告。

技能大比武

题目演讲—— 团体人身保险与企业人力资源管理

团体人身保险源起于为企业员工增加福利。对现代企业而言，劳动力成本上升和人才竞争的加剧，是企业人力资源管理者面临的一大挑战，那么团体人身保险福利计划对员工、企业和人力资源管理者有什么积极意义呢？请说一说你的看法。

模块 3

特别的爱给特别的你
—— 人身保险业务

保险公司及其从业人员从事人身保险产品的销售、承保、回访、保全、理赔、信息披露等活动构成了人身保险的主要业务内容。人们常说保险是生活中的灭火器，是远行时的备用胎，是乘坐飞机时的降落伞，宁肯没用上却不可不准备。人身保险的业务活动就是在风险之前帮助人们做好准备、风险降临时雪中送炭。保险事业是一份传递爱的事业，保险从业人员对社会负有“爱的责任”！

情境 7　好东西要大家一起分享—— 人身保险营销

学习目标

能力目标

- ☑ 能够解释人身保险营销的含义。
- ☑ 能够分析人身保险营销环境。
- ☑ 能够处理人身保险营销流程中的各种问题。

知识目标

- ☑ 掌握人身保险营销的含义和特点，了解人身保险营销的意义。
- ☑ 掌握人身保险营销的宏观环境因素和微观环境因素。
- ☑ 熟悉人身保险营销的渠道模式。
- ☑ 掌握人身保险营销流程及推销技巧。
- ☑ 熟悉人身保险客户的心理，掌握客户服务内容。

素质目标

- ☑ 全面认知人身保险营销业务，掌握保险销售技巧，培养专业销售能力。
- ☑ 培养严谨的工作作风、百折不挠的进取精神以及良好的沟通能力。

情境演练

保险营销需要用心

小邱 2018 年才进入保险领域，刚入行的她四处碰壁，前两个月连一份保险单都没有签成。“客户考虑买保险，是一个很漫长的过程。马上掏钱买保险，人人都会犹豫。”小邱说，她的第一个客户是以前的旧同事，在签保险单的时候一直下不了决心。为了让客户放心，小邱连夜制作出一张与其他保险公司的产品对比表，告诉客户自己公司的保险产品的优势，如何能最大限度地保障客户的利益，最终签下了过万元的保险单，这也是小邱入行推销出的第一份保险单。从此开始，她慢慢变得得心应手，并且只用了半年时间就出色地完成了全年的任务，获得当年的公司年度“十大杰出新人奖”。小邱认为，每一个保险代理人刚入行的时候都有波动期，“不适应的时候关键是如何调整心态，一定不能封闭自己，要积极向同事和主管请教。”小邱说，公司的早会她每日必到，把会上每个人的营销经验和心得都记下来，用这种气氛感染、激励自己。“推销保险最重要就是树立自信心，做保险一定会受到冷遇，遭到拒绝，但是即使如此也要从容面对，保持一颗平和的心。”

保险业具有很大的成长空间。小邱认为，为了能更好地帮助客户，一个好的代理人必须要了解法律、医疗健康等各个方面的知识，小邱每次拜访客户，都会准备好小礼物送给客户，消除陌生感。客户在其他方面有任何问题，小邱也尽量提供帮助。由于小邱曾经做过房地产销售，对楼市比较熟悉，客户在购楼时如有疑问她都尽量帮忙解决，一来二去，客户要买保险的时候马上就会想到她。“不是做成单的才要联络，每一个客户都要尊重和维护。”小邱认为做保险最重要的就是人脉，她逢年过节都会给每一位客户寄贺卡。有一次，她的一位客户打电话和她说，信箱里面的节日卡片都是她寄的，觉得很感动，以后一定会把小邱推荐给自己的朋友。小邱觉得做代理人就是要赢得这样一份认同感，“很多人对保险都有误解，不愿接触保险。但是，通过细心经营客户关系，让客户了解这个行业，只有对方认同你，他才能听你要说什么。有了认同感，签单只是具体的需求和时间问题了。”

情境思考：你是怎样理解人身保险营销的？人身保险营销的技巧体现在哪里？如何能够成为一名优秀的保险销售人员呢？

子情境 1　人身保险营销认知

知识解读

一、人身保险营销的含义

20 世纪以来，商品经济得到很大发展，飞速的生产发展使消费者的需求日益多样化和复杂化，市场也逐渐从卖方市场过渡到买方市场。因此，企业要控制市场、实现其经营目标，必须对市场进行全面的、系统的调查和研究，依据市场销售原则，运用现代先进技术预测市场的需求变化，制订有效的生产计划和销售计划，为市场提供切实可需的商品，才能从中获取最大利润。这就是现代的市场营销。市场营销从诞生以来就不断发展，与经济学、社会学、心理学和管理学等结合在一起，形成一门新的科学，关于它的定义也不断地被修改。美国市场营销协会在 1985 年提出了一个较权威的定义：市场营销是关于构思、货物和劳务设计、定价、促销和分销的规划与实践过程，旨在产生符合个人和组织目标的交换。

人身保险属于服务业，作为服务产品当然也需要进行产品的营销。人身保险营销是人身保险公司为实现其经营目标，满足人们对人身风险保障的需求、依据市场环境、利用各种营销技术和策略、与保险营销对象进行沟通并达到说服保险营销对象投保目的的运作过程。人身保险营销包括对保险市场的开发、费率的合理制定、保险营销渠道的选择、相关信息的收集整理、保险产品的推广以及相应的售后服务等一系列活动。现在社会产品极大丰富，对人身保险产品的要求也越来越高，人身保险也要不断地进行产品设计、对新险种进行开发安排、拓展营销渠道、扩大销售途径。只有拥有良好的营销体系，人身保险公司才能扩大其业务量，扩大规模，同时增加收益。人身保险营销不再以个险销售为重要活动，而开始成为一个体系，它确立了公司经营目标下的总体销售战略，建立了比较完善的销售组织，衍生出更细化的销售部门和相关辅助部门，并借助各种辅助系统促进最终的销售。人身保险营销也逐渐形成了一种理念：以客户为中心，以整合营销活动为手段，以客户最终满意为活动目标，兼顾客户、公司和社会三者的利益。

二、人身保险营销的特点

人身保险营销是与人身保险市场有关的人的活动，其主要作用是识别和鉴定目前尚未被满足的市场需求，估量并确定其需求量的大小，来选择保险公司能够最好地为其服务的目标市场，以决定适当的产品服务计划。它是一个动态的管理过程，是一个险种从设计前的市场调研，到最终转移到保险消费者手中的过程。这和常说的人身保险推销有着本质的区别，人身保险推销只是营销过程的一个阶段。与其相比，人身保险营销有以下特点：

（1）人身保险营销具有比人身保险推销更广泛的内涵。人身保险营销不仅包括后者，还包括人身保险市场研究、预测、售后服务等其他的内容。

（2）人身保险营销更注重人身保险公司在整个保险市场上的长远利益，它不仅仅是单纯的销售活动，还非常注重公司的形象，为公司今后的发展做出预测和决策；而人身保险推销则偏重于眼前的短期利益，是一种短期行为。

（3）人身保险营销始终以客户的最终利益为目标导向，为不断满足客户的需求而开展活动；而人身保险推销则把重点放在人身保险产品上，是为了进行现期销售产品而进行的活动，二者的活动重点有很大的区别。

（4）人身保险营销是一种整体营销行为，从开始调查、探测人身保险市场上的需求到进行相应的险种设计、险种安排，直至最后对投保人销售和售后服务，这是一整套的营销活动，是一系列的方法；而人身保险推销则主要是采用各种短期的促销手段来推销人身保险产品，其进行活动的时空范围都相对窄一些。

（5）人身保险营销在不断满足客户需要中通过对投保人提供全方位的服务而获取收益，其利润最大化的方式是通过取得投保人的满意而达成的；人身保险推销只是通过直接销售获得收入来源，继而获得利润。

（6）人身保险营销还具有人身保险推销所不可比拟的广泛功能，主要包括：

1）它能充分识别人身保险市场上尚未满足的各种投保需求和潜在需求，并能准确估计出这些需求量的大小。

2）它能准确描述人身保险市场的现状，确定其公司所处的市场营销环境，并据此做出相应的生产计划或进行战略调整。

3）它能收集到有关人身保险市场的信息，开发设计新的险种以增加其吸引力，扩大业务量并满足客户需求。

4）它能对公司的内部环境和外部环境做出准确分析，并协调其经营目标，保持公司的稳定经营，并逐年增加收益。

5）它能运用先进技术或数理模型对其经营活动做出准确的预测和决策，以保证其产品的顺畅销售、收入的稳定增长。

6）它在进行公司的整体营销活动中可以组织各种策略组合，如险种搭配策略、销售渠道策略、费率差异策略、售后服务优化策略等。

7）它能及时分析人身保险市场的变化以及竞争对手的情况，对公司情况进行准确定位，保证自身在激烈竞争中的稳固地位。

人身保险推销主要是增加保险单的销售量，从而来保证人身保险公司的稳定经营。

三、人身保险营销的意义

现代社会是一个竞争不断加剧的社会，在人身保险市场上也面临着激烈的竞争，在这样一个多元化的人身保险市场格局下，每一家公司都是一个独立的角色，每一家公司都要尽可能地争取更大的市场份额来增加业务量，扩大公司规模，巩固和加强自己的竞争地位。而占领市场的份额大小则取决于公司的营销策略、营销人员的工作情况。哪一家公司的最终营销活动能博得客户的最大满意，哪一家公司才能获得更多的客户支持，占领更多市场。所以，在这种强大的外在竞争压力下，要求人身保险公司必须注重本公司的市场调研，开发出满足客户需要的新险种，这样可以减少销售成本并同时增加客户数量。

人身保险产品是对未来的人身风险提供的保障，持续时期很长，正是这种对未来的保障作用增强了人们对该产品的潜在需求，而要将这种潜在需求转变为现实需求，就需要企业开展全面的市场营销活动。同时，人身保险的经营也同样遵循和财产保险一样的大数法则，要求有广泛的社会群众参与，在尽可能大的时空范围内，集中和分散风险，以保证人身保险公司的经营稳定性。而群众的广泛参与，客观上需要人身保险公司高技术的市场营销活动。所以，人身保险营销具有重要的意义，主要表现在以下几个方面：

（1）人身保险营销不仅能满足客户对未来保障的需要，还能为客户提供高质量的保险产品，提高了保险保障质量。人身保险营销始终以客户为中心，围绕着如何使客户获得更高的满意度而展开活动，所以保险公司在进行现有产品的销售时，还要不断考察客户需求，增强研发能力，设计、开发出新的好险种，以更好地满足客户需求。这些不断升级的新险种也提高了产品质量，提高了对投保人的保障质量。如很多人身保险公司根据客户的不同需求重点，开发出不同的新险种，书法家、画家以手为投保标的，歌唱家以嗓子为投保标的，巨额投保，这些都是不断满足客户需求的体现。

（2）人身保险营销能帮助公司寻找产品销售渠道，拓展销售范围，增加公司收入，这对于人身保险公司增加利润，适应激烈的市场竞争是很重要的。人身保险商品属于服务产品，是无形商品，它所提供的是保护人身安全的保障。这种无形商品给消费者带来的效益不能立刻体现出来，而需要一段时滞。投保人在投保后得到的只是一个承诺，所以会产生对人身保险的一种疑惑和不信任，这就需要保险公司在营销时做许多服务工作，以说服投保人进行投保，还要进行与此有关的包括市场调研、新产品开发、风险控制等复杂工作。保险公司取得保险费收入后，提取必要的各项准备金后形成可用资金，保险公司再对可用资金进行合理运用，以获得巨额利润。

（3）人身保险营销是人身保险公司经营的重要活动，对于公司进行风险经营控制，衡量保险产品的成本、效益及不足之处并加以改进具有重要意义。人身保险经营是建立在大数法则基础之上的，只有订立更多的保险合同，同质的风险越多，分散风险的范围越广，风险发生的偶然因素才能相互抵消而减少，才能把保险事故发生率控制在预定范围内，降低人身保险公司的经营风险。人身保险营销的整体战略将不断提高产品质量，降低原有产品成本，这对于公司合理厘定费率、增加业务量、增加收益也很重要。

（4）人身保险营销还能提高全社会各阶层的保险和保障意识。随着社会经济结构的变化，人口老龄化状态将是一个重要的社会问题，而人身保险能对人们面临的未来不确定因素引起的后果提供保障。所以，人身保险营销能够唤起全社会的风险意识，给社会公众带来保险保障，同时能够增强公司的竞争力。

人身保险营销是人身保险公司经营管理的关键性环节，在我国人身保险业发展的初级阶段，充分开展人身保险营销活动对我国人身保险业的发展将起到重要的推进作用，对于我国社会的安定发展也具有重要意义。

四、人身保险营销的宏观和微观环境分析

任何一家公司都不能脱离其他事物而独立存在，人身保险公司同样也处在一个客观环境中，公司以外的各种外部力量构成了一个影响其生存、发展的市场环境。外部市场环境对一家公司的发展起着至关重要的作用。若处在一个良性的、积极向上的环境中，公司能够快速发展；反之，若是遇到恶劣的外部环境，将极大地影响公司的正常经营发展。因此，不断了解外部环境变化情况并依据其变化对公司战略计划做出调整，是一家公司必须进行的重要活动，只有如此，公司才能趋利避害，协调自身经营发展。人身保险公司主要通过销售保险单来获取利润，其面临的客户对象来自一个大的社会环境，因此，人身保险营销中对于环境的分析就显得格外重要。影响人身保险公司营销的环境可以分为宏观环境和微观环境两大类。

（一）宏观环境

宏观环境是指那些能够给人身保险公司带来营销机会和环境威胁的主要社会力量，主要的宏观因素包括人口、经济、社会文化、政治和法律、技术和自然环境等因素。

1. 人口因素

人口因素是影响企业营销行为的重要因素，对于人身保险营销而言也是至关重要的因素之一，主要包括以下几方面：

（1）人口总量。从营销学的角度看，企业所面对的市场主要由三个因素构成，即人口、购买力和购买欲望，在其他条件不变的情况下，总人口数量越大意味着潜在市场越大。人身保险营销是主要针对人开展的活动，每一个个体单位构成了对人身保险的需求单位。一般而言，人口数量规模越大，市场上人身保险需求越大。如果一个国家或地区有较大的人口总量，则预示着该国有潜在的、巨大的人身保险需求量，这对于人身保险营销是一个极好的机会，应对此而进行系统的调研，并制订相关的计划。

（2）人口结构。人口结构主要指人口的年龄结构，它和人口的出生率、死亡率和老龄化程度密切相关。社会中人们的年龄不同，对人身保险产生的需求也就不同，老年人对寿险的需求较大。我国的人口老龄化问题将是21世纪所要解决的一个重要问题，人口老龄化也相应地增加了对人身保险的需求，人身保险公司开发新险种满足这种需求，既能保障老年人的安全问题，又能解决社会问题，具有重要的意义。

（3）人口的地域分布。人口的地域分布决定了人们面临的不同风险保险的需求分布，如处在山洪和地震灾害较多区域的人，就会增加对人身保险的需求，对险种的要求也有所不同，这就要求人身保险公司在制订营销计划时给予不同的考虑。

2．经济因素

经济因素对人身保险营销尤为重要，它主要包括社会经济体制、经济发展水平和人均收入水平等因素。

（1）社会经济体制。社会经济体制是指一个国家或地区的整体经济模式，是以计划经济为主还是以市场经济为主。在市场经济条件下，各个企业都以利润最大化为主要经营目标，可能不会为其员工投保人身保险，而随着竞争的加剧，又出现了企业老板为员工投保人身保险以提高其员工待遇水平的现象，这是社会发展的结果，有利于人身保险营销活动的展开。而在我国原来的计划经济为主的社会中，企业、国家会对职工提供公费医疗、养老保障等，所以不需要人身保险的保障，这几乎将对人身保险的需求降至为零。而现在社会主义市场经济下，许多原有的保障措施均已逐渐取消，人们将逐渐依靠人身保险来保障其未来的生活，这极大地增加了人们对人身保险的需求。人身保险营销也在这种强大的需求拉力作用下有了较大的发展。

（2）经济发展水平和人均收入水平。人身保险是随经济发展水平的提高而不断向前发展的，不同的经济发展水平有不同的市场营销环境。在经济发展水平相对较低的国家，其险种、责任、范围和购买力都有一定的限制，所以保险产品的多样性也受到限制，人身保险营销以价格为主要的竞争力量。而在经济发展水平较高的发达国家，人身保险营销更侧重于对新险种的开发，所以竞争更集中在技术方面，在营销策略方面应集中体现本产品的优质服务来吸引客户。在发达国家，人均收入水平较高，对于高技术的新险种的定价也比较高，收入相对高的客户有能力进行支付；而在发展中国家，人们的收入水平有限，高价的新产品会减少对人们的吸引力。改革开放以后，我国的经济发展水平有了较大的提高，人们的收入也有了很大幅度的提高，这对于我国人身保险市场的扩展有重要的促进作用，我国人身保险营销也要注意新险种的开发，以满足人们的需求，促进我国人身保险事业的发展。

3．社会文化因素

社会文化是人们在长期的社会实践中形成的一整套价值观念、行为准则和道德模式及其制度化和物化的表象，具体包括社会平均文化教育水平、宗教信仰、传统习俗和价值观念等，其中价值观念是核心。社会文化因素对于人身保险营销有着重要的影响作用，人身保险营销的最终目的是使投保人购买保险产品并为投保人提供相应服务，而投保人的保险费支出行为在很大程度上要受其所处的社会文化环境的影响。

社会平均文化教育水平不仅代表其文化教育的广度还代表其深度。一般来说，社会平均文化教育水平越高，则越容易接受人身保险，人身保险营销活动也越容易开展；而社会平均文化教育水平越低，则对人身保险尤其是寿险会产生一种抵触情绪，有时会成为人身保险营销的障碍。

宗教信仰、价值观念也会对人身保险营销产生重要影响。宗教信仰、价值观念使人们对世界有不同的看法和认识，这些不同的看法和认识使人们对各种自然界的风险和人自身可能遇到的风险有不同的认识，从而直接影响人们对人身保险的需求。

4．政治和法律因素

政治和法律因素是由那些控制和影响社会各种组织和个人行为的法律机构、政府机关和公众团体所组成的。人身保险公司作为社会上的一个团体必然要受其影响和制约。

从政策方面看，它包括财政政策、货币政策、社会保障政策等宏观政策及政府对保险公司的监管政策等。国家政府通过制定这些方针政策，规定各种法令法规来引导国民经济的发展方向、速度和规模，同样也影响了社会购买力和市场整体需求环境的变化。这些都会对人身保险公司产生重要影响，降低的税率、开放的金融政策、严格的会计准则和法规能鼓励人身保险公司的发展，促进其营销开发新险种，加快其发展速度。而一旦相反的限制性政策出台，将减少人身保险营销的业务量，并加大人身保险营销的难度。

从法律法规方面来看，世界各国都有专门的保险法律法规。我国在1995年已颁布实施了《保险法》，这是我国保险业经营和管理的重要法规。之后，一系列配套法规相继出台。这些法律法规以及《中华人民共和国合同法》《中华人民共和国海商法》等为我国的保险营销活动提供了一个较为完善的法律环境。

人身保险营销要密切关注这些政治法律环境的变化，并以此协调自己的营销战略目标和战略计划，以保证其能够顺利营销、开拓市场，并稳定公司经营状况。

5．技术因素

营销理论认为，技术是一种创造性的毁灭力量。科学技术领域的不断创新，使保险公司置身于一个迅速变化的经营环境，网络营销、知识管理等迅速被提上公司决策层的议事日程。因此，保险营销和管理中，既要高度重视技术环境的变化趋势，又要注意技术的开发和应用，包括硬件技术和软件技术。

6．自然环境因素

自然环境因素对人身保险公司的发展影响重大。具体的自然因素主要指气候变化、地域间的差距、自然灾害的发生等不以人的意志为转移的客观因素。由于自然灾害给人们的生产和生活造成了难以预计的损失，因此人们产生了对可以避免自然灾害带来的损失、保障人民生活的保险商品的需求，这在客观上为人身保险业的发展创造了机会。

（二）微观环境

微观环境是指与人身保险公司关系密切，能够影响公司服务客户能力的因素。它主要包括人身保险公司自身、投保人、竞争对手、人身保险营销的中介机构和公众等。

1．人身保险公司自身

（1）人身保险公司的经营目标。人身保险公司的营销活动是为了实现其经营目标，所以其营销战略计划也应围绕这个目标而制定，它是营销环境中的内部环境因素。公司要根据影响其发展的内、外部环境来制定经营目标、确定营销策略等。

（2）人身保险公司经营水平。人身保险公司的经营水平直接关系到其营销活动的进展情况，只有人身保险公司拥有高水平的经营管理能力，才能有较好的人身保险营销计划，获得更多收入。人身保险公司的经营水平包括以下几点：

1）承保水平：即人身保险公司的业务承受能力，其能够支付赔偿的最大限度。

2）营销费用的承受能力：反映了人身保险公司进行媒介宣传活动的支付水平。

3）风险选择水平：反映了人身保险公司承保的保险标的质量水平。

4）营销渠道情况：表明人身保险公司完成最终保险业务的中间渠道情况。

5）人员素质水平：反映人身保险公司总体的经营水平。

6）今后服务水平：反映人身保险公司保险业务的后期处理水平。

（3）人身保险公司财务状况。人身保险公司的财务状况是整个公司经营绩效的表现，也是营销环境的一个内部因素。它主要指公司的资产负债比率、投资收益率、赔付率等，通过对这些指标进行分析，发现人身保险公司发展中的成绩和有关问题，并予以及时纠正。人身保险营销要注意结合人身保险公司的财务状况，制定与之相符的营销策略，才能使人身保险公司稳步向前发展。

2．投保人

对于人身保险公司来说，投保人是人身保险公司开展营销活动的对象，人身保险公司的产品能否为投保人接受，投保人对人身保险公司是否满意等直接影响着人身保险公司的生存和发展，是人身保险公司最重要的微观因素之一。在保险市场，投保人是保险产品的购买者，拥有一批固定的忠诚投保人是保险企业生产和发展的市场基础。投保人是人身保险公司服务的最终对象，是人身保险营销活动的出发点和最终点，人身保险营销活动要仔细调查研究投保人的行为、心理等情况，了解其需求情况，如对险种的要求价格、收益方式等，依据其不同需求而制订营销计划。

3．竞争对手

任何企业的发展都需要密切关注其竞争对手的情况，人身保险公司也要关注这方面。尤其在我国加入世界贸易组织以后，大量外国保险公司进驻我国，外资保险公司在我国的营业机构数量迅速增长，这些具有强大竞争力的外资保险公司拥有较强的技术开发能力和资金优势，这对我国人身保险公司的发展都构成了威胁，本土保险企业只有不断改进技术、增加新品种、合理厘定费率、加强售后服务，才能巩固自己的市场地位，并不断在竞争中发展壮大。另外，在同一个市场经营的其他本土人身保险公司、银行、社会保障机构等也是竞争者，他们的产品具有替代性，而且由于银行保险业的发展，银行还会侵入人身保险业的传统领地，这些竞争者的发展态势都应引起人身保险公司足够重视和研究，应提前采取应对措施。

4．人身保险营销的中介机构

人身保险营销活动必须借助中介机构的帮助才能完成，这些中介机构主要指保险经纪人和保险代理人。保险经纪人多存在于经济发展水平较高的国家，因为其人均收入水平较高，对理财需求也较高；而在我国人身保险营销中，主要是通过保险代理人来完成保险单的最终销售活动。我国由于人身保险业发展较晚，且《保险法》相对滞后，因而出现了多种类型的保险代理人，有点混乱，但这也极大地促进了我国人身保险业的发展。在人身保险营销活动中，还要涉及保险咨询、律师、会计师、广告商等，他们对人身保险营销的顺利进行也起到一定的作用。

5．公众

影响人身保险营销环境的公众，是指实际上或潜在地影响人身保险公司经营的任何团体或个人，具体的公众主要有金融公众、媒体公众、政府公众、市民行动公众、当地公众、内部公众及其他评级机构公众等。由于人身保险营销是为社会公众服务，因而各级政府机构、媒介系统、地方居民等公众都会关注、影响甚至制约人身保险营销。公众的行为既能促进又能阻碍人身保险营销的活动，所以人身保险公司在制订战略营销计划时，要充分考虑公众的利益和要求，采取对其有利的措施，发挥出公众对其营销活动的促进作用，尽可能地减小公众的限制作用。

五、人身保险营销渠道

保险产品从保险公司最初的产品开发，到最终投保人手里的过程、途径称为保险营销的渠道。有效、畅通的保险营销渠道是保险产品顺利销售的保证，因此人身保险公司在进行人身保险营销时务必要保证其渠道的畅通无阻和广泛有效。

（一）人身保险营销的传统渠道

传统的人身保险营销渠道大致可分为两大类：直接渠道和间接渠道。

1．直接渠道

人身保险营销的直接渠道是指人身保险公司将保险这种产品直接销售给最终投保人，期间不需要任何中间环节。直接渠道以保险买卖双方的直接交流为特点，一般在以下几种情况下较为常见：①人身保险产品的功能单一，只面向特定的投保人，人身保险公司根据客户的特殊需要而提供该类产品；②人身保险产品的功能过于复杂，需要人身保险公司细致的指导、详细的解说和优良的售后服务，这也需要投保人直接和人身保险公司进行联系。

直接渠道是人身保险公司通过邮寄、报纸、杂志、广播电视或电话等方式直接与客户联系而形成的，不需要任何中间人。在这种直接渠道下，人身保险公司可以节省中间人的费用支出，但要相应增加广告费用等的支出。若是针对某一特定险种，则有利于投保人的集中投保，可一次性进行大量销售，节省成本支出。人身保险公司和投保人的直接联系有助于人身保险公司及时有效地了解市场行情，对现有产品进行改进，并开发出市场需要的新产品。但一般由于人身保险公司的业务量庞大、保险品种繁多，这种直接渠道不利于人身保险公司的规模经济效益，所以只对特殊险种采取此方式。

拓展阅读

保险电话营销

我国经济社会的快速发展，为保险业提供了强大的增长动力，我国保险业迎来了发展的春天。然而，随着我国金融市场与国际金融市场差距的逐渐缩小，我国保险业面临的竞争与日俱增。保险业初期传统的营销模式已经不能满足企业的发展目标，电话营销逐渐走入保险业的营销渠道中。

电话营销又称电话行销，是指通过使用电话、传真等通信技术，来实现有计划、有组织，并且高效率地扩大顾客群体、提高顾客满意度、维护顾客关系等市场行为的一种营销手段与营销模式，是直复营销的一种。电话营销起源于美国，出现于 20 世纪 80 年代以前，后来逐渐发展到日本、印度、新加坡等亚洲国家，20 世纪 90 年代初进入我国，并得到了迅猛发展。2002 年，友邦保险等具有外资背景的保险企业首次将电话营销应用于保险业，开始了保险电话营销的征程。2003 年，招商信诺、中美大都会等也都相继涉足电话营销领域，这个阶段标志着电话营销正式进入中国保险市场。之后，随着平安保险、大地保险、天平保险等公司获得保险电话营销牌照后，中国保险业的电话营销业务真正开始起航。

从我国保险电话营销的发展历程来看，我国保险电话营销最初应用于寿险产品，随着保险市场的日益成熟及顾客需求的多样化，早期依靠公司外勤直接展业的财险公司也纷纷开始发展电话营销业务，至此，电话营销在我国保险行业得到了普遍的应用。

保险公司开展电话营销业务，一般分为四个阶段：呼叫中心建设、银保监会申请、运营流程设计及人员管理。呼叫中心建设解决了保险电话营销的基础设备问题；银保监会申请通过可以使电话营销活动符合政策规定并有效保障保险公司和消费者的权益；运营流程设计对于保险电话营销业务的顺利开展意义重大，流程的好坏关系到电话营销业务开展的效率及成果；人员管理包括组织结构设计、人员招聘、人员培训、绩效及稳定性管理等多方面，稳定高效的团队对于保险电话营销有着十分重要的作用。

2．间接渠道

间接渠道是指人身保险公司通过若干中间环节将保险销售给最终投保人。具体的渠道中间环节各公司有所不同，可以是一个，也可以是多个；可以是代表人身保险公司利益的中介机构，也可以是代表投保人利益的中介机构，这种间接渠道又可根据中间环节的不同分为不同的类型。

（1）保险代理人制度。在这种间接渠道下，人身保险公司首先通过代理合同明确代理人，并授权代理人在保险公司的授权范围内进行代理保险产品的销售。代理人向客户出立暂保单、代收保险费及理算赔款等。客户直接与代理人发生联系，而不必通过人身保险公司进行交易和理赔等活动。在发达国家，保险代理人制度很发达，保险代理人的佣金也很高，可达保险费收入的 30%～40%。保险代理人制度的建立，对于人身保险公司降低销售成本，分散风险，提高保险销售量，增加公司利润有着重要的意义。保险代理人的展业活动渗透到各行各业，覆盖城乡的每个角落，为社会各层次的保险需求提供了方便、快捷的人身保险服务，产生了较大的社会效益。保险代理人进行保险的专业销售，有助于人身保险公司保险行销效率的提高。同时，代理人与客户紧密接触，还能将保险的不足之处和客户的需求及时反馈给人身保险公司，提高了人身保险公司的经营效率。

（2）保险经纪人制度。保险经纪人和保险代理人有很大不同，保险经纪人是代表投保人的利益，为其寻找合适的保险人后，代表投保人拟定保险合同，完成保险行为，并收取佣金。而保险代理人是代表人身保险公司的利益，帮助人身保险公司进行保险的销售。保险经纪人是西方发达国家人身保险公司销售保险的重要形式。由于保险经纪人具有良好的保险条件、保险费率厘定及保险市场方面的专业知识和丰富经验，因此，他能为投保人提供专业化的服务，方便了投保人的活动，而且保险经纪人能从人身保险公司那里按照招揽业务的一定比例，获取一定佣金，既节省了人身保险公司相对于其内部较高直销人员工资的支出，又使保险经纪人获得了一定的收入，具有较好的社会效益。

（3）保险营销员制度。保险营销员是人身保险公司向社会招聘的并经其培训合格的专门从事人身保险推销业务的人员。这类营销员虽然由人身保险公司招聘并由其管理，但他们不属于人身保险公司的正式员工，其收入包括底薪和按所收保险费的一定比例的提成。保险营销员是介于保险人和投保人之间的中介人。保险营销员制度方便了人身保险公司的营销活动，具有很大的灵活性和机动性。

我国人身保险市场上保险代理人制度和保险经纪人制度都不是很发达。因为保险代理人和保险经纪人都需经有关机构的批准，对其从业人员有较高的要求，对各组织机构的硬性要求也比较严格，而我国人身保险业的发展时间较短，人才缺乏，所以在这方面有很大的欠缺。

在世界上，保险代理公司等保险中介已经有上百年的历史，而我国的保险中介实际上是自 1992 年美国友邦进入后才大规模引入的。我国的人身保险公司要努力培养专业人才，国家政策也要给予适当倾斜，以增强国内人身保险公司的竞争实力，健全保险代理制度和佣金制度，加强代理人员的管理和培训，完善相关的法律法规制度。

拓展阅读

保险营销员制度改革

2015 年 8 月，保监会下发了《关于保险中介从业人员管理有关问题的通知》，取消保险从业资格考试，降低了保险营销员准入门槛，使整个保险业吸引社会各界优秀人士加盟的方式更加便利。2015 年 10 月末，全国保险营销员数量为 505 万人，截至 2018 年年底，我国保险营销员达 871 万人，实现保险费收入 1.8 万亿元，占全国人身保险保险费收入的近 70%。在保险业的发展过程中，营销人员扮演了至关重要的角色，是推进行业发展不可或缺的中坚力量。

但是在发展过程中，保险营销员制度也存在着一些问题和矛盾，越来越制约着行业的稳健和可持续发展。一是公司的理念有误，对人员的准入把关不严，培训投入不足，营销队伍职业素养有待进一步提升；二是人员大进大出的问题，保险营销员 12 个月留存率一直在 30%～35%的低水平，严重影响行业的社会认可度；三是一些保险营销员法制意识淡薄，职业道德缺失，销售误导屡禁不止，虚假业务层出不穷。因此，新形势下如何管理好庞大的保险营销员队伍，使保险营销渠道发挥更大的作用，是对行业提出的全新要求。

银保监会下一步的保险营销监管工作，将以“补短板、严监管、防风险，促变革”为主。具体包括：①全面强化保险公司的管控责任，银保监会将一如既往查处保险公司管控中的违法违规和失责失职行为，将采取禁止招新、停业等系列强有力的惩处措施。②切实落实行业性职业管理，组织开展全行业保险营销员职业登记数据的清理清查工作，完善行业、职业登记管理制度，探索建立职业评价体系，实施保险营销员分类与评估。③有序推动保险营销改革，改革的基本方向是鼓励缩减管理团队的层级，完善以业务品质为导向的佣金制度和考核机制。④严厉惩处保险营销违法违规行为，不断完善加强非现场的监管力度，严惩以身试法者，对违法违规者惩处决不手软，行政处罚就高不就低，符合行业记录，坚决逐出市场，同时严格追究责任，保险公司管控主体出了问题必须承担也必须追责。

（二）人身保险营销的渠道创新

人身保险消费者的需求日益复杂，竞争也日益激烈，以不变应万变的渠道模式是不存在的。新的消费观念、营销观念和电子、网络技术的发展，为营销渠道创新提供了市场基础和技术基础。人身保险营销渠道创新主要包括营销渠道一体化和网络营销两个方面。

1. 营销渠道一体化

传统的营销渠道都存在一定的弊端：员工直销方式中虽然员工的忠诚度高，但分销成本高，分销业绩较差；而代理人分销和经纪人分销虽然形式灵活，但存在一定的道德风险。由于保险公司与各种代理人和经纪人是独立的利益主体，各自分离，都追求各自利益的最大化，结果导致彼此冲突，交易费用增加，收益和形象受损。“一体化”渠道为解决这些问题提供了思路。

营销渠道一体化包括：纵向一体化和横向一体化。纵向一体化是指供应商、生产企业、渠道企业组成的渠道系统；横向一体化是指由两个或两个以上具有相同渠道职能的企业联系起来的渠道系统。这两种渠道系统既可以是资本一体型的，也可以是管理一体型或契约一体型的。目前，保险营销渠道的一体化发展最为迅速的，莫过于银行与保险公司的融合。银行与保险公司的融合通常包括以下几种形式：

（1）银行、邮政与保险公司合作，并通过银行与邮政的分支机构为保险公司销售特定的保险产品。

（2）银行与保险公司相互结合，优势互补，合资成立新的金融机构，销售保险产品。

（3）银行收购保险公司，利用银行的资金和网络，通过收购的保险公司开展业务。

（4）保险公司收购银行，利用保险公司的专业优势和银行的网络优势销售保险产品。

2. 网络营销

网络营销是人身保险公司利用现代网络信息资源开展保险营销活动的一种模式，是随着世界互联网技术的迅速发展而逐步发展起来的新的营销渠道。目前，世界上的知名国际大型保险公司均已实现了网络营销。网络营销开创了世界保险营销的新渠道，其强大优势构成了对传统营销渠道的巨大威胁。网络营销将从整体上改变现行营销体制，创建更快捷、有效的营销服务体系。人身保险公司利用网络营销将给其本身带来巨大利益：

（1）降低营销成本。人身保险公司通过引进电子系统，可以大大降低其在保险单印刷、保管、中介开支及其相关的密集劳动的成本，因此也相应地降低了保险费率的报价。对于大型人身保险公司来说，还可以得到资源共享的优势，降低了信息成本。

（2）增加销售数量。由于互联网提供的方便、快捷、准确的服务，网络营销能增强对投保人的吸引力。在传统的营销渠道中，投保人不得不花费大量的时间在保险的查询、签订等方面，而现在可以随时随地获得及时、方便的服务，能增强其购买意愿。而且人身保险公司由此降低的成本开支也相应地降低了保险的定价，这更能刺激投保人的购买行为。

（3）有利于人身保险公司的经营控制。通过互联网技术，网络营销可以向人身保险公司提供及时准确的保险单销售业绩情况，便于营销部门进行保险单的管理，也有利于财务部门的账务处理工作。客户可以直接和公司进行联系，增强了人身保险公司对市场的掌握和熟悉程度，便于人身保险公司整体经营的改进。

网络营销带来的巨大优势不仅体现在人身保险公司获得的利益上，而且还能给投保人带来切实利益，为整个社会带来福利。

（1）投保人在新的保险购买方式下可以自由选择各类保险产品，轻松享受人身保险公司的全天24小时服务。在传统营销渠道中，投保人若想投保，必须先和保险公司或其代理人联系，获得人身保险公司提供服务的信息，经仔细研究后才开始签订保险合同，这是一个复杂且耗时、耗力的活动，投保人有时会由于项目的烦琐而不愿投保。而网络营销服务的提供，使客户可以随时在网上获取任何所需信息，足不出户便可浏览全部保险种类及相关内容，同时能获得人身保险公司提供的投保理财的专业化服务，进行专家理财。

（2）客户可以在网上进行多家人身保险公司的比较，获得不同人身保险公司的全面服务信息，选择最优保险种类和最低价格，实现在保险产品的多元化中的最优选择。

（3）网络营销面向全社会，能增强人身保险公司的宣传力度，增强人们的保险保障意识，鼓励人们进行有效的风险管理，提高整个社会的安全意识，有利于国家社会的稳定发展。

我国的人身保险营销间接渠道发展比较落后，而网络营销却能开辟新的营销渠道，这对我国人身保险营销发展有着重要的意义。网络营销拓展了销售的新空间，我们可以利用这个空间，弥补传统销售渠道的局限，大力挖掘保险市场的潜力。我国人身保险业的发展是随着国家医疗改革、企业改革的步伐同步发展起来的，目前人身保险业的服务对象多为大中城市的中高收入阶层，而这个市场的客户一般都是互联网的用户，所以网络营销对于这样一个市场的挖掘具有明显的优势，可以加快我国人身保险业的发展。

拓展阅读

互联网保险的“昨天”“今天”和“明天”

在保险业内部习惯将互联网保险分为1.0、2.0、3.0时代，1.0阶段是将互联网保险作为一个渠道，保险产品的本质没有发生变化，还是停留在把传统的保险产品搬到网上，也就是很多保险公司的官网模式；2.0阶段是一些基于互联网、大数据、人工智能、区块链等技术的一些创新型的产品，是对传统互联网保险市场的补充；3.0阶段是针对保险的商业模式进行全新的变革，跨界整合是这个阶段的主要特点，结果是全方位提升用户体验，极大地延伸了保险产业链。

目前互联网保险处于2.0以场景为中心向完全用互联网思维设计产品的3.0时代过渡。传统的保险业未来势必将互联网纳入战略中，在政策、资本与市场三股力量共同作用下，互联网发展速度将超越海外市场，发展潜力巨大。

2018年上半年，互联网人身保险市场经营主体从年初的62家上升为65家，占人身保险公司总数的近八成，其中中资公司45家，外资公司20家。在经营互联网人身保险业务的65家人身保险公司中，48家公司通过自建在线商城（官网）展开经营，58家公司与第三方电子商务平台进行深度合作，其中46家公司采用官网和第三方合作“双管齐下”的商业模式。2018年上半年通过第三方渠道实现规模保险费753.8亿元，占互联网人身保险保险费的88.4%；承保件数则达到6 788万件，占总承保件数的63.8%。2018年上半年通过官网所实现的规模保险费为98.9亿元，较2017年同期增长22.9%，占互联网人身保险保险费的比重增至11.6%。由此可见，目前互联网人身保险的渠道结构仍旧呈现以第三方平台为主、自建官网为辅的发展格局。

截至 2018 年 6 月，互联网人身保险各险种中，人寿保险实现规模保险费收入 475.9 亿元，在互联网人身保险年度累计规模保险费中的占比为 55.8%，依旧为互联网人身保险业务的主力险种；年金保险保险费收入为 295.6 亿元，占比为 34.7%，成为第二大互联网人身保险险种；健康保险保险费收入为 54.1 亿元，占比约为 6.4%；意外伤害保险保险费收入为 27.1 亿元，占比约为 3.2%。

随着消费者保障需求的不断提升和监管政策的不断收紧，保险公司纷纷奋力转型，互联网人身保险产品结构不断优化，健康保障性产品将成为下一个互联网保险“爆发窗口”。保险公司应当结合互联网的特点和自身的优势，从产品设计、渠道融合、服务升级以及保险科技等方面入手，拓展保障性产品的发展空间，抢占互联网保险的“主跑道”。

子情境 2　人身保险营销技巧

知识解读

营销员要想顺利地推销人身保险产品，不仅要有工作热情，更重要的是要了解和掌握人身保险推销的基本流程，熟练运用推销技巧，这样才能收到事半功倍的效果，提高自己的销售业绩。本情境就来关注人身保险的基本营销流程和推销艺术。

一、开拓准客户

（一）准客户的界定

准客户是指具备投保人身保险条件、将来有可能购买保险的人。要成功地销售人身保险产品，必须不断地获取一些可以接近的新人，这就是准客户的开拓。

在人身保险营销活动中，准客户的开拓具有十分重要的意义。人身保险营销人员要创造良好的营销业绩，就要有源源不断的准客户和持续发展的客户群，否则再好的营销技巧也无用武之地。因此，准客户是人身保险营销人员的宝贵资产，准客户的开拓是人身保险营销的基础。据调查，在 1 年或 6 个月内被淘汰的从事人身保险的 567 人，在销售保险的过程中感到最困难的地方就是“准客户的开拓”，并且这一项的比率超出其他项目的 3 倍。根据这项统计，无法有效地开拓准客户，是导致很多营销员失败的原因。也就是说，准客户的开拓过程如果失败，就会导致人身保险销售业务的失败。如果营销员希望在这个行业继续生存，希望自己成功，首先要在准客户的开拓上尽最大的努力，而且活动要持续开展。

（二）准客户的条件

一般的准客户需要符合以下五个条件：

1．有良好特质的人

准客户必须具有对家人的爱心、责任感，做事有条理、有计划，并愿意接受新观念，如此，他会比较愿意倾听营销员说明人身保险的具体规划。

2. 可以接近的人

营销员要考虑准客户是否容易接近。接近准客户需要很多技巧、训练以及耐心。有很多人很难接近，如果营销员觉得接触某人是一个艰难的过程，那么很可能其他的竞争者也会面临相同的情形。因此，营销员不能轻易放弃那些较难接近的人，那些人恰恰有可能成为最好的客户。

3. 有人身保险需求的人

要相信准客户一定有他的人身保险需求，而营销员可以充分地满足其需求。如果营销员本身无法从准客户中发现需求，严格来说，他是无法销售的。销售的真正意义在于发现客户潜在的需求，提醒客户切身的需求，并通过销售方式满足他的需求。

4. 有能力交纳保险费的人

营销员都有过这样的经验，准客户对人身保险有需求，但却没有购买能力。当然也有些人，嘴里说没有钱，但在了解了需求之后，就买下了保险。根据统计，如果营销员知道准客户的收入情况，会比不知道这些资料时销售得更好。一些营销员往往去接触那些没有能力交纳保险费的人，而浪费了宝贵的时间。因此，在选定准客户时，对于其交纳能力要有充分的考虑。

5. 符合公司投保规定的人

准客户要通过公司规定的体检标准。对于最近动过心脏手术的人，与其加入人身保险，不如选择投资商品或年金。准客户的投保资格与他的年龄、健康状况、财务状况有关。营销员需要先了解这些规定，然后再有针对性地进行营销。

身边的保险

有钱人应不应该成为准客户

案情：谢某是一个比较“有思想”的业务员，看到其他伙伴们接触到大客户，签下大单，心里既佩服又羡慕。于是他一心琢磨要挖掘出一个大客户，签一个大单，可以好好享受一整年。一个偶然的机会，谢某看到报纸上的“2013年中国财富排行榜”，顿时豁然开朗，迅速记下前10名的名单，并做好了下一步的接洽准备。谢某心想，这10个人只要其中任何一位成了我的客户，我就可以逍遥四五年了。于是谢某开始了他的准客户开发计划：第一步信函联系，结果信全部石沉大海；第二步电话交流，不管什么时间，一律被秘书挡驾；第三步陌生拜访，不是总裁正在开会、宴请、剪彩、授奖，就是不在国内。总之，谢某费尽心思，也没能见到任何一位。时间随着努力在不断流逝，周围的同事们无论大单、小单也都有收获，而半年的时间过去了，谢某却一无所获，这对一贯自信的他打击颇大。针对谢某的准客户开发计划，公司的主管和同事也存在不同意见，有人认为谢某志向远大，目前只是火候未到，还应继续；有人认为谢某好高骛远，把这些富豪列为准客户是不切实际。

分析：根据准客户应具备的条件，谢某的准客户开发计划不切合实际。因为他与所圈定的大人物是很难有接洽机会的。他不应该把眼光只放在有钱的大客户上。

（三）准客户开拓的来源

1．缘故市场

“缘故”即有缘相识的故友、熟人。一般来说“缘故”包括亲戚、同学、同乡、同好（即有共同爱好的人）、同事、邻居。

缘故开拓具有明显的优势。首先，易接近。因为是故友，对于约见不会遭到拒绝，对于人身保险营销员的讲解宣传也会认真倾听。其次，较易成功，它比陌生拜访的成功率高出许多，同样的努力会有不一样的收获，尤其是那些以往做人成功、交友真诚、有较好人际关系的保险营销员，成功率最高。

另外，非常重要的一点是，可以从熟人和朋友那里得到新的准客户介绍。这种准客户开拓法叫作“无限连锁介绍法”。因为每天洽谈的准客户会介绍其他的准客户，所以，可以将它比喻为一个没有间断的锁链。随着使用无限连锁介绍法，准客户名册内容的增加速度，会比面谈的速度还要快。准客户越多，销售的机会也越多，最终成功的概率也会随着升高。

2．陌生市场

陌生市场是效率最低的准客户开发来源。但是，若除了利用其他各种方法得到准客户外，还有再扩大准客户的必要时，也是可以开发这个陌生群体的。陌生拜访是对初涉营销的人员心理和意志的磨炼，但是由于费时且收效不显著，一般极少采用。

这种方法除了可以提升与人交往的技巧外，还可以磨炼各种应对技巧。但是，要牢记陌生拜访不是主要的开拓方法，它只是一种辅助手段而已。重要的是，通过陌生拜访可以得到准客户，也可以获得其他新的准客户。

3．现有市场

营销员开展人身保险业务达到某一个程度后，会得到一些特殊的朋友——保户，即现有市场。经营现有市场对营销员有实质利益，同时现有市场保户可以成为介绍新的准客户的最佳来源。

根据调查研究发现，有能力的营销员都会说服保户，使其自然地增购保障。但也有一些营销员，因没有做好事后管理与服务而失去保户。很多人只热衷于开发新的准客户，却忘记了经营自己现有保户，也忘记了给他们提供持续的服务。

4．推荐介绍

推荐介绍是指由“缘故”、既有的保户和准客户介绍客户的方法。在准客户的开拓工作中，仅靠营销员一个人的力量是非常有限的。所以，签订保险单之后，一定要从保户那里得到介绍，这样更容易扩大准客户群，业绩与收入也会随之提升。

根据不同接近方法的销售效果排序，推荐介绍的销售效果是最好的，但是却有近 2/3 的保户，营销员从来都没有向他们要求推荐介绍。另外，根据调查发现，在 10 位客户中，大约有 6 位愿意代为介绍，所以，有许多营销员白白错失了机会。因此，营销员必须养成请客户代为介绍的习惯。每次拜访客户时，营销员一定要从中得到 3～4 个人的名字。

根据有经验的营销员的说法，要求推荐介绍的一个最佳时机，是在准客户完成投保单签署之后，因为准客户在这个时候能够最清楚地认识到人身保险的价值。要求推荐介绍的另一个最佳时机是递送保险单的时候。此时，准客户较安心，也比任何时候都可以轻松地谈话。即使之前已有过推荐介绍，但这时重新请求会更好。

5. 影响力中心

一般人认为，在同一个地区居住很久的人，一定会比最近搬来的人认识更多的人，同时也有更多销售人身保险的机会。但是，对于这个问题的研究结果显示，事实并非如此。人面很广、很有名气并且在一座城市居住很久，并不能代表成功的机会大。而要记住的一点是，营销员要彻底做好准客户的判定工作，与其问“我认识多少人”，倒不如问“我认识什么样的人”，这样开拓准客户才有效率。营销员如果结识处于影响力中心的人，会显著提高自己的销售业绩。

一般来说，高保险金额者、友情深厚的保户、职场社团的主管或干部、民意代表、律师、医生、药剂师、教师、不动产中介业者、各种代理商、管理地方事务等各阶层的人，都有可能成为影响力中心。有能力的营销员非常善于利用影响力中心进行准客户的开拓，提升自己的销售业绩。

6. 名册筛选

开拓准客户的另一种方法是看各种团体的名册。营销员事先必须有所规划，而不是单纯地、无预期地拜访。例如，收集到同乡会名册，并假设在其中找到了两位保户，他们是人身保险营销员进入其团体的潜在关键人物。营销员可以拿着名片，去找那两位保户。如果营销员能够谨慎处理这些事情，则可以获得团体完整的信息。这是非常聪明的准客户开拓方法。如果能够根据得到的团体名册特性找出适合的准客户开拓方法，就可以逐渐扩大准客户群。

7. 其他渠道

（1）直接信函。直接信函方式可以避免陌生拜访时客户的冷淡反应，可以给营销员持续提供新的准客户。

（2）电话。利用电话开发准客户，可以节省许多交通费、时间和精力。电话已发展到了可以判定准客户和开发准客户的惊人地步。当然，电话并不适用于销售保险，它只适用于约访。

二、约访

约访是人身保险营销中必要的工作环节，最常见的方式是电话约访。

（一）电话约访的益处

电话是营销员在销售过程中所必须使用的工具，是销售过程的开端。营销员在电话中的音调、语气、用语、态度都会影响客户对他的印象，在短短的几分钟内，如何进行适当的表达是成功的关键。电话约访的好处有以下几个方面：节省时间，节省交通费，避免体力消耗，消除恐惧，容易和准客户接触，尊重准客户的行程，事先让准客户了解面谈目的，这些都是作为营销员要具备的基本礼节。

（二）约访前的准备

为了有效地通过电话接近准客户，营销员要事先做好准备。首先要做好有关事物的相关准备，然后再做好自身的准备。

1．与事物相关的准备

（1）准客户卡。选好要打电话的准客户卡。

（2）足够数量的准客户。至少准备 20 位以上。

（3）办公室。在舒适又安静的地方（办公室）打电话。

（4）办公桌。桌上摆好日历、活动计划表等所需的物品。

2．自身的准备

（1）做充分的练习。把实际要沟通的内容，事先与同事演练几次。

（2）解除紧张情绪。调适成一种与准客户面对面交谈的心情。

（3）要具备自信心和热情。通话时要有自信心和热情，这样会给准客户留下专业的印象，可以为准客户提供最佳的服务。

（4）要微笑。边按电话号码边微笑，使声音保持在一种热忱而愉快的状态。

3．打电话的名单

（1）朋友、亲戚、熟人。

（2）他人的推荐介绍。

（3）现有保户。

（4）已预先用信函拜访的准客户。

（5）陌生拜访者（完全不认识的人）。

三、面谈

面谈就是营销员通过电话与准客户接触后的正式面对面的会见访谈。由于营销员不是被准客户主动邀请的客人，而且人身保险产品是无形的，看不见，摸不着，无法引起准客户的购买欲。因此，面谈的目的就是让准客户认识人身保险对家庭的必要性，以唤醒准客户的需求心理，使其有欲望进一步获得财务需求分析服务。营销员可以借此向准客户搜集分析的基本资料，以便在日后为准客户提供分析结果的解决方案。在拜访准客户时，准客户与营销员之间一定要保持相当程度的距离，注意谨慎接触。所以，必须谨慎地进行接触。营销员要努力设法消除准客户的不安和防御心，与准客户保持良好的关系，让面谈顺利进行。在销售保险之前，先懂得推销自己，营销员要以自己的人品、热诚和信心，建立准客户对自己的信赖感。

（一）面谈前的准备

在面谈约定的前一天或当天早上再打一次电话确认，大部分准客户不太重视与营销员之间的约定，有时会在约定时间内开会、出差或拒绝拜访，所以，最好事先打电话再次进行确认，这对彼此双方都好。

当营销员在拜访准客户时，准客户会根据下列四项来评断营销员：对这个人是否有好感？这个人对于自己的工作是否很热诚而且有信心？这个人是否有能力满足我的需求？这个人是否诚实，他会优先考虑我的利益吗？如果准客户对这四个问题的回答都是肯定的，就会进行面谈。如果对其中有一项持否定的态度，准客户就不会同意面谈，即使勉强去做也不会销售成功。这四个问题即外表、能力、态度和信赖感。

在面谈时应当注意以下几点：着装得体、符合面谈的场合；准时赴约；注意倾听；避谈准客户忌讳的话题（宗教、信仰、风俗习惯）；时间掌控在半小时之内（销售的黄金原则）；选择合适的面谈环境；避免与准客户发生争论。

拓展阅读

原一平的笑

原一平25岁当实习推销员时，又小又瘦，横看竖看，实在缺乏吸引力。但他苦练微笑，并且获得成功，被日本人誉为“价值百万美金的笑”。

原一平为什么练习微笑呢？因为他总结出笑容在推销活动中具有重大作用：笑容是传达爱意给对方的捷径；笑具有传染性，你的笑容可以引起对方微笑并使对方愉快；可以轻易地消除二人之间严重的隔阂；笑容是建立信赖关系的第一步，它会创造出心灵之友；笑容可以激发工作热情，创造工作成绩；笑容可以消除自己的自卑感，弥补自己的不足；如能将各种笑容了如指掌，拥为己有，就能洞察对方的心灵；笑容能增进健康，增强活动能力。原一平认为，婴儿般天真无邪的笑容最具魅力。于是，他就花费了很长时间练习微笑，直到他在镜中出现与婴儿相差不多的笑容时才罢休。他练习的步骤是：检查自己的笑容有多少种（原一平认为自己有含义不同的39种笑容），列出各种笑容要表达的心情与意义，然后再对着镜子反复练习，直到镜中出现所需要的笑容为止。

要成功推销自己，必须练就一两招过人之处。如果太普通，注定无法触动和吸引消费者。从事销售行业的推销员不必追求面面俱到，也不必因为自己仪表的不完美而自卑，关键是找出自己认为最有希望的“突破口”，淋漓尽致地表现个性的魅力。

（二）面谈的内容

1．营造轻松的气氛

和准客户初次见面时，首先要营造良好的气氛，不要拘泥在固定的话题上。为了找出让对方感兴趣的话题可以广泛交谈，如果轻松的话题能让彼此开怀大笑，就会让彼此之间达成共识，也能降低准客户的防备心理。

（1）如果是被介绍的准客户，就谈论与介绍者相关的或与准客户职业相关的话题。

（2）过于平凡的主题或夸大吹捧对方的言辞是不妥当的。

（3）尽可能在很轻松的情况下，自然地将话题过渡到保险上。

（4）如果一直都很轻松，就会显得没有信心，而且气氛会很尴尬。

（5）对方知道我们是来谈保险规划的，因此不必太犹豫。

（6）一开始就拿出资料会让准客户感到有压力。

2．公司介绍及自我介绍

（1）公司介绍。

1）提出本公司的差异性和可信赖性。

2）关于公司的信赖度，可以谈及历史、规模及权威财务评价等。

3）说明营销员的品质服务和一般的差异性。

4）介绍本公司的服务网。

（2）自我介绍。向准客户自我介绍之前，注意通过观察准客户周围的琐碎事情来找出话题。自我介绍时，要很慎重并且要有信心，这时要先营造气氛以避免准客户直接拒绝。如果是熟人，可以先简单说明事情的缘由。神情不要慌张，以免看起来像是在找借口。

3．说明拜访的目的及保险的重要性

拜访会占用准客户的时间，营销员应该考虑到准客户的立场，当结束自我介绍和公司介绍后，要马上清楚地说明拜访目的及保险的重要性。保险的重要性大体分为两种：首先，遭受到不幸事故时（死亡、残障、慢性疾病等），保险可解决经济层面的困难；其次，就算没有遭遇意外，投保人身保险可以获得内心的安定感。每个准客户所处的状况不同，对保险的需求也有所不同。对家长来说，面临养育子女的经济责任；未婚人士要向父母尽孝；生意人的收入可能不稳定，债权及债务关系也比较复杂；专业人士有固定的生活水准，比较重视身体机能和其名望。

（三）面谈时的要领

1．注意面谈时的礼仪

（1）打招呼。有礼貌、有自信地进入准客户的办公室，轻轻关上门，对着准客户走过去，到了适当的距离，便微笑着清楚地说出自己的名字，进行自我介绍。

（2）声音清晰。营销员要用清楚的声音，让准客户听明白你的来意。面对新的准客户还有一点很重要，那就是说话的技巧。平凡的一句话，若使用说话技巧，会更具有说服力。

2．掌握面谈的四个步骤

面谈的制胜法有四个步骤：

（1）让对方放松心情。

（2）让对方感兴趣。

（3）说服对方。

（4）结束面谈。

陌生人之间第一次见面是最尴尬的，大部分营销员第一次接触准客户的反应都是如此。但在面谈最后的阶段，还是有很多准客户被完全说服。这是因为表现出反感的准客户，事实上是出于害怕的缘故才会有此反应。大部分人都是对自己关心的问题才感兴趣，如存款、子女的教育、房屋贷款等。营销员在拜访准客户之前，很少准客户对保险有兴趣。

3．对准客户多发问

在面谈中最重要的是，先了解准客户内心的想法和准客户所处的现状。因此，要适时提出问题。大部分营销员招致失败的主要原因是只顾着说话，准客户虽然会聆听这些话，但不会轻易卸下心理防备，反而想赶快结束谈话而草率地应付。

4．触动准客户的感情

人身保险其实是一种爱的表现。因此，如果没有动真情，就很难成功地完成销售任务。但打动对方不是一件容易的事，而且谈这类话题也会让人不自在，有时不小心就会伤到准客户的感情，因此要多加留意。

5．举出实例说明

大部分准客户对于自己将来可能遇到的不幸状况（死亡或残障等）不喜欢多谈，也不愿进一步想。为了避免准客户产生反感，并让他去联想，多举些实例会非常有效。例如，各种统计资料、报纸或杂志上刊登的事例、保险金支付事例等。

6．不要反驳不同意见

为了避免彼此间的交谈变成争论，当准客户提出相反的意见，如“是不错，但是我没有钱……”来拒绝时，如果营销员反驳，如说“你不可能没钱”之类的话，准客户的态度就会马上冷淡下来。要先对准客户表示认同，然后再陈述自己的意见，如“啊！是吗？不过我认为……”

四、说明

对准客户进行说明主要分为三个部分：①对家庭生命周期和保险功能的说明，以唤起准客户需求；②对保险产品进行说明，让准客户选择合适的险种；③对保险建议书的说明，要针对准客户的实际情况设计合适的保险产品建议书，并进行详细说明。

（一）生命周期和家庭的三类事件

生命周期随着时间和环境而改变。这是因为主要影响生命周期的自然条件（寿命、生育）还有社会条件（就学、就业、结婚、退休）都会改变，原本属于自然条件的生育，它的时期和次数也随着社会习俗而改变。甚至某些国家准许安乐死，以人的力量控制死亡，那么人的生命周期也不得不改变。

因为生命周期受到自然与社会条件的限制，所以在不同的时代和社会就会出现不同的生命周期。依照生命周期，家庭的重大事件分为以下三类。

1．生命周期确定的事件

结婚；生小孩；子女的养育、升学、毕业、就业等；子女的结婚、独立搬出；父母的死亡；届满退休；购买住宅。

2．生命周期任意的事件

购买汽车、别墅等高档消费品；海外旅行等高额旅游；打高尔夫球等健身休闲活动；进修、参加补习班等。

3．生命周期不确定的事件

灾害死亡，如车祸、天灾、药物中毒、火灾、他人的暴行等；疾病死亡，如流行性疾病等；发生意外导致残障、受伤；失业等。

（二）对保险产品的说明

营销员在充分了解准客户的保险需求后，就要设计出合适的保险产品，并对准客户进行有效说明。对保险产品的说明主要包括以下内容：

1．准客户需求

营销员在实情调查面谈中已经了解了准客户的需求，此时要在此提及准客户的需求，并把准客户需求与产品特色和准客户利益结合起来，以便让准客户获得最大的满足。

2．产品特色

准客户购买保险的理由是因为保险可以提供一定的保障。保险公司为了满足准客户的需求，为准客户提供了许多好处（切合实际的商品、最好的服务、多样商品的组合、简便的交费方法、迅速理赔、保险单贷款等）。因此，准客户的需求与各种产品特色的结合是密不可分的。

3．准客户利益

准客户投保后所得到的实质利益是从购买产品、得到服务后才开始的。准客户偶尔会问：“我会得到什么益处？”此时，有些营销员仍然会向准客户销售不太适合他的商品，这种做法要尽量避免。

（三）保险建议书的运用和说明

1．保险建议书的概念

营销员通过与准客户的多次面谈，能够收集准客户的多方面信息，并能对准客户的保险需求做出充分的了解和分析。在此基础上，营销员就可以设计一份周全的保险建议书。保险建议书就是根据不同准客户的家庭、年龄、收入、财务状况、需要、消费习惯等具体情况，站在准客户的立场考虑准客户最需要的保险产品，并以科学的方法做出的完整规划。保险建议书一般有三个组成部分：准客户的基本资料、准客户能获得的具体利益和建议事项。

一份合格的保险建议书要让准客户认为他选择了最有价值的产品，并得到充分的保障与满足。设计保险建议书是推销流程中承上启下、至关重要的一环，是对保险这种无形产品提供包装和试用的机会。一份精美、专业、图文并茂的保险产品建议书，再配以营销员准确生动的讲解说明，能给准客户带来比较直观的感觉，使准客户更清晰地了解产品特色和保险利益，从而激发准客户的购买欲望。

2．保险建议书的制作原则

（1）尊重准客户切实的经济风险。保险建议书是在准客户的需求基础上产生的，准客户需要意外险，保险建议书上如果提供的是养老险建议，那就是不合理的，同时要注意全面性。

（2）尊重准客户需要的保障规模。保额与很多因素有关，如养老险保额与准客户将来需要的养老金总额有关；医疗险与现在的医疗费用水平有关；保额与准客户的收入有关，有千万家产的准客户不会满足于10万元的保额；保额同时也受到保险费的限制。除此之外，债务也是参考因素，若有30万元的房贷，保额最好超过30万元等。

（3）考虑准客户能负担的保险费额度。准客户能拿多少钱买保险，是与准客户的收入和负担有关的，一般为准客户年收入的10%～20%。

（4）保险建议书要简单、实用、通俗。准客户能看得懂，才容易接受。

3．保险建议书的结构

保险建议书的结构一般包括以下几方面的内容：保险建议书名称、问候与开篇语、产品设计特色、利益说明、姓名与联系方式等。此外，还可以增加一些具有个人特色的内容。

（1）保险建议书的名称：这是指为准客户提供的计划的名字，如“精彩人生”“幸福计划”等。

（2）问候与开篇语：保险建议书的开头要有个对准客户的问候，如“××先生您好！”开篇语是一段导言，起到与准客户沟通理念的作用，其中也说明了该建议书的目的、特色和保障对象等。

（3）产品设计特色：对提供的产品进行分析，提炼特色，如“保险费低、保障高”等。

（4）利益说明：这是最主要的部分，阐述所提供的保险可以为准客户带来的利益。

（5）姓名与联系方式：如果是多页的建议书，姓名与联系方式每页都应写明，这样效果能好一些。

4．保险建议书的说明技巧

保险建议书的说明也是一门艺术，有很多技巧，但其原则是灵活运用，并且符合个人习惯，不要过于牵强。另外，要能站在对方的立场，描绘出一幅感性的画面。建议书是根据准客户的需求制作出来的，一定要站在准客户的立场，为其描述这份保险能给他和他的家人带来什么保障。例如，买一份养老险，可以向准客户描述年老时可以拥有什么样的生活。

（1）明快易懂，边说边写，数字功能化。产品条款是用比较生涩的语言写的，准客户一时无法理解，我们的建议书用简单、通俗的语言表述，就能弥补产品条款难懂的问题，准客户更易接受。数字功能化，也就是把抽象的数字描述成具体的内容，如教育险，可以向准客户描述孩子多大时可以得到多少教育金，并顺利完成教育等。

（2）避免忌讳用语，采用模拟人称。很多人都有一些忌讳，如解释保险条款涉及身故残疾等内容时，应采用第三人称代替。

（3）关注准客户的表现，与准客户互动。不要只顾自己滔滔不绝地讲解，要注意观察准客户的反应，适当提问。例如，“我这样说您了解了吗？”让准客户真正参与其中，充分了解建议书的内容。

五、促成

经过一系列的推销工作之后，营销员要在条件成熟的情况下建议和引导准客户投保，这就是促成签约的过程。营销员的所有努力，包括准客户的开拓、电话约访、晤谈、说明等，目的都是为了让准客户填写投保单并交付首期保险费。可见，促成阶段是多么重要。营销员要正确判断投保信号，抓住成交时机，灵活而巧妙地运用成交方法和技巧，以获得一个圆满结果。

1．捕获促成信息

科学家说过，人类的语言是可以欺骗人的。但人的肢体语言却很难欺骗人，因为肢体语言是一种下意识的反应，当准客户的肢体语言放松的时候，这是一个强烈的购买信息。准客户对寿险产品产生强烈兴趣时，也是准客户了解欲望最强时，充分把握这一信息，适时促成，可以起到事半功倍的效果。准客户担心购买寿险后的服务时，实际上对于购买该产品已经有了明确答案，我们要把握时机，消除准客户顾虑。不管是谁，只要认为某种产品对他有用，想要购买时，都会犹豫，开始左右摇摆。这时候只要有人推他一把，他就会购买。否则，他就可能放弃。因此，当准客户出现犹豫信息时，我们应加大促成力度，帮助准客户下定决心。

2．尝试要求签单

仅仅准确捕获信息还远远不够，我们还必须尝试要求签单。尝试要求签单应当具备的心理及态度是坚定信念，相信一切皆有可能。既然准客户不会明确告诉我们他要投保了，那么就需要我们不断尝试，尝试可能会获得成功，不尝试一定不会成功。用一颗平常心去面对尝试，勇于接受结果。你要认同保险事业是一项值得你去从事的事业，你要认可保险公司能够为你带来更好的发展。你要认为给准客户提供的产品是最适合他（她）的。李宁的广告做得非常好，“一切皆有可能”。不要自己给自己设限，因为签单是随时可能发生的，要不断地去尝试。一般来说，要根据个人的情况尝试 3～5 次。

3．促成动作

及时拿出投保单，请准客户拿出身份证、确认受益人，并告知健康状况，最后请准客户确认并签名，同时对其收取保险费、开出暂收收据。

4．完成签单

确认签名，确认保险费，及时道贺，适时离开。

在完成签单过程中，我们还应该注意以下问题：

（1）不要制造问题。

（2）注意引导，避免让准客户产生过大的压力。

（3）不要流露出沾沾自喜的神情。

拓展阅读

促成的暗示信号

（1）“这个保险的保险费是多少？”

（2）“如果中途无法交纳保险费，该怎么办？”

（3）“保险费采用年交的方式，应该会比较便宜吧？”

（4）“需要健康检查吗？”

（5）“这个计划应该是最适合我了吧？”

（6）“我的朋友说他也投保了类似的保险，听说很不错。”

（7）当准客户说“你真是非常热忱与专业”而开始思考时。

（8）准客户和他的妻子商量说：“你觉得这个怎么样？”

（9）“一个月3 600元，对不对？稍等一下……”开始按计算器计算。

（10）准客户对他的妻子说：“你再去泡一杯茶。”

（11）准客户说“嗯，我已经非常了解了”并注视着建议书时。

除此之外，准客户已决定购买或正在决定中都会有购买信号出现。请切实掌握这些购买信号，不要错过。掌握购买信号之后，就必须立刻开始填写投保单。

六、交付保险单

人身保险的销售，并不是在完成契约与收到第一次保险费之后就结束了，实际上，这才是真正的开始。在经历前几个阶段的努力后，如果没有正确地交付保险单，很可能会使辛苦完成的营销活动失败。另外，尽管营销员已将保险单交给客户，但如果客户认识不到保险单的真正价值，将来就有可能退保。因此，营销员在交付保险单时要强调保险单的重要价值，并按一定步骤交付给客户。

（一）交付保险单前的准备工作

（1）仔细检视保险单。保险单的内容包括生效日期、投保人姓名、被保险人姓名、性别、年龄、保险种类、保险金额、保险期限、保险费、交费方式、附约等项目。不要等到交付保险单时才发现错误，造成难堪。

（2）重要的信息要详尽记录在客户卡上。营销员依据保险单所确认的资料，习惯性地记录这些信息，便于以后能够顺利进行拜访。

（3）利用亲自交付保险单的机会来开拓准客户。事先列出有关客户的亲戚、朋友、邻居、同事等信息的问题，并在保险单上做个备忘录，借此可以避免忘记请求介绍、推荐准客户的事。

（4）将名片附于保险单上。

（5）确认保险单之后应尽早拜访客户。

（二）交付保险单的步骤

1．表达祝贺之意

祝贺客户已有了完善的保障，强调这项保障不是全靠金钱就可以买到的，而必须在健康上、财务上都符合要求，因此值得祝贺。

2．再一次强调保险的目的

在此基础上，说明保险单的保障内容及所满足的需求，让客户感到购买后有实质的帮助。

3．说明主要条款

保险单上记载了密密麻麻的条文与数字，这些会使一般人难以理解，因此，营销员必须浅显易懂地予以解释，加强客户的信赖感。

（1）不幸身故时。除了说明只要契约继续有效，就可领取保险单所载的保险金外，营销员还要提醒客户保险金的给付有不同的方式，可视自己的需要任意选择，而且不论利率如何波动，公司保证一定的利率与给付金。

（2）合同期满时。不要忘记强调合同期满后的利益，要说明有些人寿保险不仅保障死亡事故，也有在生存时给付保险金的。有的保险单价值可以作为退休后的收入来源。

（3）无法交付保险费时。利用保险单的解约金表来说明日益增加的解约金。接着，利用保险单所附的交清保险和展期保险表，说明有关交清保险和展期保险。为了让客户了解这些内容，要注意所使用的用语必须是客户能理解的。

（4）保险费的交纳方法。说明交费相关条款，必须强调在应交日前交纳，也要解释宽限期的规定与目的，不要误导客户错认为可以延期交费。不要忘记告诉客户年交保险费的优点，尽管客户选择其他的交费方法，也可以在未来更改。

4．为下一次的销售做准备

交付保险单时客户心情轻松，对已购买的保障感到满意，也希望能了解尚未满足的需求。因此，营销员要再做一次全盘说明，并且将已解决的需求和未解决的需求分开标示。接着确定下一次保险规划的时间。当然是此时规划最好，因为客户在健康上符合规定。不论如何，必须在客户具有投保资格的期间内说服客户。

5．销售服务价值

营销员必须向客户说明个人的服务，这是客户的权利。营销员必须将售后服务视为义务，并且放在心上，至少要对客户承诺一年一次的拜访，以便能重新检视原计划，如此，客户可以得到应有的服务，营销员本人也会有所收获。

6．获得介绍推荐

在交付保险单前，要事先准备好请客户介绍准客户的话题。打听客户的兄弟姐妹是最佳机会，询问其同事或同行朋友也是个好方法。例如，客户从事建筑业，可以试着问：“在您最熟识的建筑商当中的前 5 位是哪些人呢？”要谨记在心的是，所完成契约的后面还隐藏着广大的准客户。

7. 再次表达感谢之意

临走之际不要忘记再度向客户表示祝贺，对客户的选择与决定表示赞扬，为有机会为他提供服务而表示感谢，并特别为介绍准客户而重申谢意。

七、售后服务

详见“子情境3　人身保险客户服务”，此处不再赘述。

子情境3　人身保险客户服务

知识解读

一、人身保险客户服务的含义及作用

人身保险客户是指那些现实和潜在的人身保险公司保险产品的消费者。人身保险客户服务是指保险人在与现有客户及潜在客户接触的阶段，通过畅通有效的服务渠道，为客户提供产品信息、品质保证、合同义务履行、客户保全、纠纷处理等项目的服务，以及满足客户的特殊需求和对客户的特别关注而提供的附加服务内容。

人身保险客户服务不仅是市场竞争的需要，是满足消费者维权意识提高的需要，是实施保险公司客户忠诚战略的基础，更是保险公司形成核心竞争力的重要手段，所以，人身保险公司必须提升服务意识，完善服务内容，不断健全客户服务体系，以此保证和提高企业的竞争地位。

二、人身保险的客户心理

有效分析人身保险的客户心理是提高和完善客户服务的基础。相关研究表明，人们保险消费的动机主要有：

1. 求平安的心理

美国心理学家马斯洛认为，人类具有五种需要：①生理需要；②安全需要；③归属和爱的需要；④被尊重的需要；⑤自我实现的需要。保险的需要以生理需要为基础，是安全需要的一种延伸。具体而言，人们对保险这种特殊产品的需要，是源于人们对安全、稳定和秩序的需要。

2. 储蓄心理

随着社会经济的发展和人们生活水平的提高，人们收入的60%就可以支付正常的家庭开销，结余的40%给人们带来了投资、储蓄的可能性，再加上保险业的发展，使越来越多的投资型险种得到了推广。例如，当前的子女教育保险、婚嫁保险、养老保险等都具有投资储蓄的特点。这类险种一方面具有安全保障的作用，另一方面还具有储蓄保值的作用。

这种心理对于保险消费也有积极的促进作用。

3．从众心理

从众心理在马斯洛层次需要理论中是归属和爱的需要的表现。人们受社会风气、消费阶层、社会群体等因素的影响，产生某种与其职业阶层、群体保持一致的心理，他们往往是在不清楚保险的内涵和意义的情况下购买保险的。这种由从众心理导致的保险消费往往不是持久的，也是保险纠纷发生的一个重要原因。例如，购买了养老险产品，却要求保险公司对自己的医疗费用进行补偿，如果得不到理赔，就认为是保险公司不够诚信。

4．侥幸心理

保险消费的结果依赖于在规定的时期内，符合合同规定条件的事件是否发生。保险消费的不确定性导致了消费者的运气、侥幸心理。尽管身边有人发生了风险，但一部分人觉得与自己无关，他们凭着侥幸心理，指望交纳较少的保险费得到一笔丰厚的赔款。如果经过一段时间后，没有保险事故发生，便自认为投保不必要，侥幸心理占上风，最终导致退保。这类人的投保动机不稳定，这种心理不能持久地促进保险消费，对保险消费有着阻碍作用。

5．比较选择心理

与其他消费行为一样，消费者在保险消费时也有着比较选择的心理。他们会根据能够获得的市场信息，对各种保险产品及其可能的替代品（如投资型的险种和储蓄之间有一定的替代作用）进行比较，通过分析其价格和质量，从而选择对他们来说效益最大的险种。

6．自私取利心理

自私取利心理的保险消费者十分清楚保险公司的职能、经营方法以及有关的规定，他们把保险当成了牟利的手段。他们在保险中不择手段，或超额投保或隐瞒投保条件，故意把预计必定要发生的危险转嫁给保险公司。但是，随着商业保险相关法规的健全以及经营的规范化，抱有这种心理的人逐渐减少。

针对上述心理，人身保险公司应从售前、售中和售后三方面满足客户的不同需求，实现客户满意，进而提升企业的竞争力。

三、客户服务的主要内容

（一）售前服务

售前服务是指保险人在销售保险产品之前为消费者提供各种有关保险行业、保险产品的信息、咨询、讲座、风险规划与管理等服务，主要包括电话咨询、窗口咨询、网上咨询等形式。投保人在投保前，需要先掌握有关人身保险的信息，因此，人身保险公司除了通过广告宣传其产品服务以外，还要为客户提供信息咨询服务。咨询服务可以由公司设置专门的咨询服务窗口、开通咨询服务电话或由营销员向客户详细解释的方法来进行。不论通过哪种方式，人身保险公司事前都要对相关咨询服务人员进行培训，保证其精通本公司的服务业务。

一般来说，客户到公司的咨询服务窗口咨询或电话咨询，只是想要获得初步的信息，如险种类别、保险费等，服务人员要进行细致、耐心、准确的解答，以给客户留下好印象，引导其购买本公司的保险。营销员向客户提供的咨询服务要直接、详尽，在向客户推销保险时要占据主动地位，要向客户介绍保险的相关知识，如现存保险种类、价格等能给他们带来的众多利益，还要说明本公司的优点、特点，与其他公司相比，选择本公司能获得更多的好处等。营销员介绍完公司情况以后，还要深入了解客户的情况，如其经济收入状况、保险需求、生活支出、目前的其他资产等，根据其现状向其建议适合的保险品种及该产品能给客户带来的实际利益：如一旦发生保险事故，其能获得的赔付金、保险产品的现金价值、分红情况等。也可向客户推荐相应的产品组合，使其能获得更大的保险保障。还要指出该产品的保险费定价、交费方式、保障责任、除外责任等。

咨询服务是营销员推销保险的第一步，也是最重要的一步，因此，在提供咨询信息时要细致、耐心，从客户的需求出发，洞察客户心理，满足其需求。在客户实际购买保险之后，营销员也可提供咨询服务，通知其保险分红状况，现金价值如何，公司目前经营状况如何等，还可进一步劝说其购买其他产品。

（二）售中服务

售中服务是指在保险产品买卖过程中，保险人为客户提供的各种服务，如协助投保人填写投保书、保险条款的准确解释、免费体检、保险单的包装与送达、为客户办理自动交费手续等。

其中，投保单是人身保险合同的重要组成部分，而投保人对此又不甚了解，所以，营销员有责任指导其填写，并把其投保后的利益和责任详细地告知投保人，这样才能真实地体现客户的投保意愿，维护客户的正常利益。

拓展阅读

《保险销售行为可回溯管理暂行办法》

为进一步规范保险销售服务行为，解决消费者关注的销售欺骗误导问题，切实优化保险消费环境，原保监会发布了《保险销售行为可回溯管理暂行办法》(以下简称《办法》)，已于2017年11月1日起在全国正式实行。

《办法》所称保险销售行为可回溯，是指保险公司、保险中介机构通过录音录像等技术手段采集视听资料、电子数据的方式，记录和保存保险销售过程关键环节。这样做有利于从源头上治理销售误导，维护保险消费者合法权益。

《办法》共计18条，主要涉及可回溯实施范围和方式、管理内容、信息安全责任、内外部监督管理措施等方面。一是明确了实施范围和方式。保险公司、保险中介机构开展电话销售业务的应实施全险种全过程录音；开展互联网保险业务的，应依照互联网保险业务监管的有关规定开展可回溯管理；保险公司通过保险兼业代理机构销售保险期间超过一年的人身保险产品的（包括利用保险兼业代理机构营业场所内自助终端等设备销售的），需要对关键环节进行录音录像；通过其他销售渠道，向60周岁（含）以上年龄的投保人销售保险期间超过一年的人身保险产品，或销售投资连结保险产品，应对关键环节进行录音录像。二是明确了可回溯管理内容。电话销售渠道的业务需要全程录音；其他实施可回溯管理的，应对销售的关键环节（保险销售人员出示证件和相关资料、履行提示及明确说明义务、投保人签名等环节）进行录音录像。同时还按照“谁保存、谁质检”的原则，明确了对可回溯资料进行质量检测的要求，以保证录音录像的质量。三是明确了信息安全责任。保险公司、保险中介机构应严格依照有关法律法规规定，加强对投保人、被保险人的个人信息保护工作，对录音录像等视听资料、电子数据严格保密，不得外泄和擅自复制，严禁将资料用作其他商业用途。同时，保险公司、银行类保险兼业代理机构应制定视听资料管理办法，明确管理责任，规范调阅程序。视听资料保管期限自保险合同终止之日起计算，保险期间在一年以下的不得少于五年，保险期间超过一年的不得少于十年。如遇消费者投诉、法律诉讼等纠纷，还应至少保存至纠纷结束后两年。四是明确了内外部监督管理措施。明确了保险公司应通过内控制度落实销售行为可回溯管理的主体责任及对相关失职人员问责、追责的监管要求；明确了保险监管部门对保险公司、保险中介机构违反《办法》应采取相应监管措施。

保险销售是保险服务的关键环节，保险销售欺骗误导行为严重违反最大诚信原则，侵害了消费者的知情权、自主选择权等合法权益，是当前保险业最为突出的问题之一。近年来，原保监会出台了一系列治理销售欺骗误导的监管举措并取得了一定成效。《办法》的出台和实施，进一步约束了保险机构销售行为，针对保险销售关键环节，强化了保险机构法定“提示和明确说明义务”，将使保险销售更加透明，让保险消费更放心。同时，保险销售行为可回溯制度的实施，也将进一步提升保险监管部门投诉处理效能，进而促进保险消费者保护工作水平不断提高，促进保险行业健康可持续发展。

（三）售后服务

售后服务是指在客户签单后保险人为客户提供的一系列服务。由于人身保险公司提供的人身保险合同都是长期性合同，有的保险产品是终身寿险，因此，保险合同的有效期都很长。在这样长的保险期间内，保险公司和被保险人会发生很大变化，如被保险人年龄增长、收入增加或有的被保险人经济贫困不能续交保险费、工作地点转移等情况，均会使原有保险的保障范围及人身保险金额与保户的实际需求有较大偏差。而保险公司也可能由于技术不断进步而能为客户提供更多更新的服务。这些变化都需要人身保险公司为客户提供大量方便、及时的售后服务，避免保险单中途失效，真正保障投保人的利益。

良好的售后服务能真正满足投保人的有效需求，还能树立公司的优良形象，提高公司声誉，使客户对公司的人身保险服务真正满意，从而能带来新的客户，开拓潜在市场。售后服务对人身保险公司的经营是至关重要的，公司要努力提高其售后服务质量。售后服务主要包括以下几种：

1．续期保险费的收取

投保人向保险公司交纳的保险费在很多情况下都是分期给付的，第一次交纳保险费可以直接交纳现金支票，而以后各期可以由投保人按期续交，也可通过银行自动转账方式，这样可以省去很多麻烦，方便快捷。

2．保险合同变更的服务

在保险合同有效期内，由于期限较长，投保人的很多情况可能会发生变化，保险合同的有些内容可能进行相应的变更。保险合同变更的主要内容包括投保人或被保险人地址、保险期间、交费方式、受益人、投保人以及养老金领取方式等。

若投保人要求变更保险合同，应先填写更改保险合同的申请书，然后交到保险公司业务部门。业务部门查看投保人的申请后，处理批单并予以约定。

3．保险合同的复效

投保人要在保险合同约定期限内交纳保险费，如果在60天宽限期后仍未交纳保险费，则保险合同效力中止，即保险合同失效。保险合同失效的原因很多，如投保人疏忽、收入下降无力支付或不愿支付、投保人出国等。保险合同失效后，保险人应及时与投保人联系，详细询问保险合同失效的原因。若保险合同失效的原因为投保人疏忽所致，则应及时通知投保人办理复效手续；若是因投保人主动行为导致保险合同失效，则应帮投保人办理退保手续。办理复效手续时，保险人要指导投保人先填写保险合同复效申请书，然后交保险公司业务处理部门办理。在保险合同失效两年后，保险公司有权不为投保人办理复效手续。

4．保险单的迁移

在保险有效期内，客户可能会因住所变动或其他原因而要求办理到原签单公司以外的其他机构继续享受保险单权益、履行保险单义务的有关手续，即保险关系的转移。保险公司要为投保人提供保险单迁移的变动手续服务。保险关系转移只能由投保人提出，其他人无权提出。保险关系转移可以在保险合同有效期内的任意时点提出。保险单转移目前只能在一个保险公司内部转移，不同保险公司的保险单不能相互转移。

业务员在指导投保人填写保险单时，应该告知投保人相关事项。

5．保险单遗失、污损补发

如果保险单发生遗失或污损，投保人可以向保险公司申请补发。投保人需说明保险单遗失的具体情况，或将遭受污损的保险单交回保险公司，保险公司要依据真实情况为客户办理新的保险单。

6．保险费自动垫交

投保人在逾宽限期还未交保险费的情况下，保险公司将自动按保险单的现金价值垫交应交的续期保险费，从而使合同继续有效。这种做法即为自动垫交。

一般而言，长期性寿险交足两年以上，该保险合同便有现金价值。如果第二期以后的保险费超过宽限期还未交，保险公司会用该保险单的现金价值自动垫交保险费，使合同继续有效。垫交期间的长短，根据现金价值的多少而定。投保人如果不同意条款约定的该项内容，应在订立保险合同时做书面申明，一般在投保单上的特别约定栏约定。

如果投保人曾经办理保险单贷款，而且尚未还清，则只能以现金价值扣除贷款本息后的余额，来垫交保险费及利息。垫交保险费的利息自宽限期终了的次日起，按保险公司规定的利率计算。保险费自动垫交的规定，可以使保险合同继续有效。若投保人在垫交期间发生保险事故，保险公司要承担给付保险金的责任，依约理赔，但要在所给付的保险金中扣除垫交的保险费及利息。

7. 保险单贷款

当保险单具有现金价值时，投保人可以凭借保险单向所投保的人身保险公司申请保险单贷款以解决资金短缺问题。贷款金额不能超过保险单的现金价值，保险单所列的各年度的现金价值，可以作为保户贷款额度的参考。投保人依据保险单获得的贷款要付利息，并按时偿还本息。若投保人不能按期付清本息，当贷款本息金额超过保险单的现金价值时，该保险单的效力就会中止。如果投保人在此期间发生保险事故，将无法获得理赔。

8. 交清保险

交清保险是指在不改变原保险期间与条件的情况下，以积存的保险单现金价值一次性购买所能保障的金额的保险。以保险单现金价值作为一次性的保险费投入，也可以理解为把一个“大保险”换成一个“小保险”，同时保险单继续有效，只是降低了保额，投保人也不再需要继续交费，所以也称为减额交清保险。在变更为交清保险后，被保险人若在保险期间内死亡，保险公司按交清后的保额给付死亡保险金；若保险期间届满仍生存的，保险公司亦按交清后的保额给付生存保险金。

9. 利差返还和红利领取

有些人寿保险条款里设计有“利差返还”条款，规定当预定利率低于银行存款利率时，保险公司以保险单现金价值为本金，将利息差额返还给客户。

红利领取是针对分红保险而言的。红利的金额是根据保险公司当年的经营状况计算的，如果公司在某经营年度内没有利润，则没有分红。在保险条款内没有分红条款的，投保人不得进行红利申请。

10. 退保

不同的险种退保的处理方式不一样。没有现金价值的短期性险种，如果保险条款规定可以退保的，退保时一般将未满期保险费退还给客户。长期性人寿保险，投保人未交足两年以上保险费的，保险公司将扣除手续费后的保险费退还给投保人；交足两年以上保险费的，保险公司将保险单的现金价值退还给客户。

11. 保险单附加值服务

保险单附加值服务并不是与保险业务有关的服务项目，而是保险公司在业务之外对保险客户提供的额外服务，这种服务通常附加在保险单上。通常而言，它包括保险公司对大客户开展的一些免费体检、联谊、健康咨询等活动。考虑到成本费用等因素，附加值服务有一定的条件，一般只针对一定保险金额或保险费以上的客户，并不一定针对所有的客户开展。

保险公司开展附加值服务的主要目的，是为了加强投保人和保险公司之间的联系和沟通，促进保险公司了解客户的具体服务需求，同时也为客户之间的联系提供必要的便利条件。目前，我国人身保险公司提供的附加值服务面仍很狭窄，随着服务水平的提高，附加值服务的水平也会不断提高。

总之，目前我国人身保险公司提供的客户服务水平较低，尤其是附加值服务较少。但随着保险市场竞争的加剧，保险客户服务水平将会不断提高。保险公司的人员要善于利用公司已有的条件，尽量做好客户服务工作，取得客户的信任，使客户群体源源不断地增大。

小 结

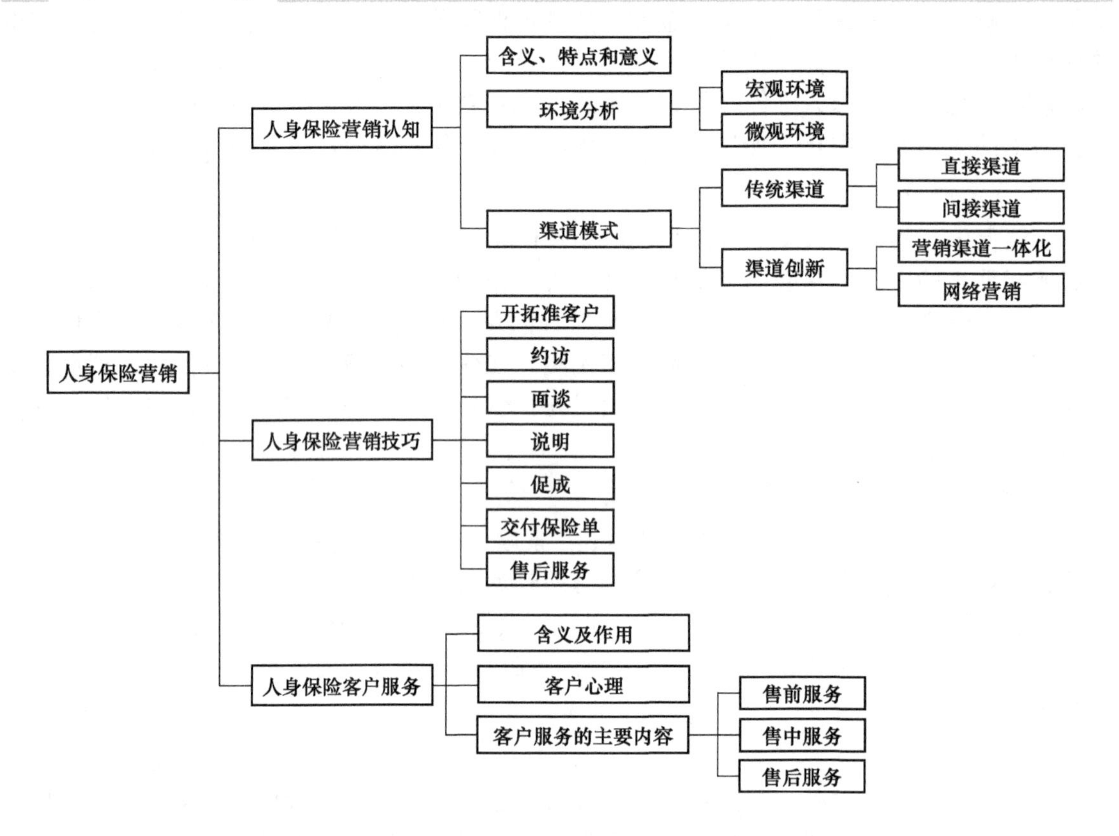

复习思考题

一、简述题

1. 简述人身保险营销的含义和特点。
2. 简述人身保险营销的意义。
3. 人身保险营销要进行哪些环境分析？
4. 人身保险有哪些营销渠道？
5. 简述网络营销的优缺点。
6. 人身保险营销流程与推销艺术有哪些？
7. 如何做好人身保险的客户服务工作？

二、案例分析题

1. 原一平是日本著名的保险营销员，被称为“推销之神”。有一天，他搭出租车去办事，车子在十字路口被红灯拦住停了下来，紧随其后的一辆黑色轿车也停了下来，与原一平的车子并列。原一平转头看那辆豪华的轿车，看见车后座上坐着一位头发斑白，颇有气派的绅士，他闭目养神。红灯转绿，那辆黑色轿车飞奔而前，原一平立刻掏出笔记下了车牌号码。通过调查，发现这辆车子是一辆私家车，而那位老者就是一家著名企业的老总，紧接着原一平进行了多次拜访，了解这位董事长，并最后签下了一份大额保险单。

问题：请分析原一平这位优秀的保险营销员所具备的素质。

2. 有一天，在从公司回家的路上，小尹忽然注意到有一家公司似乎以前没有去过，就赶紧推门进去。进去一看，大厅里的人还真多，而且各自都在埋头忙着自己手里的活儿。往来进出的人也不少，电话声、轻轻的说话声……小尹马上产生一种感觉：这家公司生意不错！

他环顾一下四周，发现有一位年轻的女士正起身送走她的一位客户，看上去脸上流露出满意的神情。小尹紧抢几步上前微笑着对她说："您好！""噢，您好！""看得出您很忙，能打搅您一下吗？""没关系，请问先生您是……"

"我是保险公司的营销员。"说着，小尹向她送上名片。"哦，保险公司的呀？我们这里每天都会有保险公司的人来推销保险，你们保险公司好像也来过一位。""我想请问您，如果您想买保险，首先会选择的是什么险种呢？""可能会考虑养老保险和医疗保险。"小尹想，看来这位女士情绪不错，可能是因为刚才那笔生意的缘故吧。何不趁此机会再多了解一些她们公司的情况呢？"你们公司是新成立的吗？""我们公司总部在北京，这里是我们的分公司，才刚刚开张一周。""那就祝贺你们了，看得出你们的业务很忙对吗？""是的，今天一天就成交了三笔生意。"那位女士兴奋地说。这家公司有钱，不过还不知道她们已经买过什么保险，小尹心里想着，就继续和她谈下去："那你们这里的职工关系还在北京总公司吗？""是啊！但是分公司马上就要与我们每一个人签订合同，我们的医疗、福利等费用都是分公司独立核算的……""那么请问目前你们这里大约有多少人？""30～40 人吧。""年龄大的员工多吗？""不太多。""那你们公司保险方面的事情由谁负责呢？""老总啊。""那你们老总尊姓？是男士还是女士啊？""老总姓王，是位男士。""那你们王总也是从北京调过来的吧？""哦，他是刚从部队里调过来的。""王总每天都什么时候有时间呢？""哦，他呀，因为分公司新成立不久，两位副总还没有到位，王总现在是一个人，他每天都忙得不可开交。不过，早上他来得很早，我们 9 点上班，他 8 点就到公司了。"

问题：请你评价小尹此次陌生拜访的策略和收获，你是否可以做得比他更好？

挑战自我—— 实践训练

实训目的

- 理解人身保险营销的含义和意义。
- 掌握人身保险营销的流程和技巧。
- 能够处理保险营销过程中的异议。

实训要求

- 人身保险营销模拟训练。具体操作是：两位同学到教室前面来，一位扮演客户，另一位扮演营销员，演练人身保险营销的过程。

实训步骤

- 通过互联网搜索工具，收集人身保险营销案例，以获取更多的人身保险营销知识和技巧。

●将学生分组，两人一组，每组自选保险营销的一个阶段进行模拟对话。其他同学观赏、点评分析。

●各组准备完成处理下述在保险营销过程中遇到的客户异议：

让我考虑一下。

我不信任保险推销员。

我不需要买保险，我们单位福利很好。

我和家人商量一下。

20年后领回这笔钱，能不能买到一部脚踏车还是问题。

说得好听，到时候都不赔。

保险都是骗人的。

保险不吉利，不买没事，一买就出事。

我有朋友在保险公司。

保险公司倒闭了怎么办？

如果我买保险后，你辞职了怎么办？

我很忙，等过一段日子再说吧。

●各组实训后完成实训报告。

技能大比武

题目演讲——保险销售人员的职业生涯规划

每个人都要去畅想未来，如果你是一名保险销售从业者，五年以后你到底应该是什么样的，有什么样的成就，过什么样的生活？你能为自己确定一个目标吗？为了实现既定的目标，你应该在哪些方面提升自己、如何提升呢？请说一说你的规划。

情境 8　相信我，不会错——人身保险承保与理赔

学习目标

能力目标

- ☑ 能够处理承保业务。
- ☑ 能够处理简单的核保业务。
- ☑ 能够处理索赔与理赔业务，能够初步判定欺骗性索赔案例。

知识目标

- ☑ 掌握承保的概念，熟悉承保流程。
- ☑ 掌握核保的风险因素，明确核保程序。
- ☑ 掌握理赔流程，明确索赔案例中的不实因素。

素质目标

- ☑ 全面认知保险承保与理赔业务，掌握承保与理赔流程，培养核心工作能力。
- ☑ 培养严谨的工作作风、百折不挠的进取精神以及良好的沟通能力。

情境演练

乙肝患者高额投保，患肝癌去世获赔 94 万元

某地市民赵先生曾分别于 2010 年和 2012 年在东莞平安人寿保险公司投保，赵先生身故前交纳保险费约 4 万元，而其在投保前就已向平安人寿方面告知自己患有乙肝，鉴于此，平安寿险适当提高了赵先生的投保费用。

2013 年 6 月，赵先生罹患肝癌，平安寿险方面在客户提交重疾申请后很快便支付了 20 万元的重大疾病保险金，不过，赵先生最后并未抗争过病魔，于 2013 年年底过世。此后，赵先生的妻子作为保险受益人，提交了身故保险金理赔的申请材料，平安寿险第二次向张女士支付赔偿金 74.3 万元，两次总计赔付 94.3 万元。

情境思考：被保险人患病还可以参加保险投保吗？患病被保险人的投保与身体健康的人投保会有什么区别？当发生了保险事故的时候，保险公司是如何理赔的呢？

子情境1 人身保险承保

知识解读

一、人身保险承保的概念

人身保险的承保有广义和狭义之分。广义的人身保险承保是指包括业务拓展（展业）、业务选择（核保）、收取保险费、签发保险单等在内的一系列工作的过程。狭义的人身保险承保不包括展业过程，而是从保险业务员争取到人身保险业务后，携带客户填写的投保单、保险费暂收收据以及保险费等，经保险人核保、出单等环节，到保险业务员将保险合同送到客户手中结束。本情境主要介绍狭义的人身保险承保。

人身保险的业务运作是从承保开始的，即从收取保险费、出立保险单和建立保险基金开始的。承保与核保是有区别的。核保是指保险人对新业务的风险加以全面的估计和评价，决定是否予以承保，以什么条件承保，它是承保工作中一个很重要的步骤。有效的展业保证了承保保险单的数量，核保则保证了承保的质量。保险人作为独立经营的经济实体，为保护自身经济利益，要做好承保工作的每一个环节。

二、人身保险的承保流程

承保流程包括续保业务与新保业务。与新保业务相比，续保业务的承保手续更为简单。为了全面熟悉、掌握承保流程，以下以新保业务流程为例，介绍人身保险承保的全部程序。

新保业务流程是指投保人向保险人发出要约直至缔结保险合同的全过程，具体包括：业务员向保险公司柜台交送投保资料，保险公司在接收投保资料后，对其进行初审、录入和核保，直至保险合同的缮制、清分与寄送等一系列运作过程。新保业务流程如图8-1所示。

新保业务流程主要包括以下步骤：

1. 接单初审

承保内勤接收业务员递交来的保险费和投保资料，并进行初审。投保材料一般包括投保单、保险费暂收收据，有的公司还有客户回访约定告知书、业务员报告书、委托银行代扣保险费协议书和附加问卷。

接单初审是新单进入保险公司的第一关，主要将明显不合格的投保件剔除，以尽可能减少因投保单填写不合格、投保资料不齐全导致其他后续业务处理工作不能正常进行的情况。内勤人员根据客户签字后的投保单逐项认真审核，投保单上的保险费金额应与暂收收据、委托银行代扣保险费协议书上的金额一致，填写应准确无误，计费正确，再看投保人的基本情况是否符合公司的承保要求。如果有误，退回业务员纠正；如果无误，则在“新单登记簿”上进行登记。

2. 预收录入

收银员根据初审合格的投保单、暂收收据及委托银行代扣保险费协议书等相关文件，核实与业务员所交保险费是否一致，并收取保险费。对现金交费者在相关文件上加盖相应的收讫章，将暂收收据第三联退还业务员，以备业务员进行查询；对采用银行划账方式交费者直接录入。内勤人员将投保资料中的各项信息输入计算机，并以计算机进行核保，若不通过，说明投保单填写有误，应退给业务员由客户重新填写签字。如通过，则进入下一个环节。

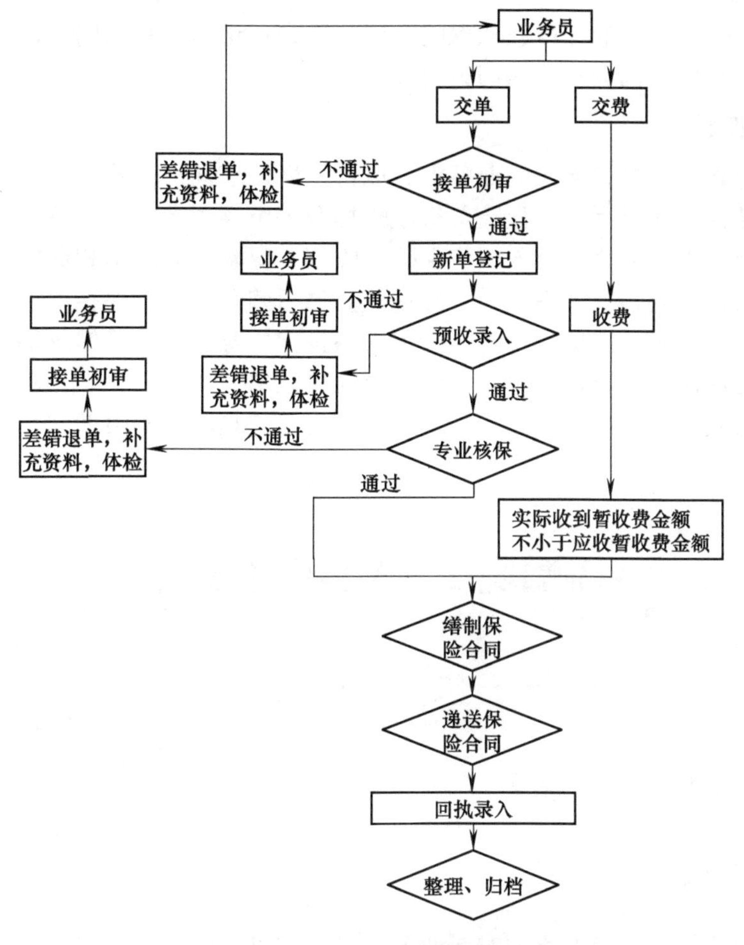

图 8-1　新保业务流程图

3．专业核保

专业核保由负责核保工作的专业人员进行。核保人员根据投保规则和总公司的核保规定进行风险选择，得出核保结论，提出处理意见。不能承保的，将保险费和投保资料退还给业务员，由业务员将保险费退还投保人并负责解释工作；可以正常承保或附带条件承保的，如有的需要补充提供材料或体检，要做好相关业务处理工作，然后将投保材料和处理意见交给专门负责缮制保险单的内勤人员。

4．缮制保险合同

制单内勤将暂收收据号快速连续输入，计算机则根据暂收收据号自动生成保险单号并打印出正式保险单，根据保险单号由专人负责打印正式收据并加盖保险费业务结算专用章。清分人员将投保书、暂收收据、委托银行代扣保险费协议书、保险单和正式收据等单证按其所列用途进行清分，加盖保险合同专用章，并配齐保险合同的封面、现金价值表、保险条款、投保单副本和保险合同送达书等文件，然后将其成套装订，在相应交接本上登记后装箱，由通勤车传至各初审人员后，再由业务员交到客户手中。

5. 递送保险合同

业务员从递交投保单的窗口领取保险合同，登记后送达客户的同时，请客户填写保险合同送达书，并将回执部分剪下送回公司存档。

6. 整理、归档

承保内勤每天分险种将当天的业务汇总成日报表，连同保险费暂收收据和保险费交给财务部门，财务人员核对后，在保险费暂收收据业务留存联上加盖财务收讫章，返回承保内勤。内勤人员每天将回执单录入，将保险费收据、保险合同副本和原始投保材料整理好放在一起，装入档案袋，放进卷柜，月底统一登记后归入档案室保存。

此外，为了获得充分的保障，许多投保人还投保了意外伤害或健康保险作为附加险。附加险应填写相应的附加险投保单，连同主险的投保单一并交上去，一起核保。附加险的生效对应日应与主险的生效对应日相同，续保时附加险是没有宽限期的，应提前办理续保手续。

子情境2 人身保险核保

知识解读

一、核保的概念及意义

（一）核保的概念

人身保险的核保，是指保险人对新业务的风险加以全面的估计和评价，决定是否予以承保，以及以什么条件（费率）承保。核保的过程就是保险人对风险进行选择的过程，因此有时核保也叫风险选择。

由于提出保险申请的人各自所处的生活、工作环境不同，各自的生活习性和职业类别也不同，而且健康状况各异，甚至每个人影响生命或身体的危险因素不同，所以有必要对申请购买保险的各风险个体加以分类筛选，并对不同的个体采用不同的承保条件，以维持保险合同的公平合理性。

（二）核保的意义

1. 保证保险合同的公平性

一方面，保证保险人与被保险人之间权利义务的对等。由于保险合同是双务合同，保险人收取的保险费要与被保险人所转嫁的风险对等，因此保险人要根据多方面收集的被保险人的信息进行风险评估，并对其以既定标准加以分类，使具有同质风险的个体归属为同一集合，收取相同的费率。另一方面，保证被保险人之间的公平性。由于保险人支付的保险金来源于投保人交纳的保险费，若使风险水平不同的人以相同的保险费获得保险保障，则难以在被保险人之间保证公平。例如，具有高风险的被保险人按一般承保条件加入一健康保险团体，则其所享受的保险保障就超出了所交保险费而换得的权利，侵占了该团体中其他被保险人的权益。

2. 防止逆选择

保险交易的一个显著特点是信息不对称，因为保险人事先不知道投保人的风险程度，而每个被保险人的健康状况是不同的。如果保险人决定根据社会平均的身体健康状况提供保险，那么必然会出现以下情况：身体健康状况良好的人不会购买健康保险，身体健康状况一般的人很少购买，而身体健康状况差的人最希望购买。

客户的逆选择迫使保险公司放弃按照社会平均健康状况来确定保险费的办法，因为按这一标准收取的保险费将无法支付实际高于这一水平的赔偿额，保险业务无法开展。保险人为了营利，至少不至亏损，必然将费率建立在非健康体的基础上。但是，当保险人提高费率时，一般健康体者将不再愿意购买这种高价保险。随着一般健康体者退出保险市场，高风险的投保者成为主要的客户，保险公司面临的实际平均风险率进一步提高，这又使得保险公司进一步提高费率。最后只有少数身体健康状况较差的人参加保险，保险业市场不断萎缩。通过核保工作，对被保险人进行详细准确的分类，并依危险程度不同收取不同的保险费，可以有效地避免逆选择的发生。

3. 保证寿险公司的稳健经营

在寿险公司经营中，安全性是非常重要的。根据大数法则的原理，寿险公司要求有大量的人员投保，并对被保险人的风险进行选择、分类和评估，将全部被保险人的保险事故发生率维持在精算预定的范围之内，这样才能实现寿险公司的稳健经营。

二、核保中的风险选择与分类

（一）人寿保险

风险选择和分类的目的是确定公司所承担的风险程度和收取公平的保险费。对正常的风险使用标准费率承保，对高于正常死亡率的风险，如果承保的话，还须收取额外保险费，这称为弱体保险或次标准保险。除了在费率中区分不同类别的风险外，还须注意不同类别风险的平衡。正常的风险应该占被保险人中的绝大多数，使高于正常死亡率的风险被抵消，这样实际的死亡率将会接近于预期的平均死亡率。

1. 风险选择的信息来源

（1）投保单。个人人寿保险的投保单一般由两部分组成：第一部分是询问不属于健康状况的情况，包括投保人和被保险人的姓名和地址，被保险人的性别、出生日期、职业、婚姻状况、习惯、业余爱好、其他保险和以前是否被其他公司解约，以及受益人的姓名和关系、投保的险种和保险金额等。第二部分是询问被保险人过去和目前的健康状况，包括被保险人的身高、体重、过去和现在所患的疾病和残疾情况、最近看病的情况和原因，甚至还会询问被保险人是否饮酒、吸烟、吸毒以及被保险人父母和兄弟姐妹的健康情况。只要被保险人的年龄小于一定岁数、投保金额小于一定金额，以及根据代理人的判断和健康询问表上的回答表明被保险人无健康方面的问题，保险公司就不会要求进行体检。

如果被保险人的年龄和保险金额超过公司的限制性规定，或者发现被保险人健康方面有明显的问题，保险公司则会要求体检。体检分为两种：一种是由医师进行的全面体检，这种体检的费用颇高；另一种是按承保要求由医务辅助人员如护士进行的体检。究竟使用哪一种体检要视具体情况和需要而定。但今日对绝大多数投保申请不要求提供体检报告，或者只要求由医务辅助人员进行体检。如果承保人想了解投保的被保险人患有某种疾病的更多情况，可以要求被保险人的治疗医师出具病情报告，投保人在投保时就要向医师授权。

（2）调查报告。在投保大额人寿保险的情况下，如果承保人想了解被保险人更多健康状况以外的情况，如职业、品质、习惯、经济情况，则需要进行调查。这项调查可以由代理人、调查机构或保险公司自己的人员负责，与被保险人面谈、电话交谈，或者向被保险人的朋友、邻居、工作单位调查。如果保险公司根据调查报告拒保或提高费率，投保人或投保单上的被保险人有权查阅该调查报告的副本。

（3）寿险同业健康信息中心。美国寿险业中的一个信息来源是健康信息中心，它是由 700 余家寿险公司组成的一个非营利机构。该信息中心的成员公司把承保过程中收集到的健康方面的信息和少量非健康方面的信息编号，并向该中心报告，成员公司可以利用该中心的档案来核实投保的被保险人的健康状况。如果一个人向一家成员公司投保时未申报某种疾病或伤残情况，而以前向另一家成员公司投保时申报了这种疾病或伤残情况，则后来一家成员公司在向该中心核实时就能发现这一隐瞒或疏忽，如果发现该中心提供的信息有误，成员公司必须加以纠正，投保人或被保险人也有权要求更正。保险公司承保人员不能单独根据健康信息中心提供的信息做出承保决定，有时还必须对这类信息做进一步核实。

2．风险因素

许多因素增加被保险人的风险程度，承保人员在审核投保单时，需要评估一些重要因素，以确定风险程度。

（1）年龄。年龄是风险选择所要考虑的最重要因素之一，因为死亡率和人身伤害率一般随着年龄的增加而增加。在投保时一般不会要求提供年龄证明，但在给付保险金之前会要求提供年龄证明，如果发现误报年龄，将按照误报年龄条款调整给付金额。不过，在投保即期年金的情况下，因为在年金受领者死亡时发现误报年龄已不可能再调整给付金额，所以在投保时就要求提供年龄证明。

（2）同健康有关的风险因素。除了年龄之外，还有许多因素影响风险程度，这些因素可以分为同健康有关的因素和无关的因素。同健康有关的因素包括：

1）体格。体格包括身高、体重和体重分布。经验表明，超重对所有年龄的人来说都会增加死亡率，对中年人和老年人尤其如此，因为超重会引起生理失调。为此，保险公司可以编制一张按照身高、年龄、性别计算的平均体重表。承保人员对体重偏轻并不介意，它甚至能减少死亡率，但对近期体重突然减轻者要进行调查，以确定是否是由疾病引起的。

2）身体情况。除了体格以外，身体情况是一个重要的因素。神经、消化、心血管、呼吸、泌尿、内分泌腺系统失常会引起较高的死亡率。为了便于风险选择，保险公司应收集各种疾病引起死亡的统计资料。

在各个时期引起死亡的原因是不同的，如今癌症和心血管疾病是引起死亡的最主要原因。

3）病史。如果被保险人已患有某种严重疾病或曾遭受过意外伤害，这将对其寿命有重要影响。除了要求提供病史外，有时还需要医师或医院出具病情报告。

4）家庭病史。在风险评估时，家庭病史也是一个重要依据。有些疾病是容易遗传的，如糖尿病。如果父母都健康长寿，那么可以推断被保险人也很可能健康长寿。如果被保险人的父母均因心脏病在 60 岁以前死亡，被保险人有高血压或其他引起心脏病的症状，承保人可以提高费率。但是，承保人不能单凭家庭病史提高费率。

（3）同健康无关的风险因素。它包括以下几种风险因素：

1）职业。有些职业势必会增加死亡率或意外伤害率，如高空作业工人、矿工以及使用有毒物质的工厂的工人。

2）习惯或嗜好。主要了解被保险人是否吸烟、酗酒和吸毒，以及是否业余爱好赛车、跳伞等危险性运动。如果养成这些习惯或有这些嗜好，承保人可以拒保或提高费率予以承保。

3）道德危险因素。为了防止道德危险因素的出现，承保人应了解投保人的品质和经济状况。投保人的品质可以从其商业活动和个人生活中是否讲信誉体现出来。如果投保人缺乏经济能力而又投保了大量金额，这会导致保险单失效，或者表明可保利益有问题。在批准投保单之前，承保人必须仔细审查投保人、受益人和被保险人相互之间的关系，以确信投保人对被保险人的生命具有可保利益。

3．风险的类别

在承保人审核了被保险人所有有关的资料以后，就必须对其评定一个风险类别。人寿保险公司所使用的风险类别一般有以下几种：

（1）标准风险类别。属于标准风险类别的人有正常的预期寿命，对他们使用标准费率承保。大多数被保险人应属于标准风险类别。

（2）优惠风险类别。属于这一风险类别的人，其寿命长于正常的预期寿命。假如其他条件相同，属于优惠风险类别的人的身体是非常健康的，并且不吸烟，应对他们使用低于标准的费率。

（3）不吸烟者风险类别。把投保之前不吸烟已有一年以上时间的人划入这一风险类别，对他们也可以使用低于标准的费率。

（4）弱体风险类别。属于弱体风险类别的人在健康和其他方面存在缺陷，致使他们的预期寿命低于正常的人，对他们使用高于标准的费率。根据额外的风险程度，对弱体风险可以再划分几个类别。

（5）不可保风险类别。属于不可保风险类别的人有极高的死亡率，以致承保人对这一风险类别的人拒保。

拓展阅读

某些弱体者的可能核保结论

一、肝炎

1．简介

（1）肝炎是指病毒引起的肝细胞炎症，常见的病毒性肝炎为甲型肝炎（以下简称甲肝）和乙型肝炎（以下简称乙肝）。

（2）临床上可表现为乏力、食欲减退、低热、肝区不适、隐痛、黄疸等。

（3）甲型肝炎为急性疾病，预后良好。而乙型肝炎通常可转化为慢性，反复发作会严重影响肝功能。部分乙肝患者可转化为肝硬化、肝癌。

（4）医学建议：早期诊断、早期治疗，慢性肝炎常需长期药物治疗，同时需注意劳逸结合、饮食清淡等。

2．投保时必须提供的相关健康资料

（1）肝炎问卷。

（2）关于肝炎详细病历资料及历年的体检资料。

3．可能的体检项目

（1）体检。

（2）血液检查。

（3）B超（必要时）。

4．核保结论参考

甲肝已治愈超过半年会正常承保。

乙肝在核保中极为常见，所以在这里着重介绍：

（1）寿险：一般加费承保；肝功能及肝脏B超检查正常时以标准费率承保；肝功能明显异常或肝脏B超检查异常，延期承保或拒保。

（2）重大疾病险：一般加费承保；肝功能异常或肝脏B超检查异常，拒保；女性肝功能及B超检查正常时，可以标准费率承保。

（3）住院险：一般附加不保事项，严重时拒保。

乙肝五项，又称两对半，是衡量乙肝感染性和病情严重程度的指标，具体包括：表面抗原（HBsAg）、表面抗体（HBsAb）、e抗原（HBeAg）、e抗体（HBeAb）和核心抗体（HBcAb）。

大三阳是指表面抗原、e抗原和核心抗体阳性（即俗称的1、3、5阳性）。

小三阳是指表面抗原、e抗体和核心抗体阳性（即俗称的1、4、5阳性）。

乙肝病毒携带者是指仅表面抗原阳性，肝功能正常且无任何症状者。

二、肺炎

1．简介

（1）肺炎是指肺部的炎症，病因以感染最常见，如细菌、病毒、真菌、寄生虫等，故肺炎可分为细菌肺炎、病毒性肺炎、支原体肺炎和真菌性肺炎等。

（2）临床上表现为高热、寒战、咳嗽、胸痛等。

（3）肺炎的预后一般良好，但严重者可并发肺脓肿、胸膜炎、肺纤维化。

（4）医学建议：明确肺炎类型，及早使用抗生素。

2．投保时必须提供的相关健康资料

（1）呼吸道疾病问卷。

（2）有关肺炎的详细病历资料及历年的体检资料。

3．可能的体检项目

（1）体检。

（2）胸部 X 射线检查（必要时）。

4．核保结论参考

（1）寿险及重大疾病险：肺炎无并发症痊愈者考虑以标准费率承保，若有并发症一般按并发症予以加费。

（2）住院险：①偶尔发病一次，完全康复无并发症，考虑正常承保。②有反复发作史或半年之内有发病附加不保事项。③一个月之内有住院史或正在治疗、三个月内不只发病一次或有并发症时，考虑延期承保。

4．数值费率厘定制度

最初，人寿保险公司使用判断法厘定费率，这要依靠医务、精算和承保等部门人员的综合判断。但当涉及多种风险因素，要对风险做细微分类时，判断法未必行之有效，这需要使用数值费率厘定制度。

这种费率厘定制度假设：①许多健康和非健康因素影响风险程度；②这些因素中每种因素对死亡率的影响是经过统计研究取得的；③根据风险因素对死亡率的影响分配该因素一个数值。

在数值费率厘定制度中，对标准风险分配一个 100 的数值，对有利的因素减去数值，对不利的因素加上数值，对标准风险的基本数值加减的结果，便是被保险人的风险数值。

对风险因素的数值分配是根据其对死亡率的影响。以体重对死亡率的影响为例，经统计研究，比同一年龄、性别和身高人群的标准体重超重 25%的人，其死亡率是标准体重的人的 130%，因此，超重因素要对基本数值加上 30。

5．弱体风险的保险费

对弱体风险的人寿保险，除了收取以标准费率计算的保险费外，还必须收取额外保险费。被列为弱体风险者多半归因于患有心脏病、高血压，或者超重，或有不良嗜好。人寿保险公司一般再把弱体风险分为三类：①额外危险因素保持不变，如耳聋、半盲、危险性职业；②额外危险因素随着年龄增加而增加，如患有糖尿病；③额外危险因素随着年龄增加而减少，如已成功地进行了肾脏病手术。

对弱体风险的费率厘定一般使用以下两种方法：

（1）统一额外保险费。这种方法适用于额外因素不变的情况，对每 1 000 元保险金额收取统一的额外保险费，不区分被保险人的年龄，但对不同的险种可收取不同金额的额外保险费，如终身寿险的额外保险费应高于两全保险。

（2）额外百分比表。这种方法适用于额外危险因素随着年龄增加而增加的情况。先按照数值把弱体风险分成几类，如A类为125～144，B类为145～169，C类为170～185，等等。然后按照年龄分别列出标准费率和弱体风险每一类别的费率。在额外百分比表中，弱体风险的费率并不按额外死亡率的相同比例递增，这是因为费率中还包括了附加保险费，对弱体风险收取额外保险费是为了对付其额外的死亡率，并不会增加保险单的现金价值和红利。

6. 风险改善

对弱体风险者收取了额外保险费后，如果以后风险有了改善，如恢复了健康，可以用标准费率承保，保险公司应采取降低费率的措施；否则，保险单所有人会退保，再向其他保险公司投保。

被保险人的居住处或职业的改变，也会使风险明显改善。针对这种情况，保险公司可以规定一个观察期，在观察期结束时，退还从居住处或职业发生变化时起多收的统一额外保险费。

7. 对幼年人和老年人的承保方法

对幼年人和老年人的承保须特别慎重，主要是因为他们缺乏可保利益。

人寿保险公司对幼年人也提供人寿保险，但在承保方法上要采取以下几种手段：

（1）限制保险金额，特别是在幼儿时。

（2）使儿童的保险金额同抚养人的保险金额有一个合理的比例关系。

（3）要求对家庭中的所有儿童的投保金额相接近。

（4）大量开展儿童保险业务，以便把逆选择的影响降到最低限度。

对老年人的承保，除了规定年龄限制外，还须限制其保险金额，并提高承保标准和要求进行体检。

8. 新的承保方法

人寿保险公司之间的相互竞争趋于激烈，为了提高承保工作的效率，许多寿险公司采用以下两种新的承保方法。

（1）快速签单组。由于承保统计资料完整和风险的类别容易识别，人寿保险公司无须由训练有素的承保人来审核所有投保申请。可以在承保部门内建立若干小组，专门处理比较单纯的投保申请。如果符合规定的标准，该小组立即批准投保申请，并签发保险单；如果不符合标准，则把投保申请移交承保人审核。这种小组无权拒保或提高费率。快速签单组的承保标准一般有以下几项：

1）被保险人符合年龄规定，如15～50岁。

2）保险金额不超过规定的金额，如5 000～30 000元，具体的金额规定还要取决于被保险人的年龄。

3）回答了投保单上的所有询问。

4）无明显的健康问题。

5）体重和身高正常。

6）从事普通职业。

（2）计算机核保。这实际上是使用计算机来执行类似快速签单组的承保任务。保险公司编制了附有承保标准的审核投保申请的计算机程序。在收到投保单后，先把投保单上的信息输入计算机，然后进行核保，经计算机批准的投保申请立即被打印成保险单；被计算机拒保的投保申请则移交承保人处理。由于计算机和计算机程序的成本下降，由计算机审核投保申请的方法逐步得到推广。

（二）健康保险和意外伤害保险

前面论述的个人人寿保险的风险选择和分类的许多基本原则，适用于健康保险和意外伤害保险的承保，这里主要说明健康保险和意外伤害保险承保的特点。

1．风险因素

与人寿保险相比，健康保险的保险金种类更加多样化，所以对风险因素的评估显得更为重要。由于发病率与死亡率的估计方法存在差别，所以个人健康保险承保所要考虑的风险因素与人寿保险有所不同。例如，被保险人几乎都是投保人，又是受益人，因此不必像人寿保险那样多考虑可保利益问题；另外，年龄、职业、逆选择、道德危险因素在个人健康保险承保中显得格外重要。

（1）年龄。年龄对健康保险金给付的影响取决于保险金的种类，但保险金给付的频率和程度均随着年龄的增加而增加，而人寿保险中只有保险金给付频率随着年龄的增加而增加。

（2）职业。丧失工作能力的概率在很大程度上受所从事的职业的影响。在丧失工作能力的两个原因（疾病和意外伤害）中，意外伤害显得尤其重要。按其危险程度，职业可以分为以下四类：

1）危险因素最少的职业，如律师、会计师、秘书等。

2）危险因素较多的职业，如出租汽车和公共汽车司机、木工、油漆工等。

3）危险因素多的职业，如建筑工人、巡警、锅炉制造工等。

4）不可保的职业，如试飞的飞行员、隧道工人、高空作业人员等，一般不可在个人基础上承保。

在人寿保险中，从事上述危险因素较多职业的人可以被视作为标准风险，而在健康保险或意外保险中则被列为弱体风险。

（3）逆选择。这是需要特别重视的风险因素，因为人们一般都是意识到自己存在健康问题才去投保个人健康保险。为了避免和减少逆选择，保险公司在保险单中应加入投保前健康状况这一条款。

（4）道德风险。被保险人有可能隐瞒或错误申报重要事实。例如，为了取得更多的保险金，被保险人有可能夸大丧失工作能力的程度和时期。

2．对弱体风险的处理

如同个人人寿保险，承保人可以提高费率承保或拒保。除此之外，承保人对弱体风险也可以采取修改保险责任范围的方法来加以处理。

对弱体风险的处理主要有以下几种方式：

（1）缩短保险金给付期。

（2）减少保险金给付金额。

（3）延长等待期。

（4）使用弃权附加特约，该附加特约规定某种疾病为除外责任。例如，从病史中了解到被保险人患有肾结石，则把这种疾病列为除外责任，因为肾结石的病情会复发和加重。

三、核保的程序

核保是一个风险选择的过程，由于个体的差异性以及信息在投保人和保险人之间的不对称分布，使得核保的过程较为复杂。以下主要介绍个人人寿保险和健康保险核保的程序。

1. 营销员核保

营销员核保称为“第一次风险选择”，目前，国内的寿险营销模式始于1992年，是由友邦保险公司引进的国际通行的个人代理人的营销方法。营销员在推销保险的过程中，直接与投保人、被保险人接触，对其职业、生活环境及健康状况等有较直观的了解。因此，他们对保险标的的初步选择和向保险公司的核保员提供的信息在核保过程中起着重要的作用。营销员核保包括以下几个方面：

（1）排除道德风险。营销员一定要亲自面见被保险人；所建议投保金额应与其经济能力相适应；如实告知客户情况，有可疑因素及时反映给公司核保人员。

（2）指导投保方准确填写投保单等投保资料。营销员要引导投保人、被保险人做如实书面告知；投保单要由投保人亲自填写；必须由投保人和被保险人亲笔签字，被保险人为未成年人时应由其法定监护人签字；投保单内容不得有遗漏；指导投保人或被保险人填写其他应填写的单证资料。

（3）完成营销员报告书。报告书应实事求是、内容完整；对被保险人及投保人的特殊情况要做补充说明；完成时间要及时；营销员要亲笔填写并签字。

但是，在目前我国的营销体制下，营销员与保险公司的利益并不完全一致，极大部分的营销员收入是佣金制，在经济利益的驱使下，他们更偏重于销售保险单的数量，其核保往往是有限的和不彻底的。

2. 体检医师核保

体检医师核保是“第二次风险选择”，是体检医师从保险医学的角度出发，对被保险人的健康状况进行的风险选择。在实际的业务操作中，并不是每一个准客户都需要进行体检核保，一般需要体检的情况包括：投保时告知存在健康隐患的；低保险费高保额的保险单；年龄较大申请投保健康保险或定期寿险的；因职业、嗜好等因素需加征特别保险费的。

体检医师核保过程中的一般要求有以下几个方面：

（1）体检医师检验要求，核对受检人身份证、照片等，以防冒名顶替；引导受检人如实告知；按要求的检验项目，对受检人进行详细检查；填写检验结果，做出健康评价，并亲笔签字。

（2）检验结果转送要求。检验结果由体检医院密封后，及时直接寄送或转交保险公司指定人员，不可交受检人或营销员代转。

3．生存调查

生存调查是“第三次风险选择”，是指在保险合同成立前后，由保险公司调查人员收集被保险人的各项资料，为承保决定提供依据的风险调查过程。

生存调查主要有保险合同成立前的调查和保险合同成立后的生存调查。

（1）保险合同成立前的调查。进一步收集资料，辅助核保人员做出可否订立保险合同和承保条件的决定。针对保额较大或有疑问的保件，为了避免投保人、被保险人因过失未如实告知或故意隐匿、不如实告知，需要进行生存调查。

（2）保险合同成立后的生存调查。保险合同成立后，调查人员可在客户申请复效、变更、加保等项目时进行生存调查，或者进行抽样跟踪观察。如有疑问或核保结论不正确，可对已成立的保险合同做相应的处理。

需要进行生存调查的情况包括：①累计意外责任 100 万元以上；②职业类别在职业类别表上处于五类以上；③年龄 55 周岁以上；④既往赔付率较高或有不良理赔记录的；⑤健康告知有疑点的；⑥核保人员认为需要生存调查的其他情况。

生存调查的分类。根据调查的对象划分，生存调查可分为直接调查和间接调查。

（1）直接调查。通过与投保人或被保险人直接面晤的方式，了解被保险人的健康状况、经济状况，并听取受访者的告知。直接调查是最直接、最经济的调查方法，但是当受访者有意隐瞒时，不易获得事实的真相。

（2）间接调查。通过与被保险人生活圈中人群的接触，调查被保险人的身体状况和经济条件是否符合投保条件的要求，特别是在健康核保时，可以通过去被保险人就诊过的医院向医生咨询，或调阅被保险人的既往病史，可以比较客观、准确地掌握被保险人过去的健康状况。但间接调查时效慢、成本高，且如果被客户知悉可能引起不必要的误会，影响保险公司形象，故在实际运用中一般仅对投保金额过高，或是有特别危险顾虑的保件采用间接调查。

4．核保员核保

核保员核保是“第四次风险选择”，是指核保员根据营销员的报告和投保单再次进行审核，判别是否可以承保或者以何种方式进行承保的过程。核保员核保的一般程序如下：

（1）收集客户基本资料。投保资料是核保员准确核保的重要依据，一般核保员需要了解的基本投保资料有：投保单、营销员报告书、体检报告、财务报告、财务证明资料、生存调查资料、公司系统已有的有关投保人或被保险人的资料、其他资料（如病历）等。

（2）基本风险因素的审核。其主要内容有：投保目的；被保险人、投保人的财务状况；被保险人的健康状况；被保险人的职业、生活环境；被保险人的生活习惯、嗜好；被保险人已购买保险的情况；被保险人是否亲笔签名等。

（3）核保员认为有疑问的保件，有必要进一步收集资料。①告知有遗漏、有疑问的，可要求填写补充问卷、进行生存调查等。②健康状况有疑问的，可要求被保险人做相应项目的体检。③投保金额较大、财务状况有疑问的，可要求对其进行生存调查。④核保员认为有必要进一步收集资料的保件。

（4）查看核保手册和核保指导用书并确定承保条件。

子情境3 人身保险理赔

知识解读

一、人身保险索赔、理赔的意义及理赔的功能

人身保险的索赔、理赔是指合同双方的当事人，投保方提出申请，保险人根据条款的约定，按照保险事故的性质、程度，核定和给付保险金的过程。若从双方当事人各自的角度来看，索赔是投保方的行为。投保方按照该保险单条款的约定，向保险人提出保险金赔偿的请求；而理赔一般是指保险人的行为，是保险人根据投保方的申请进行核定给付的过程。若从法律意义上说，索赔是根据寿险合同有关条款的规定，投保方要求保险人履行给付保险金义务的行为。与此相对应，理赔是应投保方给付保险金的请求，保险人以法律规定和寿险合同为依据，审核认定保险责任并进行保险金给付的行为，是保险人履行其契约义务的具体体现，也是投保方获得实际的寿险保障和实现其保险权益的必经途径。

因此，理赔实质上是一种履约行为，是兑现合同的承诺，直接关系到客户的切身利益，也是寿险公司经营中的关键环节。

《保险法》明确指出，人身保险合同从本质上说是给付性合同而非补偿性合同。但在实务中，由于国内外均是非寿险的发展较寿险早而且成熟，受其影响，非寿险的“索赔”“理赔”已作为常用术语沿用于寿险。当然就寿险而言，用“给付申请（或请求）”和“给付”比使用传统的“索赔”和“理赔”词汇更为合适、明确和严密。因为人的生命和身体是无法用经济价值来衡量的。但是，保险的本质是一种损失补偿的财务安排，所以使用“索赔”“理赔”也就无可非议且顺理成章。

人身保险的理赔是对保户承诺的兑现，对保户、社会及寿险公司自身都起着积极有效的作用。人身保险的理赔主要具有以下几种基本功能：

1. 实现保障的功能

提供保障是寿险最本质的功能，理赔通过保险金的给付来实现寿险的基本功能。

寿险产品与一般产品不同，保户购买的是以保险金给付为形态的经济补偿，保险事故的发生使保户不仅在精神上十分痛苦，而且在经济上遭受很大的损失，而保险公司通过理赔，履行给付保险金的责任，使保户得到了应得的保障，体现了人身保险作为社会稳定器的本质功能。

2. 保证规范经营的功能

理赔是寿险经营的“出口关”。理赔的过程对保险单条款的完整和规范、业务员的自身素质和展业技巧、寿险业务处理的品质和效率等都是一种质量检验。往往在经营全过程中的任何一个环节存在的问题，都会在理赔过程中反映出来，所以理赔的过程是发现问题、提出问题、完善和规范经营的过程。因此，理赔在寿险经营的诸多环节中担负着提高经营水平，维护及优化经营机制的重任。通过理赔的管理所收集的、大量的关于死亡率、疾病

发生率等数据，为揭示寿险经营中的问题和科学决策提供了有力的依据。

3. 维护公司形象和信誉

广大保户将大笔的资金储存于保险公司，是相信保险公司在发生保险合同所约定的事故时，会提供最合理、最快捷的服务和保障，同时也相信保险公司对于保险欺诈行为，能进行有效的防范，是保险基金的忠实管理者和守护神。理赔正是寿险公司履行合同、防范风险、实现保障的主要渠道，是创立保险公司良好社会形象和笃守信誉的必要手段。在寿险经营激烈竞争的时代，理赔的运作直接关系到保险公司的形象和信誉，关系到保险公司的生存和发展。

二、索赔和理赔流程

（一）索赔与报案

《保险法》第二十二条规定："保险事故发生后，按照保险合同请求保险人赔偿或者给付保险金时，投保人、被保险人或者受益人应当向保险人提供其所能提供的与确认保险事故的性质、原因、损失程度等有关的证明和资料。保险人按照合同的约定，认为有关的证明和资料不完整的，应当及时一次性通知投保人、被保险人或者受益人补充提供。"

所谓索赔，即索取赔偿，是指保险事故发生后，根据保险合同的规定，向保险人要求履行赔偿或者给付保险金的行为。索赔是履行保险合同的一个重要环节。

所谓报案，即将发生的保险事故及时尽快地报告保险公司并提供相应的资料。报案的意图是索赔，因此索赔成功依赖于及时报案。报案后的及时调查有利于证据的收集和证据的有效性。

身边的保险

要求客户必须"一次性提供"补充材料

案情：林某因患癌症住院，家人到林某购买重疾险的某保险公司去理赔。该保险公司每次只通知补充提供一部分资料，并以证明和资料仍不完整为由多次要求投保人、被保险人、受益人补充提供，最终林某的家人因拖延赔付时间超过时效、材料不全遭到拒赔。

分析：《保险法》规定，保险人认为有关证明和资料不完整的，应当及时一次性通知投保人、被保险人或者受益人补充提供，这种明确的时间限制直接杜绝了保险公司以此为由拖欠理赔的可能。

1. 索赔请求的提出

按照《保险法》规定，索赔请求可以由投保人、被保险人或者受益人提出。被保险人为无行为能力或者限制行为能力人的，由其法定代理人代为行使。在人身保险中，被保险人死亡的，可以由其具有完全民事行为能力的受益人或其他受益人的监护人、代理人直接行使索赔权。索赔请求应在保险事故发生后及时提出，以免丧失时效。

2. 提供索赔证明和资料

索赔证明和资料主要是指：①保险单或保险凭证的正本。②已支付保险费的凭证。③身份证、户口簿或者其他有关人身保险的被保险人姓名、年龄、职业等的证明和资料。④确认保险事故的性质、原因、损失程度等的证明和资料，如调查检验报告、出险证明、损害鉴定、被保险人死亡证明或丧失劳动能力程度鉴定等案件的结论性意见等。⑤索赔时，应及时地把保险事故发生的时间、地点和原因以及有关保险单证的号码、保险标的、保险期间等事项一并告知保险人，以便其迅速调查、核实、确认。索赔人应当向保险人提供上述各项证明和资料。如若保险人认为有关的证明资料不完整，应当通知索赔人及时补充和提供有关的证明和资料。⑥报案方式。报案可采用电话、电报、传真、网络和直接上门等多种方式。

3. 索赔时效的规定

索赔时效，就是法律规定的保险金请求权存在的期间，是指享有保险金请求权的人，就保险事故造成其保险利益的损失向保险人提出赔偿请求的最长期限。索赔时效是一种消灭时效，法律规定了保险金请求权存在的期间，超过保险金请求权存在的期间，则索赔时效会因为逾越时效而消灭。

我国的保险金请求权的时效有两种：一是人身保险的索赔时效，期间为五年；二是人身保险以外的其他保险的索赔时效，期间为两年，人身保险中的短期险、一年期以内的意外伤害保险和健康保险索赔时效可以为两年。索赔请求权由被保险人或受益人行使，时效自其知道保险事故发生之日起计算。

根据民法有关理论和司法实践，时效在期间的计算上还有中止、中断、延长等问题，这些《保险法》未做规定，可以参照《民法通则》关于诉讼时效的有关规定及相应的司法解释执行。

（二）接案与立案

人身保险理赔关系到寿险合同双方当事人的切身利益，具有很强的政策性，因而应制定出一整套严密的工作流程并严格遵照执行，才能保证工作质量，实现最终目的。人身保险理赔的一般程序大致可分为以下步骤：

1. 出险登记及通报

被保险人出险后，应尽快向保险公司报案，报案的方式一般有客户直接上门报案、业务员代为报案、电话报案、传真报案、网络报案等。

保险人接到保户报案后，应了解报案人的自然情况，包括报案人姓名、与出险人关系、报案人联络方式，并详细了解出险人情况，包括出险人姓名、性别、证件类别（身份证、军官证、护照等）、证件号、投保险种（即保险单号）、出险人身份（投保人或被保险人），以及事故情况，包括出险时间、出险地点、出险原因、出险简要经过及结果。

保险人接到报案后应立即分不同情况进行处理。

对于事故较明确的案件，如不属保险责任的，须当时向申请人解释清楚；对于属于保险责任的或尚不能认定是否属于保险责任的，申请人或委托代理人应提交受益人签名的给付申请书（如《人身保险残疾、伤害给付申请书》《人身保险身故给付申请书》或《健康险给付申请书》等）和有关资料。具体步骤是：

（1）接案人员向申请人提供《索赔须知》，注明申请人索赔时应提供的材料或尚未提供而应提供的资料。

（2）请申请人按条款约定提供该险种索赔应备资料，包括：①给付申请书。②保险合同和最后一次保险费的交费凭证。③保险事故证明材料。例如：意外伤害索赔应提供公立医疗机构出具的意外伤害原因证明；交通事故应有交警部门交通事故处理证明；工伤事故应有劳动部门工伤事故处理证明；刑事案件应有公安刑侦部门出具的案情证明，司法部门出具的判决书，被保险人死亡的还应有公安部门出具的户籍注销证明以及殡葬部门出具的火化证明。④保险公司认为必要的其他文件。

（3）注意事项：①申请人应为受益人（如受益人为未指定的，申请人为法定继承人）或受益人指定的委托代理人。②申请人委托他人代理的，需填写《委托书》。③受益人应在索赔申请书上亲笔签名。④单位投保的被保险人出险后，给付申请书须由单位审核加盖公章。

（4）通报：①理赔权限以外或疑难案件应及时向上级理赔部门通报。②对预计赔付金额较大或社会影响较大的案件应尽快通知理赔业务主管及调查人员立即展开调查。如需保留现场的案件，应告知报案人采取相应措施保护好现场，并通知调查人员立即赶赴现场进行现场查勘。

2. 立案

查阅和核对保险合同的各项信息，确定合同是否有效，该次事故是否属于所保险种责任范围，出险时间是否在保险期间，是否属于责任免除等情况；发生过理赔的，应明确已发生的赔付金额和分项明细及剩余有效保额；以及欠交保险费、保户借款、预付保险金等情况。团体业务查抄底单时应包括保险单及清单副本，同时查阅提供资料是否齐全，不齐全的则应及时通知其补全。确认保险事故性质、原因及程度后，对材料齐全、事实清楚的予以立案，同时决定是否需要调查。

在审核立案时应注意：①申请死亡给付须提供户籍注销证明、火化证明、医院或公安部门出具的死亡报告单，死亡报告单必须反映死亡原因；②申请残疾给付须提供医院诊断证明或伤残评定机构出具的残疾程度证明书，对残疾标准确定有困难的，应到保险人指定的伤残评定机构评定；③申请医疗给付时，应根据所保险种提供病情诊断书、出院小结、病历、住院处结算单、医疗费用原始单据；④认为有必要提供的其他证明应在给付须知上一次写明；⑤单位以工资名册集体投保的，须提供合同载明的工资名册；⑥对于个人寿险业务的投保单内容应逐项核对；⑦确认报案时间是否符合条款规定，是否超过索赔时效；⑧复效保险单应注意是否在观察期内；⑨属于附加险业务的，须注意主险是否有效；⑩续保业务还须提供上一个保险期间的保险单副本；⑪检查有效保额，扣除已发生的赔款。

（三）调查

调查不是每一个给付案件的必经程序。单证齐全、事实清楚、证明材料确实充分、保险责任明确的案件一般可以不调查，但应当出具书面审理报告，说明审理过程、结论及理由。

1. 需要调查的案件

以下案件一般需要调查：①属于责任免除事项；②被保险人因疾病或意外伤害事故造

成伤残；③有保险欺诈、保险犯罪或责任免除可能；④疑难案件；⑤预计给付金额达到一定标准时；⑥理赔人员认为应当调查的其他案件。

2. 给付调查的内容

（1）死亡或残疾原因调查，以及与该原因有关的疾病、身体障碍等投保时是否已经存在，如果存在，是否已如实告知。对于投保时未履行如实告知义务的，要认真调查。如果属责任免除范围的应拒付。

（2）核实投保单上投保人、被保险人的签名是否由本人所签。

（3）投保时的投保年龄与真实年龄是否相符，如有因年龄错误少交保险费的，按实际交费与应交保险费的比例重新计算确定保险金额。

（4）因疾病住院的案件首先要调查该疾病是否属于先天性疾病等责任免除范围。其次要调查投保前被保险人是否已患该病，如发病时间在投保时间之前应拒付。最后要查检查项目、用药等费用是否合理、是否属于条款规定的公费医疗经费开支范围，床位费等项目是否超过标准。

（5）对有疑点的证明材料应进行认真的重点调查。有重大疑问的给付案件，应进行现场调查，调查人和被调查人要在笔录上签字。需送法院审核医疗费的案件，填写法医学审核意见书，说明需调查的事项、内容，送法院审核。调查完毕，确定给付比例或金额后，缮制调查报告。

3. 调查人员注意事项

调查人员应当全面、客观地审查核实有关单证及证明材料，对于提交的证明文书应辨别真伪后确定其效力。对于即时报案的重大案件，调查人员在接到报案后应及时赶赴现场实地查勘，必要时也应对其他案件进行实地查勘。案情事实调查完毕后，调查人员应当及时撰写案件调查报告，报告内容必须真实、完整，不得附加主观判断，并应随附有关证明材料，其要求为：①内容完整，不缺项；②字迹清楚，书写规范；③文字简练，情节明了；④列明计算公式，计算准确；⑤有关附件粘贴牢固。

（四）审理

1. 审理的定义及内容

审理是指理赔人员通过对各项单证的审查和对案件事实的调查，确定保险公司应否承担责任及承担多大的责任，是理赔过程中极为关键的一个环节。

审理内容包括：①审核寿险合同的合法性和有效性；②审核保险关系人情况，包括受益人的受益权有无丧失等；③审核保险事故的经过，包括审核事故发生的原因、日期、地点、施救情况、事故结果以及损伤程度等；④审核所有证明材料的真实性、合法性和有效性，作为认定事实的依据。

2. 保险责任认定

经以上各项审核后，理赔人员应对保险责任进行认定，即确认是否属于保险责任范围以及应承担多大的给付责任。

3．理算与复核

计算时应注意：①当期保险费未交而在宽限期内发生保险事故的，应扣除当期保险费；②有保险费自动垫交的，应扣除垫交保险费的本利和；③有预付一部分保险金的应扣回；④有预交保险费的应退还。

复核主要查对案件责任范围和责任免除因素，核对给付金额并签署意见。

4．报批

给付案件缮制报告及单证完毕，按各类给付案审批权限分别报批。经办单位审批人在调查报告和给付批单上签字，上报上一级，由上一级在审批报告上签注审批意见。重大疑难案件应进行集体讨论。一次事故造成被保险人3人以上死亡或重伤的重大案件，要及时向上级公司报告。上级公司视情况派员参加调查处理。合同双方发生争议协商无效，需司法部门介入时，应立即着手调查，以免因时间关系延误法医鉴定。同时要尽快向上级公司报告，以便公司聘请的法律顾问及时了解情况，帮助处理。

（五）给（拒）付

1．给付

（1）给付时间。《保险法》第二十三条规定：“保险人收到被保险人或者受益人的赔偿或者给付保险金的请求后，应当及时做出核定；情形复杂的，应当在三十日内做出核定，但合同另有约定的除外。保险人应当将核定结果通知被保险人或者受益人；对属于保险责任的，在与被保险人或者受益人达成赔偿或者给付保险金的协议后十日内，履行赔偿或者给付保险金义务。保险合同对赔偿或者给付保险金的期限有约定的，保险人应当按照约定履行赔偿或者给付保险金义务。保险人未及时履行前款规定义务的，除支付保险金外，应当赔偿被保险人或者受益人因此受到的损失。任何单位和个人不得非法干预保险人履行赔偿或者给付保险金的义务，也不得限制被保险人或者受益人取得保险金的权利。”

身边的保险

“30天内限期理赔”成硬性规定

案情：陆某投保了某保险公司的重疾险，后来因“脑动脉硬化症”住院。为了得到理赔款，他的家人一次次补充材料，理赔款也是一拖再拖，半年后才拿到钱。陆某感慨地说：“理赔难，难于上青天。”

分析：《保险法》明确规定，材料齐全后，保险公司应当及时做出核定，情形复杂的，应当在30天内做出核定，并将核定结果书面通知对方；对不属于保险责任的，应当自做出核定之日起3天内发出拒赔通知书并说明理由。这一强制性的规定，将使社会普遍关注的“理赔难”问题得到根本性解决。

（2）给付中需要注意的有关事项。主要包括：①无法确定受益人范围的案件要进行保险金给付公告。②权利申请人持有效证明办理登记手续。③经审查合格的权利人领取保险金。④由保险金领受人出具自行负责处理受益权纠纷的保证书。⑤发生残疾给付后保险单仍可能继续有效。⑥缮制领款收据时要注意是否有保户借款和欠交保险费，如有，要在领款金额中扣除，并按业务实务要求填写交款单或收据交业务部门入账。如有预交保险费，应全额退还预交保险费并做退保险费处理（冲减保险费处理）。⑦领款人签字领款后，业务内勤凭给付批单和领款收据贴附在投保单上做销户处理。

（3）满期给付和生存给付。被保险人生存至合同期满或约定的领取日，由被保险人提交保险合同、最近一次保险费交费凭证及本人身份证件，填写给付申请书，办理满期给付手续。业务内勤按条款规定的满期保险金额或领取标准，缮制给付批单一式二联、领款收据一式三联，经业务负责人签批后，交会计凭以给付。如果是年金领取，签发领取证交被保险人作领取凭证。年金领取要每年查验身份证明，并面见被保险人。

2. 拒赔

《保险法》第二十四条规定："保险人依照本法第二十三条的规定做出核定后，对不属于保险责任的，应当自做出核定之日起三日内向被保险人或者受益人发出拒绝赔偿或者拒绝给付保险金通知书，并说明理由。"

保险人对索赔申请进行审核后，对于属于保险责任范围内的，应当按规定及时履行赔偿或者给付保险金的义务。对于不属于保险责任范围内的索赔申请，就应当依照《保险法》第二十四条的规定，向索赔申请人发出拒绝赔偿或者给付保险金通知书。

应当注意的是，拒绝赔偿或者给付保险金的，一定要以"通知书"的形式，以书面通知索赔申请人。寿险理赔中的拒赔是指依据法律规定或合同约定，在特定事由发生时，保险人得以免除给付保险金的义务。下列情形可以拒付保险金：寿险合同依法无效；寿险合同效力终止；不属于保险事故或责任免除；寿险合同被依法解除；投保人、被保险人或受益人进行保险欺诈或保险犯罪活动；超过法定索赔时效。

身边的保险

第二次理赔遭拒绝

案情：2012年3月，崔小姐购买某保险公司一年期意外伤害险及其附加意外住院医疗险。2013年1月，她因意外导致右髌骨粉碎性骨折，住院进行手术复位，植入钢针。2月，她向保险公司申请索赔并获准。3月，保险单到期，崔小姐没有续保。6月，她再次投保该保险公司相同险种，并在合同中约定"与右髌骨粉碎性骨折有关的住院、手术和治疗"责任免除，保险单于2014年1月后生效。2013年12月，崔小姐为取出钢针再次住院，后又为医疗费用申请索赔，却遭保险公司拒绝。

崔小姐认为，她先后投保该保险公司同一险种，因相同原因发生住院医疗费用，在第一份合同中，保险公司已履行给付义务，在第二份合同中也应继续履行。保险公司则认为，第二份合同明确约定，与右髌骨粉碎性骨折有关的住院、手术和治疗免责，因此公司可以拒赔。

分析：根据《保险法》规定，保险事故是指保险合同约定的保险责任范围内的事故。基于此，保险人履行赔偿或给付义务是有条件的，包括：被保险人发生保险事故和事故发生在保险期间内。只有这两个条件同时具备，保险公司才会赔偿或给付保险金，否则可以拒赔或拒绝给付，附加意外住院医疗险是对被保险人在合同有效期内，因遭受合同约定的意外伤害而发生的住院医疗费用给予补偿的保险。就该险种而言，保险公司给付保险金需具备几个条件：意外伤害是被保险人发生住院医疗费用的近因，意外伤害属于该附加保险合同的承保责任范围，意外伤害发生在合同有效期内。上述案例中，崔小姐第一份保险单有效期从 2012 年 3 月到 2013 年 3 月，第二份保险单有效期从 2014 年 1 月到 2015 年 1 月。2013 年 1 月，她因遭受意外入院，发生在第一份合同有效期内，属保险单承保范围，因此，保险公司给付保险金。2013 年 12 月，崔小姐因同样原因住院，但由于意外伤害发生在第二份保险单生效（2014 年 1 月）前，且保险单中有明确的责任免除约定，所以，保险公司据此拒付崔小姐第二次住院发生的医疗费用并无不妥。

3．追踪（调查）

对于大额和超权限案件，定期进行追踪调查。

4．预付赔款

保险事故发生后，经被保险人预付申请，并提供医疗费用证明，保险人可对经审核属于给付范围、给付金额较高、影响较大的案件，在给付金额内，酌情预付赔款。预付金额不能超过所能确定的最低金额并且不超过保险金额的相应比例。例如，视情况定为 50%～80%。预付赔款无论金额大小，均须按赔案手续办理，待最后结案后，还应及时进行处理。另外，根据《保险法》第二十五条规定："保险人自收到赔偿或者给付保险金的请求和有关证明、资料之日起六十日内，对其赔偿或者给付保险金的数额不能确定的，应当根据已有证明和资料可以确定的数额先予支付；保险人最终确定赔偿或者给付保险金的数额后，应当支付相应的差额。"

5．代查勘理赔

寿险公司各分支公司之间除实行全国范围内代查勘、代理赔外，与境内外、国内外各个寿险公司之间也有协作关系。各营业单位接到保户报案，应及时与承保公司联系，通报出险情况及保户申请给付金额，查实承保情况，征求承保公司意见。对于承保公司委托代查勘的给付案，承保公司应向受委托公司提供代查勘委托书，受委托公司按照核付理赔实务要求进行材料审核、给付调查，确定给付金额后，向承保公司反馈情况，承保公司要求代为给付的，可先行给付再与承保公司结算；承保公司要求亲自审核的，将该案所有资料邮寄给承保公司并协助其调查，或根据承保公司要求传真部分文件供其审核。对于兄弟公司委托查核本地医院医疗费用的，应将查核结果电传或邮寄给委托公司。代查勘案件应按协议或规定付代理查勘费。

延伸阅读

全面提高人身保险理赔服务水平

随着互联网和新科技的飞速发展，传统的理赔模式、纯粹的理赔赔付已不能满足公众对体验式服务、创新型服务的迫切需求，各家人身保险公司纷纷推出各具特色的理赔服务。虽然各家人身保险公司纷纷以客户服务感受为出发点，创新服务理念、优化服务流程、兑现服务承诺，但理赔纠纷依然频繁发生。根据中国银保监会公布的《关于 2019 年一季度保险消费投诉情况的通报》，2019 年一季度消费者投诉涉及人身保险公司的理赔纠纷 2 673 件，占人身保险公司投诉总量的 25.58%，涉及的险种以健康保险、意外伤害保险和普通人寿保险为主。

发生理赔投诉的主要原因有：①理赔核定标准不统一。从行业内来看，各家人身保险公司产品同质性较大，但具体的责任范围、赔付标准均有所差异。②保险条款责任有争议。基于风险考虑，合同内都会约定责任除外事项，针对赔付标准、范围在条款内做释义说明（如重大疾病赔付病种、住院、手术、一次住院等内容），但在理赔实务过程中，常会发现由于前端销售展业不规范、夸大保险责任，续期服务不佳等原因，存在客户对保险责任的不理解或者误解，因而当客户因责任免除事项、不满足赔付标准被告知拒赔时，常会对理赔结论表示不接受。③理赔手续较烦琐。④理赔等待时间长。

理赔是保险基本职能实现的集中体现。理赔能及时恢复被保险人的生产，安定其生活，促进社会生产顺利进行与社会生活的安定，但是这些作用的实现和发挥，有赖于保险公司理赔的快捷、准确、优质的服务。在今天，人身保险公司必须以保险客户为中心，改善理赔服务、转变经营观念、诚信合规展业，以理赔满意为抓手，提升公司的社会知名度与美誉度，提高客户的满意度与忠诚度，才能在竞争愈加激烈的新形势下愈加强大。

三、索赔中欺诈与防范

绝大多数索赔人是诚实的，其中有人偶尔在提供索赔信息时有误，但他们的意图一般是提出合法的索赔和获取合法的保险金。然而，极少数人却怀着不良意图提出索赔，以获取无权得到的保险金。特别是在健康保险领域，保险欺诈案的增加颇为迅速。据美国保险监督官协会调查，每年提出的欺骗性索赔使美国保险业损失超过 1 000 亿美元。在我国，人身保险欺骗性索赔的案例也屡见不鲜，并呈现增长趋势。

（一）欺骗性索赔的特点

要列出欺骗性索赔的一般特点是很困难的，因为这类索赔的特点不同，而且这些人的动机和方法各异。当一个理赔师收到的保险金给付申请书上有疑问，应该尽可能收集供理赔决策所用的全部信息。

1. 保险金给付申请书上的疑问

若保险金给付申请书上出现下列疑问，理赔师应做进一步审核，并取得有关信息。

（1）索赔人和医师提供的信息是出于同一个人的笔迹。

（2）涂改等表明所提供的信息已被篡改。

（3）未填写重要的信息，或者它与保险公司档案中的信息不符，或者未回答所提的问题。

（4）在保险金给付申请书上，医师诊断意见与其他医疗资料完全相同。

（5）医疗术语写错，或者与诊断和治疗的不一致。

（6）索赔人没有授权保险公司从医院、其他保险公司等处获取其他信息。

（7）索赔人只列出邮政信箱，而没有具体列明住址或单位地址。

（8）保险金给付申请书是复印件。

2. 治疗医师报告中的疑问

对治疗医师报告中出现的下列疑问，理赔师应特别注意审核。

（1）仅提供诊断和治疗的一般说明，没有实际的记录资料。

（2）只提供紧张或头痛之类的主观诊断意见。

（3）在休息日或节假日未提供急诊服务。

（4）用盖章代替医师签字。

（5）治疗医师报告是一份复印件。

3．对索赔人的疑问

对索赔人出现的下列异常情况，理赔师应予以密切注意。

（1）索赔人要求迅速结束赔案，并加以威胁。

（2）索赔人对医疗程序、保险责任范围和理赔具有非同寻常的专门知识。

（3）在没有特殊原因的情况下，索赔人向不是自己所在地从业的医师进行咨询。

（4）即使在需要紧急救护的情况下，索赔人仍坚持找自己的医生，而不愿去其他医院治疗。

4．保险责任范围中的疑问

在保险责任范围中出现以下问题时，理赔师也应予以特别注意。

（1）保险单在最近半年内签发。

（2）保险责任范围仍处于可以抗辩的时期。

（3）相对于风险程度，保险金额过高。

（4）投保单由保险代理人送交，而在该代理人送交的其他投保单中，曾有过疑问索赔的先例。

（二）可能犯有欺骗性索赔的人

可能犯有欺骗性索赔的人包括被保险人、受益人、保险代理人、医师和保险公司内部人员等，而且他们之间有可能进行串通。

1．被保险人和受益人

某些被保险人或受益人可能会伪造收费单证，对不曾进行过的治疗费用提出索赔，更为通常的做法是涂改发票上的收费金额。

2．保险代理人

有时保险代理人会与被保险人串通。例如，保险代理人不提供被保险人的真实病史，或者高报被保险人的收入金额。当被保险人以后获得丧失工作能力收入保险金时，被保险人便把一部分保险金送给代理人。

3．医师

少数医师犯有欺骗性索赔的行为包括：提供虚假的诊断意见，进行不必要的治疗或检查，不必要地延长住院时间，虚开账单，收受病人回扣，与被保险人串通，拒绝向保险公司提供医疗记录，虚报病情，提高手术费用。医师所犯的欺骗行为其后果特别严重，除了提高医疗费用和保险费率外，还损害医疗质量和医师的职业形象。

4．保险公司内部人员

保险公司的理赔人员和其他员工也有可能犯有欺骗性索赔的行为。例如，故意算错保险金给付金额，从中贪污其差额；又如，以接受贿赂为条件来批准保险金给付申请。

（三）预防欺骗性索赔的方法

保险公司可以采用多种方法来预防欺骗性索赔。

1．保险产品设计

在保险产品设计过程中，保险公司要注意提供适当的保障。在人身意外伤害保险中，保险金要适度，以免有些被保险人依赖保险金度日，而不在康复后重返工作岗位。对被保险人的疾病或伤害补偿金额太高，会促使某些被保险人进行欺骗性索赔。

2．投保单

在设计投保单时，投保单上应有询问被保险人其他保险的问题，这有助于确定被保险人是否超额保险。投保单上也应该有关于被保险人投保前健康状况的问题，如果对这一问题隐瞒或误述，则被保险人有可能提出欺骗性索赔。

3．承保

在承保工作中，要特别注意从信誉、经济状况、精神状态等方面审核投保人或被保险人是否存在道德危险因素。如果发现存在道德危险因素，就拒绝投保申请，或者修改保险责任范围予以承保。

4．内部控制

为了防止保险公司内部员工犯有欺骗性索赔的行为，保险公司一般都会建立某种内部财务控制制度，防止由一个人经手理赔过程中的所有事务。例如，一个人既管理赔，又签发给付保险金的支票，并做会计记录。对理赔师要根据其经验规定不同的理赔权限，所有高额的赔案都必须由资深的理赔师复核。另一种内部控制的方法是进行理赔审计，甚至聘请外部审计机构来对理赔进行审计。

（四）人身保险欺诈案例

1．寿险欺诈案件的基本特点

寿险欺诈案件的基本特点是毒杀拥有高额保险单的亲属。寿险欺诈的基本思路之一是先采用种种手段欺诈和怂恿被保险人投保，然后通过种种手段伪装成被保险人死于意外事故，并使欺诈者自己成为保险金受益人。

身边的保险

重庆女梦断百万保险

案情：××年1月22日，陈某以未婚夫的名义拿出朱某的人寿保险单向某保险公司中山支公司索赔96万元人寿保险赔款。

这起赔款疑点很多：

（1）只投保了4个多月被保险人就突然死亡。

（2）投保金额高达96万元。

（3）经查，投保人和被保险人为同一人，是重庆来广东的打工女朱某，而且并未亲笔填写投保单，代笔人即为受益人陈某。

对此，保险公司要求公安部门进行全面调查。事实真相是，陈某伙同他人一起为图谋保险金杀人。为了获得高额保险金，陈某对朱某隐瞒投保事实；以婚检为由骗朱某进行体检；在几次谋杀未果的情况下，假装准备与朱某结婚回家探亲，在陪朱某回到家乡后，以钓鱼为名将朱某勒死，假装朱某溺水身亡，再向保险公司索要高额保险金。

分析：人身保险的保险金额可以设定较高，因而非常容易诱发道德风险，给被保险人带来更大的风险，本案就是典型的为获取高额保险金而故意杀害被保险人的情形。此种骗保行为必然会受到法律的应有惩处，也同时警醒保险公司在经营过程中把好入口（承保）守好出口（理赔）。

身边的保险

受警匪片诱导，谋杀替身骗保

案情：河北省秦皇岛市发生了一起因受外国警匪片诱导而精心策划的谋杀替身骗保案。案犯吴某与荆某向保险公司投保了55万元的巨额保险后，两案犯在火车站找到了一个16岁的流浪少年，把他骗至荆某住处，将其勒死后，又将汽油浇在死者身上，两人放火后悄悄逃走，制造了死者系荆某的假象，想以此骗取保险公司的保险金，这是全国首例谋杀替身骗赔案，两案犯被执行死刑。

分析：此案例受害人是与投保保险无关联的第三者，目的仍然是骗取保险金，保险公司在理赔过程中认真调查取证，揭穿骗保真相，维护了保险经营公平环境。

2．意外险欺诈案件的基本特点

意外险欺诈案件的基本特点是故意制造意外事故，骗取高额死亡保险金和残疾保险金。

身边的保险

断臂沉湖骗保险

案情：××年年底，多家媒体报道了游客林某在福州被人砍断左臂一事，对此，福州警方向外界公开了此案真相。

××年5月20日晚9时40分，福建省省立医院接到电话：称一名游客遇劫，其左大臂被劫匪砍掉并扔进西湖中，需要立即手术施救。经查，受伤人名林某，男，33岁，5月14日以旅游身份到福州。警方在调查中发现了一连串的疑点。首先找到了5月14日的载客出租车司机，司机反映林某曾对他说："无本生意做不做？比如你故意撞车，把我的手臂撞断，我保了险，可获保险金。"此外，林某还许诺给司机好处，出租车司机拒绝了客人的要求，据此，警方做出初步判断，林某的被劫事件存在重大疑点。5月27日，美国安泰人寿公司请太平洋保险公司协助调查，并告知林某在安泰及其他保险公司分别投保 1 500 万元和 6 700 万元，合计 8 200 万元。经警方深入调查证实，林某为获巨额保险金，自断左臂。

分析：保险的基本功能是分散具有不确定性的风险，弥补风险损失。本案中自断左臂的行为，是行为人的主观故意行为，不属于人身保险的保险责任。同时本案中林某投保保险金额巨大，其行为属于保险欺诈。

3．健康险欺诈案件的基本特点

健康保险金的欺诈在国外相当普遍，在我国也不例外。美国因保险欺诈而增加的医疗费用达 600 多亿美金，令寿险公司或健康险公司防不胜防。除个人的欺诈案件外，团伙的欺诈案件亦较为普遍，泛滥成灾。

身边的保险

最大团伙诈骗案

案情：该案涉及金额达 10 亿美元，遍及美国 50 多个州，作案团伙被指控犯下 157 项罪名。首犯判入狱 1 980 年，罚款 1.56 亿美元。欺诈手法主要是：在多辆小货车上安装医疗诊断设备，声称提供免费服务，实际以免费体检作为交换条件，进行体检的客户必须向他们交出索取医疗保险金的权利。几年来，这个团伙利用欺诈手段共向 1 400 家保险公司索取保险金赔款 10 亿元，已索赔成功的有 5 000 万美金。尽管其所做的各项索赔疑点重重，但始终无法定案，刑侦部门在保险公司的协助下足足花了 5 年时间才破案，其作案手法之狡诈至今令保险公司心有余悸。

分析：医疗保险的欺诈行为，一般以骗取费用赔偿为特点，本案例中作案人手法狡诈，不容易被识破，给保险公司带来巨额损失。这一案例提醒经营医疗保险的保险公司，在理赔过程中务必仔细、严谨，不能让保险欺诈人员有机可乘。

身边的保险

重大疾病索赔案

案情：朱某，男，50 岁，2012 年 10 月 23 日投保“重大疾病终身保险”，保额 3 万元。2013 年 6 月 8 日，朱某因患恶性胶质瘤死亡。在保险公司调查期间，被保险人的法定受益人委托该市保险咨询公司全权处理人身保险申请给付事宜。该咨询公司提供了以下情况：被保险人 2 月 21 日头痛，2 月 23 日 CT 检查结果“左侧脑实质占位性病灶，建议进一步确诊”的证明及 5 月 11 日后头痛、卧床，6 月 3 日住院，CT 诊断“胼胝体恶性胶质瘤，右侧脑室积水”。6 月 7 日患者回家，6 月 8 日死亡。同时提出要求保险公司 10 日内给付保险金。

在分析该案时，理赔人员发现被保险人在承保后不久即患病，自承保至发病不足半年，得知病变严重而不进一步检查确诊，不治回家。至 6 月份确诊后不久即死亡，没有提供自发病至死亡的连续性病历。

为进一步查证，理赔人员进行深入调查，最后在市人民医院查到此人 2012 年 10 月 19 日在市人民医院做的 CT 报告，明确诊断为双侧颞顶叶转移性肿瘤。而被保险人于 2012 年 10 月 23 日投保重大疾病终身保险保额 3 万，回避了体检。由于属带病投保且证据确凿，保险公司予以拒付。

分析：本案例中被保险人带病投保，同时未如实告知，违反了最大诚信原则，两年之内保险人不承担给付保险金的责任。因本案例中被保险人疾病确诊与保险投保时间间隔非常短，可以推断是主观故意行为，属于保险欺诈。

身边的保险

外地住院涂改票据案

案情：某女 14 岁，2014 年 3 月申请学平险附加住院医疗保险的保险金赔付，该案提供的病历及发票均有涂改迹象，经去外地调查所住医院并核对资料发现：

（1）住院时间不符，原件 2013 年 11 月 4 日至 2014 年 1 月 21 日住院共 78 天，被改为 2013 年 11 月 4 日至 2014 年 2 月 24 日共 111 天，多报天数 33 天。

（2）出具的 2014 年 2 月 24 日一张发票不在住院时间内，计 8 585.73 元，涂改项目："西药""住院"，且分项金额与总计金额不符。

（3）住院用药不在公费医疗范围内达 5 444.67 元。

由于有明显的欺诈行为，保险公司对此案拒绝赔付。

分析：保险欺诈不一定都是巨额欺诈，有预谋作案。医疗费用保险属于费用补偿型保险，只对实际发生的费用根据规定进行补偿，希望通过医疗费用保险理赔而获取额外利益，采取虚报、涂改等方式造假的行为，属于保险欺诈。

小　结

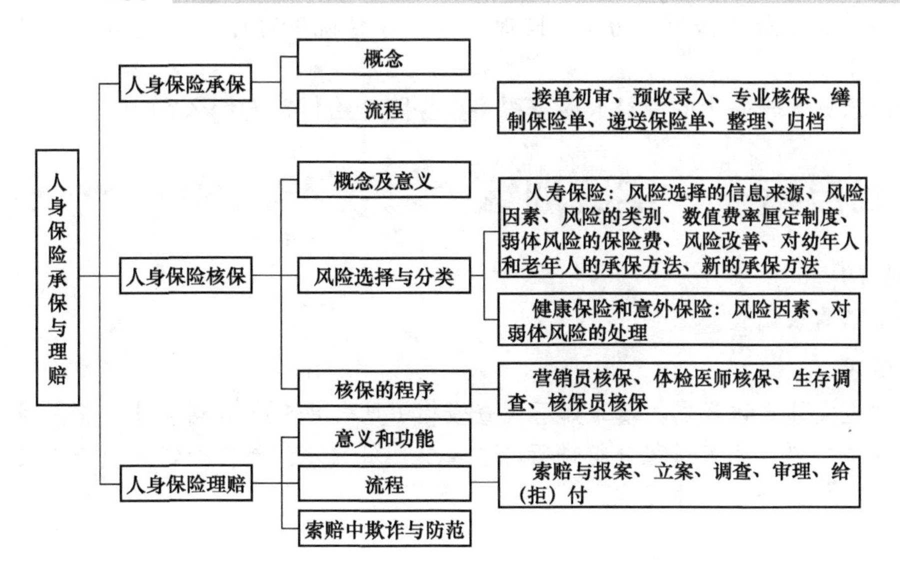

复习思考题

一、简述题

1. 什么是人身保险承保？人身保险承保的基本流程是什么？
2. 寿险核保的风险因素有哪些？
3. 核保后有哪些种类的风险结论？
4. 试述索赔和理赔的意义。
5. 简述人身保险的理赔流程。
6. 举例说明如何防范保险欺诈行为。

二、案例分析题

1. 某汽车贸易公司采取分期付款和免费赠送保险等方式促销汽车。2013 年 5 月 12 日，陈某采用分期付款方式在该公司购买汽车一辆，双方在购车合同中明确约定了投保险种及保险金额。即：“人身意外伤害保险”“附加意外伤害医疗费保险”及“附加疾病住院医疗保险”，保险金额均为 3 万元。保险期间自 2013 年 5 月 12 日 0 时起至 2014 年 5 月 11 日 24 时止。

2013 年 12 月 16 日，陈某驾车送货途中因车祸致伤，住院治疗 20 天，共支出医疗费 1 672.40 元。出院后，陈某向保险公司提出赔付医疗费用的申请。但保险公司以投保人对保险标的不具有保险利益为由，拒绝赔付。

问题：请问保险公司的做法是否正确？为什么？

2. 李先生，48 岁，2014 年 6 月 7 日因“突发昏迷伴呼吸困难”被紧急送往医院治疗。6 月 18 日，李先生因呼吸循环衰竭不幸身故，期间治疗费用 32 457 元。

李先生生前于 2010 年 4 月在泰康人寿保险公司投保了“生命关爱重大疾病终身保险”，保额 5 万元；意外伤害保险，保额 5 万元；意外伤害医疗保险，保额 6 千元；住院医疗保险，保额 5 千元（最高赔付限额是 1 万元）。2012 年 8 月，李先生又加保了世纪长乐终身分红保险，保额 2 万元，同时取消了原住院医疗保险改投附加世纪泰康住院医疗保险一档。

问题：请计算李先生的受益人应获得多少保险金给付？为什么？

挑战自我—— 实践训练

实训目的

保险市场需求调查。

实训要求

要求学生实地走访客户，填写如下调查表格（见表 8-1），获得真实数据并且分析整理形成实训报告。要求调查过程分组进行，注重文明礼貌，注意安全，注意与人沟通技巧，不允许作弊，数据资料必须真实。

实训调查表

表 8-1　保险市场需求抽样调查表

1. 您听说过保险吗？

   听说过（　　）　没有（　　）

2. 您是通过什么途径了解保险的？

   广播（　　）　报纸（　　）　电视（　　）　杂志（　　）　亲朋（　　）

3. 您对当前中资保险公司的满意度如何？

   满意（　　）　一般（　　）　不满意（　　）

4. 您现在拥有什么样的保险？

   社会保险（　　）　商业保险（　　）

5. 您对保险的预期需求是什么？

   养老保险（　　）　疾病保险（　　）　投资保险（　　）

   少儿保险（　　）　意外险（　　）

6. 您对外资保险公司期望度怎么样？

   比中资好（　　）　没有中资好（　　）　与中资一样（　　）

7. 您认为保险消费是否必要？

   是（　　）　不是（　　）

8. 您购买了什么种类的商业保险？

财产保险（　　）　人身保险（　　）

9. 您购买了什么种类的财产保险？

10. 您购买了什么种类的人身保险？

姓名:　　　性别:　　　年龄:　　　职业:

联系方法:　　　地址:

技能大比武

题目演讲——保险业如何保护消费者权益

2018 年 3 月 15 日，保监会印发了《2018 年保险消费者权益保护工作要点》（以下简称《要点》）。《要点》指出，2018 年保险消费者权益保护工作要以习近平新时代中国特色社会主义思想为指引，全面贯彻党的十九大、中央经济工作会议和全国金融工作会议精神，按照保监会“1+4”系列文件要求和 2018 年全国保险监管工作会议部署，坚持稳中求进工作总基调，坚持“以人民为中心”的发展思想，坚持“保险业姓保、监管姓监”，以强化保险公司维护消费者权益主体责任为工作主线，以督促保险公司切实提高和改进保险服务水平为切入点，以强化投诉处理和矛盾化解、加大查处力度、加强消费者教育和风险提示、突出透明度监管、推进保险业信用体系建设为关键环节，以稳步推进保险消费者权益保护制度机制为保障，打好治理损害保险消费者合法权益行为、防范声誉风险攻坚战，为人民群众的美好生活保驾护航。结合本章学习，请你谈谈人身保险业务活动如何保护消费者权益。

情境 9　保障、避税、养老、理财全接触——个人人身保险规划

学习目标

能力目标

- ☑ 熟悉人身保险的税收政策。
- ☑ 能够对不同的保险产品进行比较。
- ☑ 能够根据实际情况制定保险规划。

知识目标

- ☑ 掌握人身保险的税收政策。
- ☑ 掌握退休规划的程序。
- ☑ 掌握购买人身保险时的注意事项。
- ☑ 了解人身保险在企业中的运用。

素质目标

- ☑ 全面认知人身保险规划，学会客户风险分析，按客户需要设计保险方案。
- ☑ 培养严谨的工作作风、百折不挠的进取精神以及良好的沟通能力。

情境演练

人生阶段不同　保险规划有别

人的一生往往经历五个阶段：未成年前、单身贵族、二人世界、为人父母和退休养老。不同的人生阶段会伴随不同的意外和风险，任何人都有必要购买保险，以减轻家庭负担，让生活过得更加惬意。

未成年前：从孩子出生到参加工作，一般为 0～20 年。在孩子上学到参加工作的过程中，自身的抵抗力逐渐增强，对于住院类的医疗补偿保险购买可慢慢减少。在小学至初中阶段，孩子比较顽皮，意外险是必须要考虑的。如果孩子出生后身体状况一直不好，重疾险就很有必要购买。需要提醒的是，对于孩子的风险保障，一般保险公司都有规定，最高为 10 万元，超出 10 万元的部分无效。

建议组合：费用补偿型医疗保险+意外险+重疾险+教育险。

单身贵族：从参加工作至结婚时期，一般为 3～5 年。这一时期的保险需求不会很大，但也要考虑购买意外保险以及医疗保险。无论是普通的日常生活还是外出旅游，都会有一定风险存在，一旦出现意外，现在赚的钱根本无法解决。这个阶段离组建家庭越来越近，购买储蓄型保险也应在考虑中。如果父母已经年老，为父母尽孝也离不开钱，购买投资型保险是非常必要的。

建议组合：意外险+储蓄型寿险+重疾险。

二人世界：从结婚开始到有孩子出生，一般为 1～3 年。这一时期在维持正常生活的前提下，首先考虑购买保障性高的重疾险和意外险，会对家庭的保障和安全系数起到杠杆作用，即使出现这两方面的意外，也不至于会让家庭败落。当然，还需要搭配一些带有储蓄投资性质以及保障性质的保险，如两全分红保险，既有收入保障，也有意外保障。组建了家庭之后，房子可以说是家庭的最大资产，很有必要购买一定的财产险。

建议组合：重疾险+意外险+两全险+财产险。

为人父母：从孩子出生到参加工作以前，一般为 20～25 年。这一阶段是购买保险的重点时期，孩子上学、老人赡养都需要花钱，家庭支柱需要有健康保障，还要避免家庭支柱发生意外后，生活失去必要的保障。围绕的中心还应该是家庭支柱，最先应考虑他（她）的保险保障。应买一定的意外险和重疾险，同时再配以住院医疗险和津贴给付型医疗保险，这样即使家庭支柱有闪失，经济上也能得到必要的保障。考虑到孩子以后上学费用还会增加，对孩子的教育保障也不可缺少，购买教育险是很有必要的。至于老人赡养保障，可考虑购买储蓄型保险。

建议组合：意外险+重疾险+住院医疗险+津贴给付型医疗保险+教育险+储蓄型险。

退休养老：从孩子成家立业到退休，一般为 10～15 年。夫妻都开始变老，孩子也已成家立业，赡养老人的担子也开始逐渐转移，生活状态开始趋于稳定。对夫妻而言，他们的健康状况却开始下降，还需要考虑到自身的养老。

建议组合：养老险+费用补偿型医疗保险+两全险+终身寿险。

子情境 1 人身保险规划基本认知

知识解读

一、人身保险的税收政策

一个人的收入增加，会使他进入到新的纳税级别当中，从而交纳更多的个人所得税，于是，人们开始寻求在合理合法的范围内取得收入且免征所得税的有效途径，购买人身保险是有效途径之一。

一般而言，政府对于人寿保险消费者的税收处理，取决于该国对于储蓄收入的一般性政策、商业保险与社会保障制度的关系，以及国家的其他社会经济政策。寿险消费者税收政策涉及两个方面的问题：①保险消费者所交纳保险费的税收待遇问题。②保险给付的税收待遇问题。从世界范围来看，无论是发达国家（地区）还是新兴市场，对于寿险消费者的税收政策存在着一定的差异性，但普遍存在税收优惠。

1．保险费的税收待遇

世界上绝大多数国家对购买某些指定寿险商品所支付的保险费实行税收扣减。这种减免通常只适用符合规定标准的保险单，并采用退税或减税的方式。政府期望通过这些税收减免来鼓励个人购买寿险商品。

日本为了迎接老龄化社会，鼓励自助，日本政府于1984年建立了生命保险费和年金保险费的扣除制度，意外伤害保险的保险费也建立了保险费扣除制度。日本个人所得税法规定，人寿保险费支出，国家税免税最高额为5万日元，地方税免税额最高为3.5万日元。可享受减税额保险单包括提供死亡收益、生存收益，或两者兼有的保险单。保险单收益必须归指定的被保险人、其受抚养家属或其他家庭成员所有。

2．保险给付的税收待遇

保险给付金的来源有三种渠道：①先前所支付的保险费的返还（对应寿险保险单红利部分）；②寿险保险费中纯保险部分（风险保险费）的聚集所积累的保险基金（对应期满给付部分）；③保险费中储蓄部分的所得，即保险给付超过保险费支付部分的增值（对应累计内部利息或寿险保险单现金价值部分）。

在加拿大，个体纳税人从私人医疗费用保险单中所获取的保险金旨在补偿其保障范围内的医疗费用，根据所得税法的规定，这些保险金不属于应税收入。纳税人在个人医疗费用保险中所交纳的保险费，也可以作为医疗费用从其应税收入中扣除。个人从残疾收入保险中所获取的保险金，如果保险费是由纳税人自己交纳的，也不属应税收入。雇主为团体残疾收入保险所交纳的保险费，可以视为当期的经营费用，而且这种保险费也不属于受保雇员的应税收入。

在美国，蓝十字与蓝盾计划以及医疗保健组织的保险费收入不必交纳州保险费收入税。雇主为雇员交纳的团体健康保险费，可作为雇主当期经营费用而免征所得税。雇员自己负担的保险费以及雇主分担额对应的医疗费用保险金不属于雇员的应税收入。残疾收入保险金通常不被视为雇员的应税收入。雇主为雇员或雇员为自己支付保险费免征所得税，雇员得到医疗保险费用补偿或残疾收入补偿免征所得税。这种税收优惠政策，实际上是政府为人们购买人身保险给予的补贴，也等于降低了人身保险的价格。年金也可以享受税收优惠，在计征联邦所得税时，给付相当于本金部分的年金被视为免税收入。年金为个人提供了一种长期投资的渠道，而且可以延期交纳投资收益的应付所得税，即等到保险人将投资收益向指定受益人给付时，才开始计征所得税。

根据《中华人民共和国个人所得税法》第四条第五款的规定，我国个人所获保险赔款准予在应纳税所得额前扣除，即保险赔款免交个人所得税。人身保险的保险金给付或费用补偿均属于保险赔款范围，因此都免交个人所得税。

这项税收优惠政策给个人带来的好处究竟有多大？雇员可以从雇主那里获得现金收入的增加，也可以获得人身保险产品，对雇主来说，这两种选择的成本是一样的，但对雇员而言，由于税收等级制度的存在，并且购买人身保险不纳税，他从雇主那里获得人身保险更为合适。

二、退休规划及遗产规划

（一）退休规划

1．退休规划的含义

就目前国际上大多数国家而言，居民退休资金的来源主要有三个层次：国家基本养老制度提供的国家退休金、企业提供的企业年金或团体年金和个人投资的商业性年金保险。发达国家大多建立了比较完善的社会保障体系，但是随着人口老龄化加剧，养老保险负担也越来越重，甚至面临社会保障基金不足等支付危机，对社会保障体系造成一定冲击。为了解决这一矛盾，许多国家都在谋求对现行的退休制度进行改革，改革的措施之一，就是在保持社会养老的同时，加大个人自我养老的比重。

各项资料表明，我国已步入老龄化社会。从生理角度来看，人到老年意味着各种器官已衰老到一定程度，于是产生了两个问题：①老年健康问题。对老年人而言，疾病是随着衰老而来的危及人体健康的因素之一。在老年人身上，衰老和疾病往往同时存在，相互影响，互为因果。大量研究表明，老年性疾病与人口老龄化成正相关。可见，每一位老年人都面临着健康问题，都可能遭受疾病的困扰。尽管老年人（城镇离退休职工）享有社会医疗保险，但还不足以满足他们对医疗和保健的需求。②老年生计问题，随着人均寿命的延长，养老问题更加突出。对于退休者来说，少则一二十年、多则三四十年的退休后的老年生活，没有稳定的经济来源是难以保证的。

退休规划是基于个人退休生活需求，统筹安排个人收入和资产管理，从而保证实现退休生活目标的财务安排。退休规划是基于个人需求设计退休生活目标，并且贯穿于职业生涯和退休后的余生，因此，退休规划是人生最重要的财务规划之一。

在实践中，有两类人群需要个人退休规划：一类是没有参加国家基本养老保险计划和企业养老金计划的人群；另一类是不满足于国家基本养老保险计划和企业养老金计划所提供的养老金的人群。

2．退休规划与年金保险

年金保险为退休规划提供了一个较好的金融工具，它既具有伸缩性，又安全可靠，还可享受税收优惠；既具有投资功能，又有保障功能。年金保险对老年生活规划的意义具体表现在：

（1）年金保险是养老的较好方法。如果每位老人每个月需要生活费 500 元，每年则需要 6 000 元。假如给他 6 万元现金，只能维持他 10 年的生活；假如将这 6 万元钱存入银行，按月息 4 厘每半年计复利一次，每月支取生活费用 500 元，可以维持他 12 年的生活；但若购买年金保险，把死亡的因素算进去，10 年内死亡者将不再领取年金，这些省下的钱就加在了活着的老人身上，仍然按每月生活费 500 元计算，维持生活的年限肯定大大多于 12 年。

（2）年金保险按期支付年金，可避免突击花钱或把钱挪作他用。

（3）由于在领取年金前已死亡者所交纳的保险费贴补了寿命较长、死亡较晚的老年人，所以年金保险对高龄者生活的安定具有不可替代的作用。

（二）遗产规划

遗产是指死者留下的财产，包括现金、银行存款、有价证券、不动产以及所有者权益。

在美国和加拿大，当一个人死亡时，通常由一名遗嘱执行者去处理死者的遗产，包括识别归集死者的财产、填写纳税单、收取应收款、支付应付款，并将偿还债务后的剩余财产分配给死者的继承人。但死者的遗产是否能够按其生前的意愿进行处理，则视情况而定。

当死者的遗产达到一定额度时，需要征收遗产税。如果遗嘱执行者卖掉死者部分遗产，还需支付资本利得税。遗产税是对遗产按递增税率征税的一个税种。遗产税是死者最后一次纳税，税率较高。当一个人死亡时，往往还有一些到期应该偿还的债务，如抵押贷款、赊购贷款等，还要发生一些与死亡本身有联系的医疗费用、丧葬费用。如果死者的遗产中没有足够的现金支付这些债务、费用和税金，则遗嘱执行者必须卖掉部分遗产以筹措所需资金。这种强制性出售可能导致其遗产的售价远远低于正常价格，从而大大损害遗产继承人的利益。

为了合理避税，可以考虑购买人身保险。因为人身保险金在指定受益人的情况下，受益人获得的保险金属于个人财产，由受益人独立享有，不列入被保险人遗产的范围，依法享有免税的待遇。这实际上等于死者在生前以人身保险的方式将部分遗产转移给了子女，避开了遗产继承人为这部分财产纳税的规定。

现在所有投资型保险都具有这样的功能，只要具有身故保险责任的险种（包括意外）客观上都具有避税的色彩。例如，各种长期寿险，在投保人身故后，受益人就会得到合同约定的身故保险金。如果它是分红型的，那么身故保险连同红利就更能使留给下一代的财产保值、增值。

拓展阅读

购买人身保险，确保遗产按个人意愿进行处理

A夫妇身故时留下了相当数量的房产和一家经营良好的企业，但现金和银行存款却少得可怜，根本无法支付庞大的遗产税，好在他们生前已经购买了巨额的人身保险，并指定子女为受益人，这样他们的遗产继承人就不会遭受因无钱交纳遗产税而不得不以低价出售部分遗产所造成的损失，企业的财务也会正常运作。

三、规划的基础和程序

1. 建立规划目标

规划目标包括：

（1）保持与退休前同样生活标准需要的费用。即便需要维持与以前一样的生活标准，老年人所需的费用也会比以前降低，因为这时住房贷款、汽车贷款已经还清，对子女的养育和教育义务已经完成，税赋等级也降了下来。

（2）医疗和保健费用。这部分费用远远高于退休前。

（3）旅游开支。退休后闲暇时间多了，所以外出旅游活动增多，而旅游是需要经济实力支撑的。

2．确定资金来源

规划制定后，则要确定资金来源，在现代社会，人们的收入包括退休人员的收入呈多样化趋势。就退休人员而言，主要有退休金、银行储蓄存款及利息、股票及其他投资收入、保险金和儿女的资助。对这些资金来源要进行适当匹配，以保证所得到的资金与预定需求相一致。匹配的指导思想是：在退休时，以可接受的风险寻求未来收入的最大化。例如：股票、外放式基金变现性强，但其价值上下波动，风险较大；变额年金可保证终身领取，但余额不固定；银行存款回报率低，又常常赶不上通货膨胀的速度，但收入稳定，几乎无风险。

3．将来源与需求进行平衡

将退休后所需的生活费用和医疗保健费用同可获得的资金来源进行对比，看是否存在缺口。若入不敷出，则应设法将来源进行重新组合，或缩减开支。

子情境 2　人身保险购买实例

知识解读

一、选择保险公司与中介机构

购买人身保险有以下几条途径：直接购买，即通过保险公司直接购买；通过中介渠道购买，主要指通过保险营销员、银行等兼业代理机构、专业中介机构这三条中介渠道。

（一）保险公司的选择

一般来说，在保险公司的选择上，人们都倾向于找一家资金雄厚、信誉良好、管理良好、保险单和服务都能满足自己需要的保险公司投保。资金方面主要看这家公司是否具有权威部门的财务评级，其评级的可靠性如何；如果该公司没有财务评级方面的信息，可以通过一些途径得到该公司财务状况的信息来进行了解。因为财务状况是一家公司偿付能力的体现，偿付能力直接决定保险公司的营运状况。如果购买投资或分红类的保险，还要关注保险公司的投资渠道、资金运营状况。因为这些关系到保户今后的各项保障。在保险公司的信誉方面，可以咨询一些在该公司获得了理赔的客户，了解该公司的一些历史。

（二）中介机构的选择

保险营销员属于保险中介中的个人代理人。在保险营销员的选择方面，首先要看这个保险营销员是否持有资格证书，是否具有所服务的公司颁发的展业证；其次就是通过其言行来了解他的诚信度和责任心；再次是保险营销员的整体素质、综合能力和专业水平，这些决定了他设计的方案是否到位、是否合理、是否适用。一个好的保险营销员能够为自己的客户量身定制合理的保险计划。保险营销员的素质决定了他的售后服务是否到位，也决定了他在这个行业的生命力和稳定性，也意味着所购买的保险产品在未来的十几年或几十年里的服务保障问题。

除了个人代理人之外，中介机构还包括银行等兼业代理机构和专业中介机构。从人身保险购买的角度来看，专业的中介机构主要是指专业代理公司和经纪公司。保险中介机构在我国正处在发展的初级阶段，尽管存在资本金少、实力不强的问题，但与其他渠道相比，保险中介机构有着可以为消费者量身定制不同保险公司产品组合的独特优势;对保户而言，这是一种新型便捷的购险方式。通过中介机构购买人身保险时，要选择专业正规的中介机构，重点关注经纪公司、代理公司的实力和信誉，保险中介机构只有真正为客户考虑，才能生存和发展下去。专业正规的中介机构一般都有严格的业务流程、客观的参数对比，以确保他们能够从客户的利益出发，为客户量身定制合理的保险购买方案。保险经纪人平均理财水平要高于代理人，他们可以提供多个公司的产品给客户，也可组合各公司优质产品为客户带来价格优惠。

身边的保险

选择保险中介投保的三大好处

案情：老王最近有点烦，前几年给自己买的寿险要续保，同期在另一家保险公司买的重疾险又要进行体检。现在身体不比以前，想给自己再买一份住院津贴险，谁知被保险公司告知因为投保规则的原因，不能附加到原先购买的产品上。一时间，老王被不同保险公司的产品和条款规则搞得晕头转向。

前几天刚好参加了一年一度的高中同学聚会，在银行工作的老同学听完老王的遭遇后说："最近我也买了一份保险，是中介上门推销的，后来发现一份计划可以由不同保险公司的几个产品组合，性价比还行。"之前没有跟保险中介打过交道的老王，这时候就犯难了：找中介买保险，可靠吗？便宜不便宜？手续会不会更麻烦？万一发生理赔后，又该怎么办？

分析：保险中介机构在我国正处于发展的初级阶段，尽管存在资本金少、实力不强的问题，但与其他销售渠道相比，保险中介机构有着可为市民量身定制不同保险公司产品组合的独特优势；对市民而言，这是一种新型便捷的购险方式。在传统的保险购买模式下，消费者购买一份保险，首先需要花时间比较多家公司的产品，常常会被繁杂的保险条款和诸多的理赔限制弄得不知所措。由于缺乏专业知识，消费者很难做出最佳选择。保险中介机构则能为消费者提供专业咨询和分析服务，成为消费者选择合适保险产品的参谋和助手。消费者在保险中介机构购买保险，不但选择品种多，而且由于保险中介机构是代表客户利益的，他们有义务和职责为客户争取相应的权益，并凭借独立法人机构的身份督促保险公司改善服务效能。保险中介机构更能从中立的角度，按消费者的不同需求，为消费者量身定制不同保险公司的产品组合，设计和规划最合适的保险方案，提供一站式的套餐服务。这些都是保险中介机构的优势所在。

1．可量身定制综合保险方案

对于大多数保险公司来说，目前财产险产品和寿险产品是分开销售的，且只能销售自己公司的产品；但保险代理公司就可以突破这个界限，把不同保险公司的不同产品打包，为投保人量身定制综合的保险方案。与保险公司传统的营销方式相比，中介模式如同保险产品的超市，可以为消费者介绍、分析各家保险产品的优劣，并根据客户的实际需求，为其量身定制一个由不同公司产品组合的最佳方案，如将 A、B、C 三家保险公司的产品组合起来，在保险费支出基本相同时，使保障范围最大化。

2．投保简易，代理服务贴心

投保简易是保险中介的另一便民之处。保险中介机构聚合了多家保险公司的产品，通过产品的强强组合，在一定程度上可以提供全面完整的保险保障。因此，消费者无需像以往一样，因为投保多家保险公司的产品，而面对多个保险代理人；相反，只需要面对一个代理人，他就可以为消费者提供“一站式”服务，给出合适的保险产品组合，解决一家人的保障问题。无论是哪个产品的调整、续保或理赔，只需找到同一个人即可。

3．定制产品有“看头”

随着保险中介机构销售经验的提高和客户资源的丰富，他们已不满足于只是代理其他保险公司的产品，而是会立意创新、别出心裁，根据以往数据自行设计出新型产品，再向保险公司定制此类产品，然后推向市场并独立销售，以满足广大消费者的需求。

二、选择保险产品

在选择保险产品时，要了解自己的保障需求，包括家庭的实际收入、实际开销、具体的债务、保险产品的功能、要转嫁的风险和未来的潜在风险等。一般来说，都是根据每个人自身的需求和财力大小，适当地听取专家的建议，选择适合自己和自己家庭情况的保险，以完善保障且不给家庭带来经济压力为原则。

产品组合要避免保险单单一化，如果经济条件许可，应把主险、附加险保齐、保足，这样不论风险来自何处，都可以转嫁给保险公司。另外，产品的组合要根据家庭的实际情况有所侧重。例如，家庭有某些重大疾病的家族史，即使是加保险费也要做好重大疾病保障，使其足以抵御来自这方面的风险。若家里有长寿的老人，则务必要做好养老金保障。

身边的保险

购买保险要从实际出发

案情：一位私营企业主为儿子购买了年付保险费 3 万元的分红保险。儿子 3 岁时，不慎被严重烫伤，结果孩子住院花去了大量的医药费，保险公司不予赔付。这位私营企业主找到保险公司理论，保险营销员告诉他，不是保险公司不理赔，而是按规定无法赔偿。这位私营企业主听后十分气愤，当着保险营销员的面把保险单撕得粉碎。

分析：在这个案例里，客户购买的是分红保险，分红保险一般属于人寿保险类型，人寿保险的保险责任是被保险人的生存或死亡，而不包括医疗费用。如果需要医疗费用的保障，则需要购买健康保险。所以，保险公司对仅投保分红保险的客户是无法赔偿其医疗费用支出的。这个案例告诉我们，购买保险要科学、合理，要从实际出发，以保障和转嫁风险为原则。

三、购买时的注意事项

1．选择适合自己的保险产品

所谓适合自己的保险产品，是指在经济上能承受、在保障上能最大限度地为自己和家人转嫁风险，而且在自己现有的能力范围内保障是比较全面的保险产品。

2．填写投保书

填写投保书时要注意投保人、被保险人以及受益人的相关资料，尤其是受益人的部分；确认投保书上列明的产品内容与所购买的一致；健康声明一定要诚实告知；避免涂改投保书。

3．交付保险费，收到收款凭证

收款凭证是客户已经交付了保险费用，保险公司要开始在规定的时间里履行责任的依据，在保险公司没有提供正式发票之前，消费者要妥善保管好收款凭证。

四、个人、家庭保险理财规划

（一）社会保险与商业保险

社会保险是一种为丧失劳动能力、暂时失去劳动岗位或因健康原因造成损失的人提供收入或补偿的一种社会和经济制度。社会保险的主要项目包括养老保险、医疗保险、失业保险、工伤保险、生育保险。

社会保险计划由政府举办，强制某一群体将其收入的一部分作为社会保险税（费）形成社会保险基金，在满足一定条件的情况下，被保险人可从基金获得固定的收入或损失的补偿。它是一种再分配制度，其目标是保证物质及劳动力的再生产和社会的稳定。

在我国，社会保险是社会保障体系的重要组成部分，在整个社会保障体系中居于核心地位。另外，社会保险是一种交费性的社会保障，资金主要是用人单位和劳动者本人交纳，政府财政给予补贴并承担最终的责任。但是劳动者只有履行了法定的交费义务，并在符合法定条件的情况下，才能享受相应的社会保险待遇。

商业保险作为社会保险的补充，两者具有很大的区别：

（1）性质不同：社会保险具有法定性，不以营利为目的；商业保险具有经营性，经营主体以营利为目的，以追求经济效益为目的。

（2）建立基础不同：社会保险建立在劳动关系基础上，只要形成了劳动关系，用人单位就必须为职工办理社会保险；商业保险自愿投保，以合同契约形式确立双方权利义务关系。

（3）管理体制不同：社会保险由政府职能部门管理，商业保险由企业性质的保险公司经营管理。

（4）对象不同：参加社会保险的对象是劳动者，其范围由法律规定，受资格条件的限制；商业保险的对象是自然人，投保人一般不受限制，只要自愿投保并愿意履行合同条款即可。

（5）保险费负担不同：社会保险的资金由国家、企业、个人三方面分担，商业保险的保险费由投保人个人承担。

（6）法律基础不同：社会保险由劳动法及其配套法规来规范；商业保险则由经济法、商业保险法及其配套法规来规范。

（7）保障程度不同：社会保险的保障程度通常根据社会经济生活水平，国家福利政策，被保险人的贡献、工龄、地位，由国家单方面决定，其目的是为了满足劳动者的基本生活需求，保障程度一般在社会贫困线和在职职工工资收入之间。而商业保险的保障程度则根据投保人或被保险人的保险需求和购买价格而定。

由上述社会保险保障的内容与商业保险的区别可见，社会保险只能保障劳动者的基本生活需求。人们可以通过购买商业保险来转移重大疾病与意外等人身风险，为自己及家人做好准备，即使生活遇到了不测风险，仍然能够保证生活安定、不受太大的影响。

身边的保险

社保，基础保障

案情：王某大学毕业后一直在一家医药公司就职。最近一段时间，由于长期应酬，身体健康受到影响，个人业绩有所下滑，几次被公司经理叫去谈话。王某在一次不愉快谈话后，毅然辞职，并且一气之下退掉了在公司交纳的社保。然而他拿到手的社保款却只有几百元，这令他很困惑，他在公司交了两年的社保，为什么到手的只有这一点？正好他有一个同学在保险公司工作，他便打电话咨询了一下。同学告诉王某，他到手的这几百元是自己曾经交纳的部分，而单位交纳的部分则被国家收回到养老统筹基金中去了。

分析：社会保险是个人最基础的风险保障，尽量不要退保，离职后一旦有了新单位就要尽快补交，否则将影响社会保险效力。在现实中，一些经济较发达的城市，如北京、上海等，社会保险还与购房、买车、落户资格相挂钩，所以务必要重视社会保险的投保与缴费的连续性。

（二）储蓄生命周期假说与保险规划

美国经济学家弗兰科· 莫迪利亚尼（Franco Modigliani）等人创立了储蓄生命周期假说。该假说将储蓄与个人生命周期紧密联系在一起，引用跨时期消费的概念来阐释个人的储蓄与消费行为，依据微观经济学中的消费者行为理论，即用边际效用分析来说明一个理性的消费者以符合理性人的方式消费自己的收入，以实现消费的最佳配置，使之产生的效用达到最大化。

个人家庭的保险规划，因为既有保险费的支出也有保险金的收入，可以借鉴储蓄生命周期假说基本理论，根据人生的不同阶段特点，相应规划不同保险组合。根据不同事件和时间节点，家庭模型可以分为三大类，分别是青年家庭、中年家庭、老年家庭，在这个基础上，以婚姻为界限，将青年家庭分为单身期和家庭与事业形成期，以子女的出生和成长将中年家庭分为家庭与事业成长期和退休前期，加上老年家庭的退休期，共五个阶段。

1．单身期保险规划

单身期的时间为参加工作至结婚，一般为2～8年，年龄一般为22～30岁。这一阶段单身人士的特点表现为：个人刚刚迈入社会工作，收入较低，但花销大；在这一阶段，许多单身者身体素质相对来说都比较好，一般不需要承担家庭责任；消费习惯方面没有太多规划，很难有大量储蓄。单身人士的这些特点决定了在运用保险来规避风险时，必须在有限的保险费支出下，尽量提高保险产品的保障额度。

身边的保险

单身女性保险规划

案情：刘小姐今年26岁，办公室文员，未婚，年收入5万元，年支出约3万元。她的公司有社保，目前没有其他商业保险，存款2万元，她希望通过保险来为自己的未来增添一份保障。

分析：根据刘小姐基本情况分析做出如下保险规划方案：

（1）意外伤害保障：刘小姐属于企业内勤人员，职业风险系数较低，建议购买20万元左右的意外伤害保险。

（2）重大疾病保障：可选择项目，如果选择投保重大疾病保险，保障额度需不低于单次重大疾病治疗的自费费用、康复周期费用、治疗期间的误工费用之和，建议王小姐的重疾保额应为50万元左右。

（3）寿险保障：建议保障额度不低于10倍的年收入，即总保额约50万元定期寿险。

（4）日常疾病保障：因为刘小姐有社保，考虑到收入情况，日常疾病这部分建议暂时先不考虑，风险自留。

（5）养老保障：刘小姐因为刚开始工作，薪酬不高，年限不长，因而现在设计养老金的规划，所需保险费会有点高，这部分风险也建议暂时不做考虑。

2．家庭与事业形成期保险规划

家庭与事业形成期是指从结婚到新生儿诞生的这段时期，一般为1～3年。随着家庭的组建，经济负担加重，个人的责任会扩大到家庭，令家庭的消费方式产生变化。这一阶段，事业处在上升阶段，家庭总收入增长，生活开始走向稳定，这时候最大的家庭支出一般在房贷，要合理规划在自己的承受范围内，并且预留周转的空间。从保险配置角度来看，重疾风险逐年增加。形成家庭也就意味着对应的社会责任加大，需要对另一半以及自己的子女负责，并且需要开始未来的养老规划，由此在保险配置中可重点考虑夫妻二人的意外险、重疾险、定期寿险。

3．家庭与事业成长期保险规划

家庭与事业成长期是指从子女出生到完成大学教育这段时期，一般为 18～22 年。随着子女的降生并逐渐成长，生活与事业都趋于稳定。孩子出生后，教育经费是不可忽视的问题，及早开始规划能减轻后期负担。随着孩子慢慢长大，父母慢慢变老，自己的身体机能也会越来越差，在这个阶段一般都已经有了一定的资产储备，应该要考虑的是提高投资资产的比例，逐年累积净资产。从保险配置角度来看，这个阶段应该要补全符合自己身价的寿险、意外险、重疾险，并开始侧重医疗保险，选择合适的、有资金储蓄功能的教育保险，开始规划养老保障。

身边的保险

三口之家保险规划

案情：假设前例刘小姐，两年后与宋先生结婚，宋先生从事某外企管理工作，除了基本社保外，公司还为他购买了 50 万元的健康保险（包括门诊及住院费用），每月工资税后为 8 400 元，已经购买了住房，房贷 50 万，期限 20 年，每月需还款 4 000 元。结婚两年以后，一个可爱的儿子降生。孩子出生后，刘小姐辞职回家，目前没有收入，也没有社保。现在，孩子已经两岁了。

分析：根据刘小姐结婚后家庭最新情况分析做出如下保险规划方案：

（1）妻子的保险规划：

1）意外伤害保障：保险金额提升至 30 万元。

2）重大疾病保障：维持保额 50 万元。

3）寿险保障：可选择定期寿险也可以选择长期寿险，保险金额 50 万元。

4）日常疾病保障：选择基本医疗费用保险与住院医疗费用保险。

5）养老保障：投保保额为 100 万元养老保险。

（2）丈夫的保险规划：

丈夫目前为家里唯一的收入来源，又负责房贷归还，建议投保较高保险金额。

1）意外伤害保障：建议保险金额 100 万元。

2）重大疾病保障：投保重大疾病保险并包含重大疾病收入中断责任，建议保险金额 100 万元。

3）寿险保障：可选择定期寿险也可以选择长期寿险，建议保险金额 200 万元。

4）日常疾病保障：因为公司已经为其购买了健康保险，个人可以不再购买。

5）养老保障：因为有社会保险养老金，可以不用购买商业养老保险。

（3）孩子的保险规划：

家庭保险的投保原则应该是“先保大人再保孩子”，在父母有了足够保障的前提下，建议孩子的保险方案如下：

1）投保 5 万元少儿意外险。

2）投保 5 万元少儿重疾险。

3）投保教育险，逐步实现 200 万元的教育金规划。

4. 退休前期与退休期保险规划

退休前期这个阶段是指子女工作到个人退休之前，一般为10～15年。退休期是指退休后的这个阶段。退休前期家庭稳定，子女独立，收入增加，支出减少，资产不断增加，负债不断减少，事业一般仍处于上升阶段，但是身体机能日益下滑，保险规划应侧重养老金储蓄、财产传承以及高端医疗保险。退休后，收入减少，生活娱乐及医疗费用支出增加，主要面临的风险为健康医疗和长寿风险，保险配置重点是医疗保险和护理保险，根据家庭收入及子女赡养实际情况，也可以不再新增保险。

小　　结

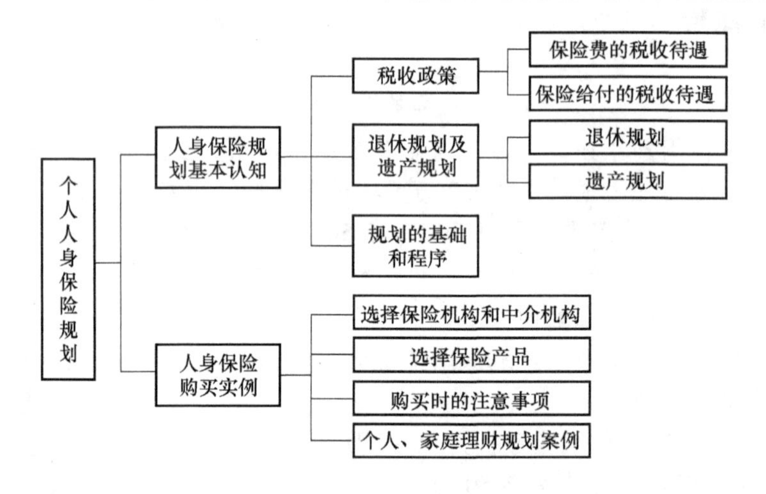

复习思考题

一、简述题

1. 什么是退休规划？如何利用人身保险进行退休规划？
2. 人身保险在遗产规划中有何重要作用？
3. 购买人身保险时应注意哪些问题？

二、案例分析

1. 秦先生，35岁，北京某IT公司部门经理，年收入约15万元，单位有社保并给经常出差的员工统一购买了意外伤害保险（保额20万元），没有其他商业保险。秦先生父亲已去世（心脏病），母亲和姐姐在农村，参加了农村合作医疗保险，另有一个弟弟，也在北京工作，但收入较低。

刘女士，29岁，原来在某公司从事财务工作，因生育原因辞职已近两年，暂时失业在家，原有社保已中断交费。早年刘女士的父母曾给她买了保额5万元的商业重大疾病保险，保险费由父母承担。刘女士是独生女，父母已退休，有社保的基本养老和医疗保险。

孩子，1岁半，无任何保险。计划孩子3岁后送幼儿园，每月会增加2 000元左右的开支，但那时刘女士会重新上班，月收入3 000～4 000元，家庭财务情况会比现在更为宽松。

问题：

（1）请分析秦先生一家三口的保险需求。

（2）请为这个三口之家制定一个保险规划。

2. 25 岁的蔡小姐在某外资企业从事行政工作，是公司的白领，每月税后收入 6 000 元左右，公司除工资奖金外，每月还帮她交纳“四险”。工资每年可涨 20%，年终有 2 万元年终奖。目前，蔡小姐有 4 万元左右的活期存款和 5 万元左右的股票，和父母一起居住，父母都退休在家，各自有 3 000 元左右的月收入。家里有 2 套自购房屋，市值 80 万元，无贷款。一家人每月生活费共计 3 000 元左右。一家人都没有购买过任何商业保险。

问题：请为蔡小姐和她的家庭制定一个合适的保险理财规划。

挑战自我—— 实践训练

实训目的

- 掌握人身保险的税收政策。
- 熟悉保险规划的内容和程序。
- 学会制定保险规划方案。
- 能够从客户的角度出发，帮助客户选择合适的保险产品。

实训要求

- 研读有关政策和法规，熟知我国人身保险的税收政策。
- 能够根据实际情况对个人和家庭的保险需求进行分析，并制定保险规划。

实训步骤

- 根据已学知识，熟悉各类人身保险产品，并进行逐项讲解。
- 收集资料，查找各大人寿保险公司的产品。
- 做出不同公司同类型险种的对比分析。
- 认真整理调查资料，完成实训报告。

技能大比武

题目演讲——1. 工薪阶层的保险消费需求分析

当下，一些收入不高的工薪家庭谈起保险理财，他们会觉得保险虽好，但由于收入有限，没有多余财力顾及保险保障。其实，工薪家庭是最需要保险保障的。由于收入较少、积蓄不多，抗风险能力较低，工薪家庭一旦出现变故，遭受的打击也许会是致命的。所以，请你根据所学，为工薪阶层分析保险需求。

题目演讲——2. 富裕人群的特征与保险需求

富裕家庭和平常家庭一样，会面临各种突发的风险，钱多事多也会使得他们有更多的需求，而保险作为一种有效的理财工具，除了帮助他们分散风险外，还能帮助他们找到合理的避税渠道和传承财产的工具，所以，请你根据所学，分析一下富裕人群的特征以及保险需求。

参 考 文 献

[1] 吴定富．保险原理与实务[M]．北京：中国财政经济出版社，2005．
[2] 吴定富．保险基础知识[M]．北京：中国财政经济出版社，2006．
[3] 许谨良．人身保险原理和实务[M]．上海：上海财经大学出版社，2002．
[4] 杜鹃，郑祎华．人身保险[M]．北京：中国人民大学出版社，2009．
[5] 池小萍，郑祎华．人身保险[M]．北京：中国金融出版社，2006．
[6] 公冶庆元．人身保险理论与实务[M]．北京：清华大学出版社，2008．
[7] 曾鸣．人身保险及案例分析[M]．北京：清华大学出版社，2005．
[8] 张旭升，周灿．人身保险理论与实务[M]．北京：电子工业出版社，2014．
[9] 张洪涛，庄作瑾．人身保险[M]．北京：中国人民大学出版社，2003．
[10] 张洪涛，庄作瑾．人身保险案例分析[M]．北京：中国人民大学出版社，2006．
[11] 杜树楷，周宇梅．人身保险[M]．北京：高等教育出版社，2003．
[12] 李冰清．保险投资[M]．天津：南开大学出版社，2007．
[13] 胡娟．保险心理学[M]．上海：华东师范大学出版社，2007．
[14] 刘子操，杜能．人身保险[M]．北京：中国金融出版社，2003．
[15] 李星华，吕晓荣．保险营销学[M]．大连：东北财经大学出版社，2005．
[16] 吴小平．保险原理与实务[M]．北京：中国金融出版社，2002．
[17] 吴跃，李晓利，刘淑娥．人身保险[M]．北京：清华大学出版社，2007．
[18] 余志远．人寿保险与索赔理赔[M]．北京：人民法院出版社，2002．
[19] 聂颖．改革开放 40 年中国保险业的发展回顾[J]．中国保险，2018（10）．
[20] 董方冉．黄洪：人身保险要全面转型服务高质量发展[J]．中国金融家，2018（11）：85-86．
[21] 魏再晨．寿险改革“三步走”战略完成 分红险放开费率限制[J]．中国金融家，2015（11）：124-125．
[22] 金梦媛．定期寿险搭车互联网[J]．理财顾问，2018（3）：64-65．
[23] 马玉秀，曾虎．我国人身保险产品创新发展演变及存在的问题[J]．未来与发展，2017（10）：34-40．
[24] 中国银保监会人身保险监管部．以改革增动力 以开放促活力——改革开放对我国人身保险业科学发展的启示与展望[J]．保险研究，2018（12）：21-24．
[25] 汪瑾．商业健康险发展面临的机遇、挑战以及对策[J]．上海立信会计金融学院学报，2018（1）：111-120．
[26] 安永（中国）企业咨询有限公司，太保安联健康保险股份有限公司．中国商业健康险发展现状及未来趋势预测[J]．上海保险，2018（9）：32-40．
[27] 邓家练．浅析开展老年人意外伤害保险的意义及对策[J]．劳动保障世界，2018（14）：16．
[28] 刘天亚，徐铮，王风娟．人身保险理赔服务存在的问题与对策解析——以平安人寿为例[J]．经贸实践，2018（15）：166-168．